上思年鉴

SHANGSI YEARBOOK

2016

上思县地方志编纂委员会　编

国家图书馆出版社

图书在版编目(CIP)数据

上思年鉴 .2016/ 上思县地方志编纂委员会编 .—
北京 : 国家图书馆出版社,2019.7
ISBN 978-7-5013-6315-5

Ⅰ . ①上… Ⅱ . ①上… Ⅲ . ①上思县—2016—年鉴
Ⅳ . ① Z526.74

中国版本图书馆 CIP 数据核字(2017)第 298926 号

国家图书馆出版社官方微信

书 名	上思年鉴（2016）
著 者	上思县地方志编纂委员会 编
责任编辑	潘肖蔷
特邀编审	夏红兵
设 计	南宁市佳彩广告设计有限公司

出版发行 国家图书馆出版社(北京市西城区文津街 7 号　100034)
　　　　　(原书目文献出版社　北京图书馆出版社)
　　　　　010-66114536　63802249　nlcpress@nlc.cn（邮购）
网　　址 http:www.nlcpress.com
印　　装 深圳市精一瑞兰印刷有限公司
版次印次 2019 年 7 月第 1 版　　2019 年 7 月第 1 次印刷

开　　本 889 × 1194（毫米）　1/16
印　　张 14.5
字　　数 375 千字
书　　号 ISBN 978-7-5013-6315-5
定　　价 158.00 元

编辑说明

一、根据国务院《地方志工作条例》规定,依法编纂《上思年鉴》。《上思年鉴》是上思县人民政府组织上思县地方志编纂委员会办公室编纂的系统记述上思县自然、政治、经济、文化和社会等方面情况的综合资料性年刊。《上思年鉴》旨在为各级领导决策提供可靠的参考依据,为各行各业的工作提供信息咨询,为社会各界和海外人士了解上思提供最新的信息资料,为续修地方志积累资料。

二、《上思年鉴》2016年卷的编纂工作坚持以马克思列宁主义、毛泽东思想、邓小平理论、"三个代表"重要思想和科学发展观、习近平新时代中国特色社会主义思想为指导,坚持实事求是的原则,全面、系统地记述2015年上思县经济和社会发展的历史进程。

三、《上思年鉴》2016年卷的基本内容分为综合情况、动态情况、辅助资料及图片专辑四大部分。综合情况部分设特载、概览2个专栏。动态情况部分设政治、人民团体、法制、国防建设事业、经济管理、农业·水利、公路·交通、工业·邮电、国土·城建·环保、商业、财政·税务、金融、科技·教育、文体·广电、卫生·计生、乡镇等16个部类。辅助资料有大事记。部类和条目之间均设有分目层次,部分分目下面还设有次分目层次,是为了方便读者分类系统阅读和检索,机构、企事业单位等排序和层次一般不表示其地位和规模。

四、本年鉴在书前设有图片专辑,为读者提供关注度较高的资料信息。图片专辑刊载上级领导视察上思及上思县各项事业工作开展及工作业绩等内容。

五、本年鉴价值指标的绝对数凡未加注明的,均按当年价格计算,增减百分比除注明外均按可比口径计算。

六、本年鉴采用的文稿均由各乡(镇)、县直及驻县各单位提供,并经各单位领导审核。因统计口径不同等原因,各撰稿单位提供的数据可能与统计部门公布的数据有出入,引用时请加以区别。

七、本卷年鉴配备光盘,光盘内容含电子版年鉴,通过多媒体和全文检索技术,以便读者使用。

上思县委书记张惠强(左三),县长黄炳利(左一)率队到叫安镇牛大力种植基地调研扶贫产业开发工作

县长黄炳利(右三)调研南屏乡英明黑山羊养殖基地

扶贫精准识别工作
现场

包粽子比赛

甘蔗种植机械化

铁皮石斛

11月，在妙镇佛子村香糯种植基地里的香糯丰收在望

蔬菜基地

上思县万鑫石灰有限公司

经理科顺基

上思县万鑫石灰有限公司成立于 2007 年 10 月 15 日，是广西盛隆冶金有限公司旗下的全资子公司，由广西盛隆冶金有限公司常务副总经理陈亮出任上思县万鑫石灰有限公司法人代表，公司纳税年超 1000 万元。多年来，公司始终热心公益事业，出资 100 万元捐助南屏乡枯桂至百马屯乡村道路全长 46 公里、华兰镇亭那村小学教学楼等。

万鑫石灰有限公司在生产过程中非常注重安全管理及环境保护，公司主要制灰用石灰岩碎石全部供应广西盛隆冶金有限公司作炼钢辅助原材料。经营范围：石灰石的开采加工和销售，年设计生产能力为 28 万吨，实际年生产量为 28.5 万吨。有工人 46 人，其中管理人员 14 人、具有特种作业资格人员 18 人。自 2014 年 11 月 28 日起年生产量扩大至 50 万吨，扩大后有工人 68 人，其中管理人员 15 人、具有特种作业资格人员 12 人。

公司自成立以来，严格按照《开采利用方案》开采，制定了一套严谨完善的安全生产管理制度，投入了各种先进的生产设备，全年未发生安全事故。

上思县地方税务局

4月1日，上思县第24个全国税收宣传月启动仪式

4月29日，防城港市国地税系统纳税服务岗位技能竞赛在上思举行

9月8日，金税三期优化版正式上线启动仪式

上思县地方税务局位于上思县团结东路，主要负责上思县辖区内地方税（费）的征收管理及税收政策的贯彻落实。该局组建于1994年11月。2015年，在职干部职工及编外人员66人，干部队伍中大专以上学历占75%，党员占51%。负责全县6147户纳税人的地方税征收管理及服务工作。局内设办公室、监察室、人事股、收入规划核算和财务管理股、征管和科技发展股、法规税政股、征收服务股（办税服务厅）等7个股室，另有第一税务所、第二税务所、第三税务所、第四税务所4个派出机构。

自1994年机构组建以来，上思县地方税务局在上级机关和县委、县政府的领导下，在社会各界和广大

10月30日，上思县地方税务局举办个人所得税代扣代缴培训班

6月2日，上思县地方税务局走进平江小学，税法宣传进校园

10月29日，上思县地方税务局与上思县人民检察院联合召开预防职务犯罪联席会议

12月21日，上思县地方税务局举办全县地税系统道德讲堂

纳税人的鼎力支持下，经过历届领导班子和全体干部职工的不懈努力，团结拼搏，攻坚克难，快速发展，年组织收入额从1995年的896万元左右快速增长到2015年的4.24亿元，为地方经济社会发展提供了坚强的财力保障。

上思县地方税务局坚持"聚财先聚心，治税先治队"，将队伍建设摆在突出位置，通过强班子、带队伍，屡创佳绩，分别于2009年7月和2011年5月被自治区文明委授予"自治区级文明单位""自治区和谐单位"荣誉称号；2012年4月被自治区地方税务局授予的"广西地税系统和谐单位"荣誉称号；2012年和2013年连续两年荣获广西五一劳动奖章；局党支部分别被防城港市委评为"先进基层党组织"和上思县委评为"优秀基层党组织"，先后被确定为县级和市级机关党建示范点；全局创建或保有自治区级文明庭院、自治区级巾帼文明岗、市级五一巾帼标兵岗、市级文明单位、市级青年文明号、市级文明卫生单位等市以上荣誉称号6个，连续获得全市地税系统"征管基础先进单位"和"党风廉政建设先进单位"等先进称号。

12月29日，上思县地方税务局团支部组织青年团员到南屏乡渠坤村慰问困难群众

2月4日，上思县地方税务局组织干部职工到上思县福利院慰问孤寡老人

3月5日，上思县地方税务局团支部组织青年团员开展学雷锋活动

4月13日，自治区妇联领导到上思县地方税务局调研

上思县国家税务局

2月4日,2015年上思县国税工作会议召开

上思县国税局位于明江之畔。2015 年,在职干部职工 51 人,内设 12 个职能股、室(中心)和 1 个直属机构,下设 1 个税务分局。全局管辖各类纳税人 5400 多户,水泥制造、蔗糖生产和林板林化为三大支柱税源,2015 年累计组织税收收入 2.9 亿元,为促进地方经济社会发展作出了积极贡献。

上思国税人坚持"为国聚财,为民收税"工作宗旨,秉承"开放包容、敬业奉献、求实创新、公正廉洁"理念,积极融入地方经济社会发展大局,深入"抓基层,打基础",经过不懈努力,干部队伍精神面貌昂扬向上,税收征管基础不断夯实,纳税服务持续优化,"两基建设"成效显著,文明创建成果丰硕。据统计,2011 年以来,先后荣获"全国巾帼文明岗""自治区和谐单位""防城港市巾帼建功集体""防城港市五四红旗团总支"等 20 多项荣誉,近 3 年连续在上思县绩效考核中位列第一。

4月23日,敬业、朝气、廉洁、奋进的县国地税领导班子成员

7月2日，上思县国家税务局组织党员干部到龙州县开展三严三实教育

4月27日，上思县国家税务局第二步规范津贴补贴工作会议召开

8月10日，国地税金税三期合作推进

上思县住房和城乡建设局

局长欧全（左三）主主持召开局领导班子成员会议

　　上思县住建局积极做好"壮乡、绿色、明江水"三篇文章，倾力打造"城在山中，水在城中，人在绿中"特色生态城镇。自2011年以来，共实施城建项目200多个，累计完成投资90亿多元，县城区面积由5.6平方公里扩展为11.7平方公里，城区框架进一步拉开。先后实施了永福大道、工业大道、中华南路延长线、东升二桥、月亮景观桥等道路桥梁项目建设和130多条城区小街小巷道路硬化建设，县城区路网不断完善。开发建设明江新城、江滨华府、永福大厦、晟天江畔、瀚江花园、名凯御景等一批房地产项目。建成城镇保障性住房4000多套，实施农村危房改造8600多户，人民群众住房得到不断改善。参与完成叫安、华兰撤乡建镇工作；完成在妙镇、南屏乡特色乡镇改造；累计投入2亿元，开展城乡环境卫生整治，完成在妙、那琴、公正、华兰、平福等5个乡镇的垃圾转运站和在妙污水处理厂建设；完成33处农村环境连片整治项目；成功打造公正乡天堂屯、南屏瑶族乡汪门屯等一批美丽乡村示范点，城乡卫生明显改善。2012年和2015年，先后获得自治区城市市容环境综合整治"南珠杯"竞赛特等奖、优秀奖。

新投入使用的月亮景观桥夜景

上思县江滨两岸夜景

上思县国土资源局

地质灾害防治突出抓早、抓常、抓小，连年保持零事故。每年年初召开一次动员部署会，并举办一至二期全县地灾防治培训班。4月28日，局长黄科（主席台左一）主持、副县长叶吉富（主席台中）到场指导上思县2015年汛期地质灾害防治工作暨年度地质灾害防治知识培训会

县国土局高度重视廉政教育常态化工作，7月23日，局长黄科（主席台中）主持召开廉政建设工作会

　　2015年，上思县国土资源局隶属防城港市国土资源局，是县人民政府的职能部门，主管全县土地、矿产资源的保护与合理开发利用等工作。内设办公室、土地规划耕保股、地籍管理股、国土资源执法监察股、矿产资源管理股、行政审批办公室、国土资源权属调处股、不动产登记股8个股室。直属7个事业单位（1个参公事业单位、3个财政全额拨款事业单位即上思县不动产登记中心、上思县土地储备中心、上思县土地整理中心，3个自收自支事业单位即上思县国土资源交易中心、上思县土地市场管理所、上思县国土资源勘测规划所）。2015年局领导班子成员：党组书记、局长黄科，党组成员、副局长周景光，党组成员、纪检组长何能慧，副局长何明洋。

　　2015年，上思县国土资源管理工作紧紧围绕自治区国土资源厅和市国土资源局以及县委、县政府的决策部署，认真贯彻落实中共十八大和十八届三中、四中、五中全会精神，按照保护资源和合理利用资源服务发展、维护权益的总体要求，强化措施，精准发力，破解难题，做到"四个"连续保持、"一个"有力。耕地和基本农田连续十年保持增量态势，耕地和基本农田保有量突破87.04万亩和73.65万亩，耕地"占补"连续13年保持动态平衡，土地矿产卫片执法连续7年"零问责、零约谈"，地灾和矿山安全生产连续13年零事故。稳增长服务保障有力，共解决用地指标949.35亩，供应国有建设用地997.44亩，土地出让6.898亿元、采矿权出让125万元。维护群众权益切实有效，依法受理信访、土地权属纠纷案12件，全部依法按时办结。切实履行好党风廉政建设主体责任和"一岗双责"制，狠刹"四风"转作风，积极推进法治国土建设，加大改革力度，队伍建设进一步加强，为全县稳增长和社会进步做出积极贡献。

　　2015年，上思县国土资源局被自治区人力资源和社会保障厅及国土资源厅授予"在国土资源管理工作中成绩突出记集体二等功"荣誉称号。

积极抓好"双高"糖料基地和耕地提质改造土地整治造福一方工作。9月2日，局长黄科(右二)陪同市县两级领导现场考察"双高"糖料基地

严格规范矿产资源开发秩序，矿山安全生产年年实现零事故。11月，局长黄科(前左一)率队到矿山企业检查指导工作

严厉打击违法占地乱建乱搭行为。6月3日，副县长叶吉富(右二)、局长黄科(右一)亲临拆除现场指导工作

上思县交通运输局

2月9日，市委书记金湘军（前右一）、县委书记张惠强（前右二）等一行亲临丁草至常隆公路工程施工现场实地调研

　　上思县交通运输局设有秘书股、建设规划股、行政审批管理股等3个内设机构，下设道路运输管理所、县乡公路管理所、航务管理所、公路工程施工队、规费征收办、货运服务站等6个二层机构，另设加挂牌子机构——国防交通战备办公室。2015年，全局有职工135人。

　　上思县交通运输局坚持以农村公路基础设施建设为中心，认真抓好公路、水路交通运输行业管理和农村公路养护管理，大力推进交通运输依法行政，着力构建和谐交通，促进各项交通运输工作全面协调发展。2015年续建、新建农村公路项目11个，年内完成10个，建成砼路面公路59.3公里、桥梁165.04延米；完成年度农村公路养护任务指标，顺利通过了自治区公路管理局和防城港市交通运输局的年终农村公路养护管理检查评比。强化道路、水路运输管理，严厉打击非营运车辆、船舶非法营运行为，及时消除交通安全隐患，有效维护全县道路、水路运输市场稳定发展。继续加强转变干部作风和机关效能、党风廉政建设，转变思想观念，端正工作态度，改变工作作风，增强服务意识，不断提高工作效率和依法行政能力。

2月，市交运局长吴永明（右一）、市公路处主任廖宇锋（左二）、县交运局长单冰（左三）一行到工程施工现场实地检查

12月，副局长周传达（前右一）带队到县超大客运站检查

12月，局长单冰（左二）、副局长周传达（左四）等到县客运站检查工作

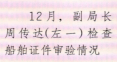

12月，副局长周传达（左一）检查船舶证件审验情况

上思县糖业局

　　上思县糖业局是上思县政府直属事业单位，主要承担全县蔗糖生产的发展规划、组织实施、科技培训、技术推广和协调服务等职责，内设有秘书股、技术股、综合股。2015年，有编制9人，设局长1人，副局长2人。

　　2015年，县糖业局紧紧围绕全县蔗糖生产发展目标，全力抓好甘蔗种植、甘蔗田间管理、榨季生产等各项工作，全面落实科技兴蔗措施，促使全县蔗糖生产在遭受特大自然灾害的情况下仍获取较好收成。全县累计完成复荒扩种面积8526亩，更新面积162028亩，全年甘蔗种植面积438093亩（其中：上上蔗区260150亩，昌菱蔗区177943亩）。2015—2016年榨季，全县累计进厂原料蔗192.6348万吨（其中：上上公司进厂原料蔗109.5747万吨、昌菱公司进厂原料蔗83.0601万吨），农民种蔗经济收入8.86亿多元。在国际国内糖市持续低迷的困境下，仍取得了较好的综合效益。

5月，开展甘蔗粉垄机械作业，提高耕作质量和生产效率

7月，利用无人机喷洒农药，全面开展甘蔗统防统治工作

8月，县糖业局党组书记、局长唐成禧（左）深入蔗田查看甘蔗长势

10月，加大投入，大力推进甘蔗水利化进程

上思县公安消防大队

上思县公安消防大队是列入武警系列的现役部队，下辖上思县消防中队。2015年，大队有官兵及合同制消防员（含文员）32人。

上思县公安消防大队位于上思县思阳镇团结西路，营区占地面积6000平方米，建筑面积4165.67平方米，大队共有官兵18人，其中干部6人，战士12人；有执勤车辆7辆，包括水罐车2辆、抢险救援车2辆、水罐泡沫车2辆、举高云梯消防车1辆，各类器材1092件（套）。大队担负全县2810平方公里土地，24万人口消防安全保卫任务，是一支集灭火抢险救援和防火监督双重重任于一身，直接为地方经济建设保驾护航的现役部队。自2006年公安消防部队开展"三基"工程建设以来，在上思县委、县政府的大力支持下，大队面貌发生日新月异的变化。

2008年12月25日，上思消防站建成投入使用，改写了上思县无消防站的历史。

9月23日，防城港市公安消防支队政委黎赟（右二）与上思县县长黄炳利（左二）共商消防工作和部队建设

11月22日，消防大队联合上思县青少年活动中心举办"119"消防宣传文艺晚会

12月11日，大队官兵解救被困群众

12月，大队防火监督员开展执法工作

上思县水产畜牧兽医局

自治区水产畜牧兽医局局长蒋和生（前中）到皇氏乳业上思分公司开展产业扶贫等工作调研

副市长董凌（左二）到宏飞公司肉牛养殖基地开展肉牛养殖产业调研

上思县水产畜牧兽医局内设机构有办公室、兽医管理股、渔牧生产股等3个职能股室，下设机构有县动物卫生监督所、县动物疫病预防控制中心、县畜牧站、县渔业技术推广站、县渔政管理站、县鱼苗场、县水产供销公司7个二层机构以及8个乡镇水产畜牧兽医站。乡镇水产畜牧兽医站实行县水产畜牧兽医行政管理部门和乡镇政府双重领导、以县为主的管理体制。

2015年，县水产畜牧兽医局紧紧围绕农民增收倍增计划这一中心，积极推进林下养殖，狠抓动物疫病防控和安全生产。大力抓好畜禽标准化建设，

2016年9月，上思县委书记黎家迎（右二）到合兴元肉牛养殖场对肉牛产业进行调研

推进规模养殖场的清洁养殖，圆满地完成了年初确定的各项目标任务，实现养殖业持续稳定发展，在促进全县农业增效、农民增收进程中发挥了重要作用。全县肉类总产11308吨，同比增长4.45％；水产品产量16985吨，增长4.98％；渔牧总产值4.99亿元，同比增长6.6％；水产畜牧业实现农民人均现金收入2985元，同比增长7.26％。

上思县皇氏奶牛场利用农作物秸秆喂奶牛，发展循环经济

上思县特色优势养殖——生态那琴香鸭养殖

上思县思阳镇政府

思阳镇是上思县城关镇,2002年8月由原思阳镇与思阳乡合并成立。全镇总面积308.5平方公里,辖4个社区,12个行政村,总人口8.32万人。2015年城镇居民人均可支配收入18827元;农民人均纯收入9055元。

2015年,思阳镇党委、政府认真贯彻中共十八大和十八届四中、五中全会精神以及中共中央总书记习近平系列重要讲话精神,主动适应经济发展新常态,聚精会神谋发展,坚定不移调结构,脚踏实地抓改革,全力以赴惠民生,实现了经济社会持续健康发展,开创了思阳科学发展的新局面。

狠抓农业产业结构调整,打造完成澳洲坚果标准化示范种植基地3000亩;新建肉牛规模养殖场22个;加快推进位于核心区总面积7400亩的十万大山生态农业(核心)示范区建设。甘蔗支柱地位得到巩固,完成甘蔗"双高"基地8700亩建设任务。继续发挥林下养鸡、龟鳖、大棚西瓜、果蔗等种养示范基地带动作用,新打造黑山羊、淮山、铁皮石斛、百香果等产业。

加大基础设施建设力度,龙腾国际大酒店、金辉煌国际酒店、香江国际酒店晋升三星级酒店,实现了思阳镇星级酒店零的突破。永福大道、工业大道、中华南路延长线等进城大道建设加快推进;东升大桥和月亮岛景观桥建成通车;深入实施城区小街小巷道路硬化改造项目和村屯道路硬化项目。完成昌墩圩街道路网硬化和排水工程。完成10个农村环境连片整治污水处理示范项目。

开展幸福社区创建活动,新建东湖、北湖、明江、彩元等4个社区综合办公服务场所。建成面积为227平方米的镇政务服务中心以及16个村(社区)政务服务中心,群众办事更加快捷方便。

深化"无诉村屯、社区"创建活动,超前化解矛盾纠纷,思阳镇司法所被司法部授予"全国先进司法所"称号。深入实施"清洁乡村""生态乡村"活动,昌墩村、易和村均荣获"自治区级生态村"称号。

2015年10月2日,中共防城港市委书记金湘军(右四)到思阳镇检查扶贫产业开发情况

2015年10月23日,中共上思县委书记张惠强(右二)到思阳镇江平村检查指导精准扶贫工作

2015年9月14日,县长黄炳利(前中)到思阳镇易和村检查地质灾害隐患点整体搬迁安置工作

7月,位于思阳镇明哲村的3000亩澳洲坚果标准化示范种植基地

7月,思阳镇完成8700亩的甘蔗高产高糖种植示范基地

6月,位于思阳镇明哲村的250亩高效现代果蔬种植蔬菜大棚

上思县在妙镇政府

在妙镇位于防城港市上思县西部，东连思阳镇，西与宁明县那堪乡接壤，南隔明江与叫安、华兰、平福乡相望，北靠四方山与扶绥县交界，是上思、宁明、扶绥、崇左4县（市）交界枢纽重镇及自治区重点镇。镇人民政府驻地在妙圩，距离县城35公里。

在妙镇面积200平方公里，耕地面积78725亩，山林面积46614亩。辖11个行政村，138个自然屯，239个村民小组，总人口46102人（含昌菱农场）。全镇有初中1所，中心校2所，卫生院2所。上崇二级公路经过镇区横穿全镇。镇区面积0.92平方公里，是全镇的政治、经济、文化、交通中心。全镇有小(2)型以上水库21座，可利用水面面积约510亩，全年渔业总产值1560万元。农作物主要有水稻、甘蔗、水果、花生等，主要农特产品有兰奉香糯、鲜橙。在妙镇旅游开发资源丰富，主要有屯隆村牛岩、水岩、通天岩和驮从村那蒙天主教堂。煤矿、磷矿、石灰石等矿产资源含量十分丰富，特别是煤矿资源已探明贮量超过亿吨。

2015年，全镇实现工农业生产总值5.4亿元，同比增长11%，社会固定资产完成投资6300万元；全社会消费品零售总额完成1.04亿元，增长15.2%；城镇居民人均可支配收入完成19267元，同比增长8%，农民人均纯收入完成7934元，同比增长8.9%。

在妙镇党委书记黎渥恩

11月3日，自治区政务办到在妙镇检查工作

4月29日，在妙镇第十六届人民代表大会第六次会议召开

4月17日，在妙镇举办乒乓球赛

在妙镇政府大楼

上思县平福乡

　　平福乡位于上思县西南部，距县城43公里，东、西、南、北分别与华兰镇、那堪乡（宁明县）、南屏乡、在妙镇相连。总面积276.9平方公里，辖9个行政村，87个自然屯。2015年年底，总人口2.3万余人。全乡以山地、丘陵为主，境内有明江河、平福河、公安河等河流，河面广阔，水平如镜，两岸绿树成荫，竹影婆娑，是旅游者理想的休闲娱乐之地。乡人民政府驻地平福圩依山傍水，各式楼房依山而建，错落有序，形成别样景色，素有"上思小山城"之美誉。

　　平福乡旅游资源丰富，保存有文武庙、粤东书院、古码头等古迹。平福乡还是清朝抗法"黑旗军"首领刘永福青少年时期生活的地方，其父刘以来葬于那明村上岩屯紫恩山。

　　2015年，在县委、县政府的正确领导下，平福乡党委政府以新农村建设为主线，以增加农民收入为核心，以建设富裕、文明、和谐、美丽新平福为目标，不断创新农村工作方式方法，开创了各项工作新局面。全乡实现固定资产投资5195万元；农民人均纯收入达到8427元，比2014年增长11.3%。

"美丽平福·清洁乡村"工程——莱内屯巷道硬化

平福乡2015年度欢送新兵

平福乡兰西屯新大澳合作社养牛基地

2015年8月5日，平福乡发放扶贫猪苗现场

广西农垦国有昌菱农场

广西农垦国有昌菱农场始建于 1956 年 4 月 25 日，地跨上思县思阳镇、在妙镇和叫安镇等三个乡镇，涉及 14 个行政村 78 个自然屯，土地总面积约 17 万亩。昌菱农场以甘蔗生产和林业生产为主，2015 年，有甘蔗生产用地 35500 亩，林地面积 98500 亩，其他经济作物用地 3000 亩。农场人口 9077 人，其中在岗职工 852 名，退休职工 1426 名。农场下辖 16 个生产队和 1 个分场。

5 月 2 日，自治区政协副主席磨长英（左二）亲切慰问农场自治区级劳模

2015 年，农场上下认真贯彻中央一号文件、中共十八届六中全会和全区农垦工作会议精神。昌菱农场紧紧围绕"12388"发展规划目标任务，一手抓经济建设，一手抓队伍建设，全力推进农场经济社会健康有序发展。当年完成国民生产总值 4.16 亿元，比上年增长 15.5 %；经营总收入 8 亿元，比上年增长 6.7 %；从业人员人均收入 4.16 万元，比上年增长 9.5%，实现利润总额 10 万元，完成区农垦局下达的"双文明"任务指标。

昌菱农场从 2014 年开始利用五年时间实施"12388"发展规划：

"1"：兴办甘蔗循环经济和朗姆小镇生态旅游示范区。

"2"：建设两个职工小康新城区：①朗姆小镇新城区。②皇袍山旅游养生新城区。

5 月 8 日，"双高"示范基地水利化项目开工仪式

"3"：管理好 3 万亩甘蔗。

"8"：开发利用 8 万亩林业经济。

"8"：办好 8 件民生大事：新挖水井、新建水塔、新布水管，解决生产队职工群众生活用水困难问题；铺设生产队生活区水泥交通道路，安装路灯；新建、维修生产队办公室和公共厕所；动员和鼓励符合条件的非职工参加城镇居民养老保险；场部生活区安装路灯和天网工程；建设 12 幢公寓楼和 300 幢天地楼；建设昌菱大厦；建设平江林业分场办公大楼。

农场将以发展甘蔗产业为龙头，工业、林业生产为依托，带动城镇化、旅游业发展，建立甘蔗循环经济和朗姆小镇生态旅游示范区，打造高产、高糖、无公害、现代化甘蔗循环经济示范农场；打造具有浓郁的农垦文化和归侨文化底蕴为特色的朗姆小镇；打造皇袍山 4A 级旅游风景区，实现人与自然和谐共处的良好环境，建设富裕文明和谐、全面小康的昌菱农场。

昌菱农场领导班子正团结和带领全场广大党员干部职工群众，适应新常态，把握新机遇，同心协力，真抓实干，努力推进"12388"发展规划，推动农场农业现代化和全面小康社会向前发展。

3 月，举办螟黄赤眼蜂防治甘蔗螟虫技术培训班

10 月，全场管理人员学习习近平在党的群众路线教育实践活动总结会上的讲话精神

9 月 24 日，国家科技部专家对昌菱农场承担的科技富民强县项目进行验收

上 思 康 达 医 院

上思康达医院成立于 2011 年 7 月,是防城港市卫生行政部门和上思县人民政府批准成立的综合性医院,是城镇职工、城乡居民医保定点医疗机构。

医院科室设置齐全,开设有内科、外科、儿科、妇科、产科、乳腺病治疗室、眼科、耳鼻喉科、康复科、血透室、手术室等临床科室和中医科、肛肠科、口腔科、体检科、预防保健科、医学检验科、医学影像科、消毒供应中心等科室。其中血透室、康复科、乳腺病治疗室为县内独有。

医院医疗设备先进,拥有县内首台核磁共振影像系统(MRI)、双排螺旋 CT、DR 型 X 光机、腹腔镜手术系统、宫腔镜、电子胃镜、电子结肠镜、三才配穴乳腺治疗仪、过敏源检测治疗仪、电脑牵引床、彩色多普勒 B 超、心电监护仪、电子阴道镜、肛门镜、痔疮治疗仪、口鼻内窥镜、手术 C 臂、脉动高压灭菌器、全自动生化分析仪、全自动血球分析仪、全自动尿液分析仪等各种设备仪器共计 80 多台(套),相当多的医疗设备在县内处于领先地位,能满足各种临床需求。

高端医疗设备磁共振的引进,免去了我县和临县群众到省城大医院排队等待检查的劳苦。

医院医疗技术水平已达到了相当高的程度,成功开展了多项高难度大手术,如:胃肠癌根治术、肝癌切除术、食道癌根治术、肺癌根治术、乳腺癌根治术、甲状腺癌根治术、髋关节置换术、甲亢手术、胆道结石及泌尿系统结石手术、痔疮肛瘘手术、白内障手术、鼻息肉手术等。

医院还充分发挥传统中医在疑难杂症治疗上的优势,采用针灸、按摩、推拿、拔罐、熨疗、火疗等传统中医手法,实施康复治疗如颈、肩、腰、腿痛,关节疼痛,中风偏瘫等。

医院全貌

院长黄贵尊同志

医用磁共振

进口双螺旋 CT

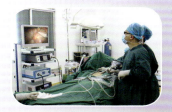

腹腔镜手术(外科)

无痛电子胃肠镜

患者正在进行血透治疗

子宫脱垂手术(妇产科)

喉癌手术(耳鼻喉科)

上 思 中 学

2015 年秋季学期，上思中学有教学班 56 个（初中 12 个，高中 44 个），在校生 3293 人，教职工 220 人。

近年来，学校坚持以"为十万山儿女搭建成就未来的平台"为办学理念，全面实施素质教育，教育教学质量稳步提高。2015 年学校工作亮点纷呈。

高考上本科线 272 人，本科上线率约 40%（与全区本科录取率大致相当）。学校科技活动开展有声有色，有 11 个科技项目被推荐参加自治区青少年科技创新大赛，其中有 3 个项目荣获一等奖，3 个项目荣获二等奖，学校被评为自治区"2015 年科技创新大赛基层赛事优秀组织单位"。教研工作蓬勃开展。学校采取"走出去，请进来"等方式，加强校际教学科教交流。化学组被评为"2015 年广西先进中学化学教研室组"。加强青少年普法教育，学生法律意识不断提高，学校获县第二届"关爱明天，普法先行"青少年普法教育活动先进集体。举办第二届校园文化艺术节，活动内容有女生手工作品制作比赛、书法绘画大赛、摄影大赛、征文和诗词创作比赛、校园十大歌手大赛、文艺晚会等；成立学校足球队，并分别于当年 3 月、10 月参加防城港市首届高中足球联赛和上思县首届中小学（小学及初中）"千里杯"足球联赛，初中女队获得冠军。

2015 年 3 月，县长黄炳利（右）到学校调研

8 月 31 日，学校领导班子（左起：黄瑞宾副校长、罗择向副校长、梁磊校长、黄捷瑞支部书记、王春雷副校长）出席秋季学期开学典礼

10月19日，校园科技节机器人表演

5月8日，上思中学举办第二届校园文化艺术节

2月，校园大道

上思县公正乡九年制学校

6月，县委常委、副县长许文思（左一）到学校检查指导

学校举办三月三活动

上思县公正乡九年制学校位于上思县东部，距离县城30公里。学校前身名为公正中心校，始建于1969年，校址设在现在的公正圩场。当时校内设有小学部、初中部、高中部。1972年，初中部、高中部与中心小学剥离，成立公正完全中学、公正乡中心小学。2000年秋季学期，公正中心小学、公正圩小、公正初中三校合并，成立公正乡九年一贯制学校，校址在公正村那随屯（现址）。2003年3月份撤销教育站，中心小学与初中再次剥离。2005年7月份，上级教育行政部门再一次将初中和中心小学合并，取名为公正乡九年制学校。学校占地面积为14667平方米，校舍面积3704平方米。服务范围覆盖全乡10个村106个自然屯。2015年秋季学期，有教学班9班，在校生296人，1~6年级有162人，7~9年级134人，内宿生142人。学校教职工共33人，教师学历合格率为100%，自治区级B类骨干教师一人。兼职资源教师2人。正校长1人，副校长2人，均参加自治区级校长岗位培训，并取得合格证书。学校教育教学设备配置模式三项目：无盘计算机教室、多媒体教室、光碟播放室、教师资源室各1间，地理、音乐、劳技、生物、美术等综合器械室1间，物理仪器室、化学仪器室、自然仪器室、体育卫生室、团队室各1间，物理、化学、生物、自然实验室各1间，图书室1间。学校开通闭路电视、电信宽带网，师生可在网上查阅资料、交换信息，进行远程教育，实现教育资源共享。

近几年来，学校坚持把"两基"攻坚工作摆上议事日程，努力巩固和提高"两基"成果，使学校面貌发生了根本的变化，如今校园绿树成荫，环境幽雅，实现了教学、办公、住宿楼房化，教育教学质量有了跨越式的提高。在2006、2007年全县校长规范管理达标评估中，学校被评为"十佳学校""优秀学校"，2014年被评为"防城港市第十二批文明单位"。学校坚持"培养具有感恩之心、知书达礼的公正人"的办学理念，倡导"和谐、奋进"的校风，"严谨、创新"的教风，"踏实、勤学"的学风。

上思县华兰镇九年制学校

华兰镇九年制学校是 2005 年 7 月由华兰初中和华兰中心小学合并而成的一所九年一贯制学校。华兰中心小学创办于 1934 年 9 月，华兰初中创办于 1969 年 9 月。2005 年 7 月，为了优化教育资源，将两校合并为华兰镇九年制学校。校本部下辖 1 个村小学，15 个教学点。

校本部坐落于华兰新圩东南面。2015 年，占地面积约为 18640 平方米，校舍面积 7535 平方米，其中教学及教学用房 4281.3 平方米，生均用房 4.56 平方米。2015 年，有教学楼 4 栋，教师宿舍楼 3 栋，学生宿舍楼 2 栋，饭堂 1 栋，运动场 1 个。学校共有专任教师，初中 25 人，小学 41 人，学历合格率达 100%。全校共开设 24 个教学班，在校学生 939 人。在各级政府的关怀下，学校办学条件日趋完善。

校长陆桐香

学校文化主题："竹石"文化

办学宗旨：一切为了学生全面发展，一切为了教师专业发展，一切为了学校和谐发展

校训：励志、创新、包容、绿色

育人目标：先成人，后成才

校风：明德、求真、创新、进取

教风：敬业、包容、严谨、善教

学风：勤学、善思、向上、追梦

2012 年，校本部得到由中央彩票公益金资助的乡村学校少年宫建设项目，创建了乡村学校少年宫，学校积极开展丰富多彩的少年宫各项活动，成为未成年人思想教育和技能训练重要场所，开展的竹编、踩高跷、航模等活动深受各级领导的赞赏。

1 月，县委常委、副县长许文思(左二)到学校检查工作

2016 年 2 月，学校科技小组参加第四届全区乡村学校少年宫素质教育技能竞赛，荣获三等奖

上思县思阳镇思阳初中

9月30日，示范课活动（该课例获自治区比赛一等奖）

3月，引领教育活动

9月11日，校长袁综良（右一）参加语文组教研活动

9月10日，校长袁综良（中）主持校本培训工作会议

上思县思阳镇思阳初中始建于1990年，学校位于县城人民西路，校园面积60亩。2015年秋季学期，学校有29个教学班，在校生1600多人，内宿生800多人，教职工122人。思阳初中着力深化学校精细化常规管理工作，加强校园文化建设，全面提升学校办学品质，构建师生安全和谐的家园，促进学生健康成长，成为全县办学颇具特色，办学质量较为突出的初级中学。

学校实行精细化管理，从校长、班子成员到一般的教职工落实工作责任制，加强校园值班，学校安全教育管理工作抓出了特色，抓出

2015年8月，思阳初中获防城港市普法宣传教育先进集体

2015年，上思县思阳镇思阳初中获上思县中考进步奖

了成果，打造出了一所"和谐校园""平安校园"，得到了上级领导的充分肯定，赢得了良好的社会口碑。全校形成了事事有人管、人人有事做、层层有任务、时时抓落实的高效管理格局。

学校坚持"培养学生真善美，让每个学生成为最好的自己"的办学理念，以校训"自强不息，止于至善"为导向，加强内部管理，开展丰富多彩活动，注重培养学生的良好的学习和生活习惯，学校进行了"绿色五环"课堂改革模式，要求每个教研组推出一名专家做教改的引领者，通过示范课、研讨会等形式，有条不紊地推进课堂改革。教育教学质量逐年提高，先后获得县十佳学校、县信息发布先进单位、市中考优秀集体奖、市中考成果二等奖、市中考成果三等奖、市中小学教师继续教育先进集体、市现代技术教育工作先进单位、全区中小学生法律专题教育活动先进单位和全区义务教育学校常规管理先进学校等荣誉称号。

上思县第二中学

NO.2 MIDDLE SCHOOL SHANGSI

舒适的教室

先进的物理实验室

上思县第二中学，是一所县直属学校，坐落在县城风景秀丽的文岭山公园南麓。校园绿树葱茏，四季常青，景色宜人，文化氛围浓厚，是学习、成才的理想之地。学校创建于1979年9月，校园占地面积30236平方米，建筑面积19988平方米，绿化面积10703平方米。2015年秋季学期，学校有28个教学班，学生1618人，专任教师97人。学校有150平方米环形塑胶跑道、4个篮球场等达到标准的体育设施，各种功能室及设备配备均达到标准配置。

学校以"幸福二中，美丽绽放"为办学愿景；以自我管理，自主发展为培养目标；以进步就是成功为教育理念。学校校训：教人求真，学做真人；校风：敢做善成，天天向上；教风：勤导尽责，乐观向上；学风：主动参与，健康向上。近年来，学校有了质的飞跃，校园环境更优美，育人文化氛围更浓厚，教学装备设备更齐全更先进；教职工的工作环境更加舒适，工作激情更高；学生的学习环境更加美好，活动更丰富，学习劲头更足。师生对学校的认同感、归属感和自豪感更加强烈，整个校园充满幸福、乐观、向上的气氛。

校内塑胶操场

美丽的校园一角

学校南教学楼

上思县在妙初中

上思县在妙初中创建于1954年。2015年，学校占地面积33667平方米，有教学楼1栋，综合楼2栋，男、女生宿舍楼各1栋，教师公租房1栋，300平方米的饭堂和350平方米的饭棚各1个，年内又动工新建1栋二层的饭堂。学校有标准的物理、化学、生物实验室各1个，实验仪器齐全。学校有电脑室、图书室、阅览室、舞蹈室各1间。学校有篮球场、羽毛球场各2个，足球场、气排球场各1个。

全校有教职员工35人（含1名支教教师、3名特岗教师）。

12月，校长罗水英（中）主持学校领导班子行政会议

其中专任教师28人；本科学历25人，专科3人；中学一级教师16人，中学二级教师9人，不定职3人。安保人员2人，饭堂人员4人，生活教师1人。

2015年，全校共有8个教学班，学生数为399人。其中七年级3个班，学生数为132人；八年级3个班，学生数为154人；九年级2个班，学生数为113人。

9月，学校开展军训

学校运动会开幕

上思县叫安镇叫安初中

叫安初中创建于1914年，始为叫丁私塾，后易名为百成中心校、叫丁中心校、叫安附中、叫安中学,1989年下半年更名为叫安初中;2001年7月和2005年7月原那荡初中和板细初中并入后，校名为上思县叫安镇叫安初中。2015年，校长为零雅舍。

学校地居十万大山北麓，凤凰山东端，东距县城仅六公里，校门前有宽阔平坦的二级公路，地理位置优越，交通方便，是一所具有相当规模和影响力的乡镇类初中。学校办学历史悠久，校园环境幽雅，文化底蕴浓郁，四季花果飘香。

学校占地面积约3万平方米，有教学楼3幢、学生宿舍楼3幢、教职工宿舍楼2幢，办公楼、实验楼各1幢、在建1一幢三层建筑面积1700平方米的学生饭堂,1幢建筑面积1250平方米的教学实验楼;设有4000平方米的运动场1个（其中跑道200米，篮球场3个）。

2015年，学校有教职工83人，专任教师80人，均具大专以上学历，教师专业合格率100%;教辅人员、安保人员9人（其中自聘为6人）、饭堂工人16人（其中自聘为15人）、校医1人。

2015年秋季学期学校有21个班级1013人，其中七年级7个班351人，八年级6个班276人，九年级8个班386人。

4月，由共青团上思县委员会、广西维冠律师事务所给学校正式挂牌未成年人法律服务联络点，为学校保驾护航

2月，优秀班主任在开学典礼上接受学校给予的荣誉

4月，举办预防未成年人犯罪专题讲座

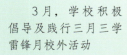

3月，学校积极倡导及践行三月三学雷锋月校外活动

2月，原92（乙）班学生毕业二十周年同学聚会时赠给母校礼物

3月，学校教师篮球队与镇派出所篮球队展开精彩对决

上思县民族中学

上思县民族中学是自治区保留壮文进校实验任务的27所民族中学之一，校园占地面积42180平方米。2015年秋季学期，学校有专任教师108人，在校生1881人。设30个教学班，其中有2个瑶族女子班和1个瑶壮女子班。学校主要服务于本县革命老区、边远山区及瑶族居住区的少数民族学生，少数民族学生人数占全校学生98％以上。

在上级党政的关心支持和教育主管部门的正确领导下，学校先后荣获"广西壮族自治区团结进步先进集体""全市创先争优先进基层党组织"等30多项市级及以上荣誉。2008年起创办瑶族女子班，至2015年已成功开办八届，取得极好的办学效果和社会效益，引起民进中央、民进两广省（区）委、县委、县政府、统战部等部门领导的高度关注和肯定，《人民日报·海外版》《中国教育报》《人民政协报》以及省市级主流媒体先后多次关注学校开办瑶女班事迹，并给予积极评价。2012年起，学校开启全县新一轮教改工作，推行"三爱育人""绿色解疑教学"两个科研教改工程，积极探索提质新路子，学校更加焕发出勃勃生机。

学校的教育教学质量逐年提高，2014年考上示范性高中403人，2015年考上示范性高中442人。

7月，县委常委副县长许文思（左一）到学校督查均衡发展

9月16日，民进两广第八届上思"瑶族女子班"开班典礼

6月，上思县文化馆退休干部——"歌王"岳建宵给学生教学虽蕾（山歌）

4月，瑶壮女子班同学一起跳竹竿舞

11月10日，学校进行舞鹿教学

上思县教师进修学校附属小学

校长黄灿

上思县教师进修学校附属小学位于上思县城北部，始建于1984年9月，由原来的思阳乡那托小学发展而成，校园占地面积8319平方米，2015年秋季学期，有33个教学班；在校学生1881人；教职工90人，其中小学一级教师占55.6%，学历达标率100%。

县委副书记黎世炳（右二）到学校检查工作

校园"十佳歌手"比赛

近年来，在上级部门的关心支持下，学校秉承"让身体和心灵一同成长"的办学理念，以学校的"三风一训"为统领，大力加强软硬件建设，学校管理日趋成熟，校园环境逐年改善，各项工作蒸蒸日上。学校在办学条件上加大投入，教学设施日臻完善，为学生创造了优越的学习环境。33个教学班均配备了"一体机"及配套环保教学板、1间多媒体教室和1间备课室。

为了传承国学经典，培养学生的文明礼仪，弘扬中华民族的传统美德，学校开展了《弟子规》特色德育教育活动，并取得了明显成效。学校每年都组织教师参加各级各类培训，不断提高教师的教育教学水平。学校每学期都组织骨干教师开展送教下乡活动，为促进城乡教师相互学习、共同成长作出了积极贡献。学校一直贯彻"科研兴教，科研强师"的教育科研工作发展理念，全方位开展课题研究，全面提高教师的科研水平。

学校大力推进"五个一"工程，即：每年举行一届艺术节，一次运动会，一场文艺汇演，一届校园十佳歌手比赛，一次班际篮球比赛，并且大力开展阳光体育"大课间"活动和各种兴趣小组活动，促进了学生全面和谐地发展。

2014年至2015年，学校获得上级嘉奖达26项；学校教师、学生参加县级以上各项比赛获奖分别达146人次和216人次。

12月，学生趣味运动会

上思县实验小学

6月18日，上思实验小学"钟灵"艺术团的舞蹈在2015年参加防城港市中小学艺术展演荣获小学组一等奖

11月3日，上思实验小学男子足球队在2015年参加上思县首届中小学"千里杯"足球赛小学组亚军

2015年9月10日教师节，上思实验小学全体领导及教师进行立德树人宣誓活动

2015年10月28日，实验小学领导及教师赴往南屏婆凡小学进行支教体验活动

　　上思县实验小学是县教育局直属小学，1905年建校，前称是思阳完全小学，1991年更改校名为"上思县实验小学"。

　　学校占地面积11220平方米，建设面积9230平方米。学校不断改变办学条件，教学设备精良，设施完善，环境优美。2015年，有图书室、阅览室、微机室(2间)、多媒体教室、实验室(2间)、仪器室、少先队室、体育器材室、卫生室、舞蹈室等各种专用功能室，为实施素质教育、普及实验教学、提高教育教学质量、培养现代化的人才提供有力的保障。

　　上思县实验小学有一个团结协作、与时俱进、开拓进取的领导班子，有一支观念新、功底厚、能力强、乐于奉献的教师队伍。学校全面贯彻党的教育方针，秉承"以人为本，以德为魂，质量立校，和谐发展"的办学理念，以"勤奋、求实、创新"为校训，以"文明、守纪、和谐"为校风，以"爱生、敬业、善教"为教风，以"勤奋、好问、进取"为学风，学校以素质教育为基础，以创新教育为核心，以特色教育为龙头，以自我发展为目标，从学生的发展出发，形成了养成教育、英语教育、信息科技教育、体艺教育四大鲜明的办学特色。

　　上思县实验小学依法治教，严谨治学，积淀了丰富的教育底蕴，培育了一代又一代的英才，成就了卓越的办学效益，学校优质教育品牌进一步做大做强，先后获得全国"教育教学'九五'规划教育部重点课题先进单位"、全国"红读活动先进单位"、全国"少先队红旗大队"、自治区"文明单位""全区中小学德育先进单位""全区语言文字规范化示范化学校"、全区青少年"爱科学"活动先进集体；市"绿色学校""十佳学校"、市消防安全达标示范学校、市"和谐校园"、市"青少年科技创新大赛优秀组织奖"等荣誉称号。学校是举重运动传统项目学校，举重队员在全国、自治区少年举重比赛中多次获得金、银、铜奖。有一批教师被评为全国、自治区、市、县优秀教师、教坛新秀、学科带头人、优秀辅导员；学校在全国、全区、全市各项比赛中均获得好成绩。

上思县思阳镇中心小学

5月，第一届道德讲堂

5月，精彩纷呈的少年官活动之象棋兴趣小组

3月27日，学校特色之一成立学校腰鼓队

4月17日，学校舞蹈队在认真排练

学校创建于1982年，原名为思阳镇小，2003年撤乡并镇后更名为思阳镇中心小学。学校下辖8所村小学，9个教学点。全镇小学一至六年级在校学生4671人，有教职工245人（其中，在编教师182人，编外人员63人）。学校现有40个教学班，在校学生2485人；任课教师105人，教师合格率为100%。学校占地面积为8000平方米，总建筑面积6291平方米，拥有较完整的电脑室、图书室、阅览室、仪器室、体育室、少先队室、多媒体教室和远程教育资源室。

2015年，学校严格按照党务公开、校务公开的有关规定，进一步完善、深化、创新、监督公开的内容和形式，健全教职工代表大会制度，发挥工会桥梁纽带作用，增强学校教育教学及管理的透明度，使广大教师成为教书育人和学校管理的主人。健全和规范各项教学管理，提高学生素质。建立健全教学督导制度，认真落实教学工作要求，做好检查、监督、指导、评价和反馈工作。进一步规范教学常规管理，最大限度地制止学生迟到、早退、旷课等现象发生，注重授课实效，提高40分钟课堂教学效率。积极发挥教研组的作用，推行集体备课制度，定期举办各种形式的公开课、示范课和研究课，有计划地组织开展各类技能大赛和以说课、上课、评课等现代化教学手段运用为主等内容的岗位大练兵，举办科技节、体育节、文艺节等形式多样的校园文化活动，力争科科有项目，人人都参与。进一步转变并更新观念，规范管理，开拓创新，把学校建设成为新时代的标准化校园。

2015年6月，荣获2015年上思县中小学生广播体操比赛一等奖。7月，上思县关心下一代工作委员会、上思县司法局、上思县社会管理综合治理委员会、上思县教育局、共青团上思县委员会等部门联合授予"全国第二届'关爱明天，普法先行——青少年普法教育活动先进集体"；2015年度在学校督导评估中荣获"十佳学校"称号。

10月12日，"珍爱生命　远离毒品"禁毒教育大课堂

上思县叫安镇中心小学

校长梁护兴

叫安镇中心小学将会走向更辉煌的明天

叫安镇中心小学位于上思县县城南面，坐落在十万大山国家森林公园脚下，创办于1941年秋，2003年3月，叫安镇撤站并校后，学校更名为上思县叫安镇中心小学，下辖6个村完小，21个教学点，服务人口38976人。

中心校本部校园面积为25.5亩，建筑面积为16700平方米。其中包含：两栋1350平方米的三层教学楼及一栋2180平方米的五层综合楼，两栋2126平方米的四层学生宿舍，一栋1200平方米的四层教师宿舍及一栋350平方米的三层教师周转房。两个约1500平方米的篮球场。

自治区领导到学校检查指导均衡发展工作

学校的"十室一场"配备齐全，建立有图书室、阅览室、仪器室、实验室、体育器材室、劳技室、少先队室、卫生室、舞蹈室、多功能电教室等，其中多功能电教室教学仪器设备达二类配备标准；图书阅览室里陈设报纸杂志43种，学生用图书17443册，生均31册。各类功能室均有专人管理，定时向全校师生开放，使用效率高，使用效果良好。

"团结、勤奋、求实、开拓、进取、创新"是学校的校训，坚持"育人为本，德育为先"是学校的办学思路；努力创建"方向正、师资优、质量高、校园美"的市级文明学校是学校的办学目标。学校还形成了和谐共进的校风，博学仁爱的教风，乐学互助的学风。

5月，县委常委、副县长许文思（右三）到学校检查指导均衡发展工作

上思县平福乡中心小学

　　上思县平福乡中心小学创办于 1931 年 3 月，在平福街粤东书院开班(学生 45 人)，原名为"上思县第四区第一学校"，后又命名为"上思县平福乡中心国民基础学校"，解放后，改名为"平福中心校"，1987 年更名为"平福乡中心小学"至今。

　　学校位于上思县平福乡平福圩的岭兵山上，校园占地面积 13000 平方米，2015 年秋季学期，有学生 459 人，教学班 13 个，教职工 40 名，其中专任教师 36 人，本科学历以上 21 人，大专学历 18 人，学历合格率 100%。中级职称教师以上 20 人，学校教师平均年龄为 35 岁。合理的师资结构，精良的教师队伍，为上思县平福乡中心小学的快速发展奠定了坚实的基础。

　　学校坚持以"让学生在绿色教育理念下，幸福成长"为办学理念，并以"团结 文明 诚信 创新"为校风，让孩子们从小立志做一个懂感恩、行孝道的人，知"滴水之恩当涌泉相报"的做人道理，培养孩子们"领略先辈风采，弘扬爱国精神"的恒心和毅力，内外兼修，从容面对自己的未来和人生。近年来，学校面貌日新月异，学校的教育教学质量逐年提高，取得可喜的成绩。2014 年在全县学校督导评估中荣获"优秀学校"，同年学校参加全县鼓号队比赛荣获二等奖；2015 年在全县学校督导评估中荣获"优秀学校"，同年学校党支部被评为优秀基层党支部。

办学理念：让学生在绿色教育理念下，幸福成长
培养目标：为孩子们的幸福人生做好奠基
校　　风：团结 文明 诚信 创新
教　　风：敬业 爱生 厚德 博学
学　　风：自信 自主 乐学 善学
校　　训：学做人 会求知 能审美 健身心

领导的关怀

4月，学校举行青年教师优质课比赛

6月，学校领导班子

6月，书香校园

6月，校园美景

11月，激烈的拔河比赛

上思县第一幼儿园

园长刘海梅

3月，母亲节活动

亲子运动会

六一活动集锦

体育课

区角美工活动

体智能课

《上思年鉴(2016)》编纂委员会

主　任　覃　森　县长

副主任　许文思　县委常委、宣传部部长、副县长

　　　　陈日强　县委常委、县委办公室主任

　　　　张　帆　县委常委、组织部部长

　　　　廖柏林　县委常委、副县长

　　　　黄桂英　县人大常委会副主任

　　　　张显超　县政协副主席

　　　　林美晓　县地方志办公室主任

成　员　黎　琥　县人民政府办公室主任

　　　　黄鸿翔　县人民政府办公室副主任

　　　　劳世耿　县委组织部副部长

　　　　陈桂东　县委宣传部副部长

　　　　廖　武　县委政法委副书记

　　　　刘大陆　县党史办主任

　　　　林　宇　县发展和改革局局长

　　　　廖月宵　县工业贸易和信息化局局长

　　　　黄　活　县教育局局长

　　　　黄志锋　县民政局局长

　　　　施善赫　县财政局局长

　　　　黄腾彪　县人力资源和社会保障局局长

　　　　周景光　县国土资源局局长

　　　　黄有琼　县住房和城乡建设局局长

　　　　杨　强　县交通运输局局长

　　　　黎　挺　农业局局长

　　　　吴　白　县水利局局长

　　　　何哲简　县林业局局长

　　　　黄绍符　县文化体育广播电影电视局局长

李伊平　县卫计局局长

江　翀　县文联主席

罗玲玲　县统计局局长

陈华棠　县档案局局长

马　力　思阳镇镇长

黎渥恩　在妙镇镇长

梁　熙　叫安镇镇长

苏　菲　华兰镇镇长

林碧挺　南屏瑶族乡乡长

吴旭明　平福乡乡长

李洁玲　那琴乡乡长

刘　健　公正乡乡长

李芳红　县地方志办公室副主任

王　帅　县地方志办公室副主任

《上思年鉴》编辑部

主　编　林美晓

副主编　王　帅

编　辑　林美晓　王帅　梁禹　赵吉　覃明新
　　　　黄焕麟　林耿生　林谷　江寿辉

《上思年鉴(2016)》各单位编写人员

人大办	黄娟辉	
县委办	刘天湖	卢飞岑
政府办	钟国昌	凌小迪
政协办	陆树良	
民语办	黄著标	
组织部	班一添	
统战部	覃海静	黄芊芊
宣传部	零贵著	
政法委	王韶辉	
政务办	杨丽玫	
法制办	刘钢	
法院	刘雄	
公安局	黄豪杰 梁智 廖海 莫思鸿 黄爱莉 韦红 凌小申 张美 段林辉	
司法局	王廷佐	
消防	潘烁	
人防办	邓颜文	黎旭彬
机关工委	马娟	
机关事务局	梁挺	
团县委	陆杰才	
老龄办	黄妙谟	
红十字会	黎华	
社科联	廖港	
侨联	覃海静	
残联	陈锡茜	
文联	吴世升	
科协	谭领贤	
妇联	王干琴	
台办	黄彩艳	

扶贫办	凌宇
工管委	廖紫琴
工商联	杨雨菲
信访局	黄晓文
总工会	马宜先
国税局	杨松宁
地税局	黄华源
国土局	李林蔚
农业局	何炳寰
老干局	黄云山
民政局	梁恩孝
民宗局	黄斯啸
招商局	项载涛
发改局	陆燕军
气象局	黄干淇
水利局	江寿辉
科技局	黄礼贞
工信局	韦海琼
交运局	刘海岸
物价局	阮文健
审计局	刘相伶
旅游局	许云
住建局	赵化及
环保局	李文彬
卫计局	王卡
地震局	李留山
档案局	林谷
党史办	巫东泽
文体广电局	韦继新

广电网络公司	梁辉朝	绩效办	凌　榕
教育局	林国文	编　办	吴万点
供电公司	彭丹凤	打私办	施季东
供销社	罗建军	水果办	黄统好
粮食局	黄金龙	公路局	陆彦合
烟草局	吴庆勋	平福乡	陈　晨
工商银行	黎汉巍	思阳镇	罗香连
农业银行	蒋永高	在妙镇	俞瑞雪
农村信用社	林建生	叫安镇	周素英
电信公司	林建宽	华兰镇	梁樱红
移动公司	韦佳伶	那琴乡	李　蓁
联通公司	卢海滨	公正乡	梁日葵
糖业局	黄焕麟	南屏乡	陆招行

目　　录

人民团体

法　　制

国防建设事业

农业·水利

公路·交通

工业·邮电

国土·城建·环保

商　业

财政·税务

卫生·计生

乡　镇

索　引

特　载

政府工作报告

——2016年3月2日在上思县第十五届人民代表大会第六次会议上

县长　黄炳利

各位代表：

我代表县人民政府作工作报告，请各位代表连同《上思县国民经济和社会发展第十三个五年规划纲要（草案）》一并审议，并请各位政协委员和列席人员提出意见。

"十二五"时期工作回顾

"十二五"时期，面对复杂的形势和各种挑战，在市委、市政府和县委的坚强领导下，在县人大、县政协的监督支持下，我们认真贯彻落实中央、自治区和防城港市的决策部署，紧紧围绕"建设广西生态经济强县"发展定位，主动作为，攻坚克难，取得综合实力、生态经济、基础设施、扶贫攻坚等重大突破，较好地完成了"十二五"的目标任务。

——综合实力大幅提升。五年来，我县经济快速发展，多项指标令人振奋。初步统计，2015年，全县GDP、财政收入、工业总产值分别达到72.8亿元、8.2亿元、114亿元，年均分别增长10%、13%、14%，分别是2010年的1.7倍、1.9倍、2.3倍。五年固定资产投资累计完成267亿元，是"十一五"期间的2.5倍。城镇居民人均可支配收入和农民人均纯收入分别达到18347元和8486元，年均增长9.4%和12.6%，是2010年的1.6倍和1.8倍，增幅位于全市前列。

——工业产值突破百亿。做强做大蔗糖、水泥建材、林板林化产业，打造循环经济，先后培育了朗姆酒、糠醛、生物质发电、生物有机肥等一批蔗糖附属产业，其中朗姆酒产业被列入自治区千亿元产业，成为我县工业发展的最大亮点和新增长点。华润水泥第二条生产线创造了全国建设周期最短纪录。2015年，全县规模以上企业达到22家，规上工业总产值达到110亿元。工业增加值占全县经济总量比重达48.8%，工业主导地位日益凸显。

——现代农业蓬勃兴起。积极调整农业产业结构，制定出台一系列优惠扶持政策，促进现代农业健康发展。粮食生产年总产量稳定在4.5万吨左右。甘蔗支柱地位得到巩固，年进厂原料蔗稳定在220万吨左右。现代特色农业核心示范区建设加快推进，新种植澳洲坚果2.5万亩，新增肉牛养殖1万多头，发展林下养鸡200多户，建立了200多个特色种植、养殖示范点，全县涌现出了一批具有一定规模和产业特色的专业村。我县被农业部批准为全国首批草牧业发展试验试点县。2015年，全县农林渔牧总产值达到30.4亿元，是2010年的1.4倍。

——旅游产业快速发展。先后获得"中国氧都""中国老年人宜居宜游县""中华诗词之乡"等称号，并以此为契机，促进旅游业发展，加快推进了皇袍山森林乐园、百鸟乐园、珍稀植物园等一批旅游项目建设。其中百鸟乐园成功创建4A级景区。百香湖景区荣获广西四星级农家乐。香江国际酒店等4家酒店荣获三星级旅游饭店称号，结束了我县没有星级旅游饭店的历史。旅游基础设施不断完善。2015年旅游收入首次突破10亿元，是2010年的2.7倍。房地产、物流、商贸等产业也得到了进一步发展。

——城乡面貌焕然一新。积极做好"壮乡、绿色、明江水"三篇文章，倾力打造特色山城。

县城功能品位持续提升。共实施城建项目200多个，累计完成投资90多亿元，城区框架进一步拉开，面积由5.6平方公里扩展为11.7平方公里。一批配套基础设施项目、房地产项目投入使用，建成城镇保障性住房4000多套、农村危房改造8600多户。大力实施市容环境综合整治，2012年和2015年，先后获得自治区"南珠杯"竞赛特等奖、优秀奖。

乡村建设步伐加快。完成两个乡撤乡改镇工作，特色乡镇建设取得明显成效。农村公共服务设施不断完善，完成80个村级公共服务中心建设。建成饮水安全工程276处，解决7万多人饮水不安全问题。完成40座水库除险加固建设。全县所有行政村全部实现通村道路硬化。钦崇高速公路上思段建成通车，结束了我县不通高速公路的历史。累计投入2亿元，开展城乡环境卫生整治，建成5个乡镇的垃圾转运站和在妙污水处理厂，完成33处农村环境连片整治项目，打造了一批美丽乡村示范点，城乡卫生明显改善。

——人民生活明显改善。每年的民生支出占公共财政支出比重达80%以上，累计投入55亿多元，实施为民办实事项目350多个，各项民生政策得到有效落实，广大人民群众生活水平得到较大提升。基本社会保障实现"应保尽保"。城乡低保、五保供养、孤儿补助、养老金等保障金发放率100%，保障标准进一步提高。新农合参合率99.03%，居广西前列。建成了一批五保新村、农村幸福院。扶贫开发成效显著。十二项扶贫工程全面实施，完成了一批村屯道路、农村饮水安全、异地搬迁等项目建设，实施了澳洲坚果、中草药种植，肉牛养殖等一批扶贫产业，累计脱贫4.43万人，年均减贫率达15%，被列入"国家社会扶贫创新协作帮扶试点县"。

——社会事业全面发展。

抓好教育振兴工程。率先在全区贫困地区中组织实施十二年义务教育。教育基础设施极大改善，兴建了一批新校舍，累计实施维修改造单项工程45个、薄弱改造资金工程80个、学前教育单项工程61个。上思中学升格为自治区示范性普通高中。我县先后被评为全区职业教育攻坚进步县和全市职业教育攻坚先进县。

实施卫生振兴工程。医疗卫生体制改革和公立医院改革工作顺利推进。卫生基础设施得到加强，建成了县医院门诊医技综合楼、急救中心等项目，筹措5000万元新配备了一批急需设备。县医院与广西医科大学一附院达成了技术协作，全县医疗水平大幅提升。

文化体育事业长足发展。顺利实现广播电视村村通，"明江之夜"、《香糯香》《甜蜜时节》等文化品牌、文艺作品先后在全国、全区获奖。体育竞技成绩显著，累计获得国内外各类赛事奖牌150金123银82铜。成功承办了广西青少年举重锦标赛，广西优秀运动队训练基地、举重后备人才培养基地在我县挂牌成立。

社会保持和谐稳定。加强和创新社会管理，"一村一警""无诉村屯"先进经验在全区推广，"六五"普法圆满收官，社会治安明显好转。矛盾纠纷排查和化解力度加大，各种突出问题得到了妥善化解。食品药品安全和安全生产监管持续强化。建立地质灾害群防体系，保持全县地质灾害"零伤亡"。连续多年被评为自治区平安县。

各项社会事业蓬勃发展。全县科技进步显著，顺利通过了全国科技进步县考评，发明创造实现了倍增计划，荣获全国知识产权示范县。国防动员和民兵预备役工作成效明显，基层武装建设进一步规范。人口计生、审计、统计、双拥、人民防空、质量技术监督、防震减灾、气象、档案、县志等各项工作稳步推进，民族宗教、侨务、老龄、妇女儿童和残疾人等事业均取得新成绩。

——自身建设全面加强。

全面推进依法治县，简政放权，建立权力清单、责任清单制度，落实党风廉政建设，不断提高行政效能。先后取消或部分取消行政审批事项152项，下放28项。清理规范非行政许可审批事项299项。自觉接受人大和政协监督，广泛听取社会各界意见和建议，人大代表建议、政协委员提案办复率达100%。

各位代表！"十二五"时期是我县经济社会发展最快、城乡面貌变化最显著、人民群众受益最多的五年。刚刚过去的2015年，全县生产总值增长8%左右；全部工业总产值增长11.7%；财政收入增长8%；固定资产投资增长11.9%；城镇登记失业率、人口自然增长率、万元地区生产总值能耗、化学需氧量排放总量、二氧化硫排放总量控制在计划以内，较好地完成了县十五届人大五次会议审议通过的目标任务。

各位代表，我们深知，我县经济社会发展和政府工作所取得的每一次进步、每一点成绩，都是市委、市政府和县委坚强领导、科学决策的结果，是县人大、县政协有效监督、全力支持的结果，是广大干部群众齐心协力、患难与共的结果。在此，我代表县人民政府，向广大干部群众、武警官兵和公安民警，向各位人大代表、政协委员，各民主党派、工商联、无党派人士、人民团体，向关心支持我县发展的各界人士表示衷心的感谢和崇高的敬意！

在总结成绩的同时，我们也清醒地认识到，上思的发展还面临着不少困难和挑战：经济总量小，实力仍然不强；贫困面广，扶贫攻坚任务繁重；经济结构不够合理，转方式、调结构任务艰巨；农业基础薄弱，抵御自然灾害能力不强；一些事关群众利益的热点、难点问题有待进一步解决。对此，我们将不断改进和提升政府工作水平，采取更有针对性的举措认真加以解决。

"十三五"时期的奋斗目标和主要任务

"十三五"时期是我县全面建设小康社会的关键时期，面临着难得的发展机遇。根据《中共上思县委员会关于制定国民经济和社会发展第十三个五年规划的建议》，县政府在广泛征求各方面意见的基础上，编制了《上思县国民经济和社会发展第十三个五年规划纲要（草案）》。下面，着重报告三个方面的内容：

一、关于"十三五"发展的总体要求和主要目标

我县"十三五"时期国民经济和社会发展的指导思想是：高举中国特色社会主义伟大旗帜，全面贯彻中共十八大、十八届三中、四中、五中全会和自治区党委十届六次全会、防城港市党委五届七次全会精神，以马克思列宁主义、毛泽东思想、邓小平理论、"三个代表"重要思想、科学发展观为指导，深入贯彻中共中央总书记习近平系列重要讲话精神，按照中央"四个全面"战略布局和"五位一体"总体布局，以及自治区"三大定位""四大战略""三大攻坚战"和防城港市建设"两个建成"先行区战略部署，坚持生态绿色发展理念，以提高发展质量和效益为中心，主动融入全市边海经济带建设，重点打造"生态经济示范区""脱贫攻坚先行区"，建成"广西生态经济强县"，顺利实现与全国全区全市同步全面建成小康社会目标。

我县"十三五"时期的发展主要目标是：经济保持中高速增长，地区生产总值到2017年翻一番，到2020年，确保全县生产总值、财政收入分别突破120亿元、12亿元。产业结构进一步优化，生态经济占比超过85%，四大工业支柱产业产值超200亿元。城乡居民人均收入增速继续在全市保持前列，实现全面脱贫。公共服务体系更加健全，人民素质、法治水平和社会文明程度显著提高。生态示范效应凸显，生态环境质量位居全区前列，单位生产总值能耗、二氧化碳和主要污染物减排总量控制在自治区下达的指标内。

二、关于打造"两区一县"的发展定位

综合考虑未来发展趋势和条件，今后五年，我县要实现打造"两区一县"目标。

打造"生态经济示范区"，主要基于我县具有其他地区较难复制的生态资源优势，拥有"中国氧都""中国老年人宜居宜游县"等生态品牌，全县森林覆盖率接近60%，空气质量常年优于国家一级标准，有2个国家4A级景区，被纳入了广西重点生态主体功能区范围。同时具有长期积累的生态经济发展基础，全县生态工业总产值占全县规模以上工

业总产值的80%以上。可以说,我县发展生态经济有基础、有条件、有优势,大有可为。为此,必须要充分发挥好上思县的生态资源优势,按照"造生态、护生态、用生态"的理念,加大生态建设力度,加快发展生态循环经济,推动传统产业链延伸,积极培育战略性新兴产业,以循环工业、生态农业和生态旅游为抓手,主动融入全市边海经济带建设,把我县打造成为生态经济示范区,实现从生态资源大县向生态经济强县的跨越。

打造"脱贫攻坚先行区",主要基于中央、自治区和防城港市一系列的脱贫帮扶政策措施指向精准,我县迎来了加快发展、加快脱贫致富的最大历史机遇。同时,我县具有扎实的脱贫攻坚工作基础,组织实施的十二项扶贫工程累计完成投资已经超过10亿元,在今后一两年内将转入全面收获期和效应凸显期。县委制定的《关于打造脱贫攻坚先行区的决定》以及一系列配套方案,保证了脱贫攻坚工作的延续性。全县"扶贫攻坚在一线"已经成为常态,形成了苦干实干、奋力攻坚的强大合力。县委、县政府完全有信心、有决心打赢这场脱贫攻坚战。未来几年,重点是要继续抓好十二项扶贫工程的组织实施,加快落实"八个一批""十大行动",不断改善贫困地区发展条件,千方百计增加贫困群众收入,在全区率先实现脱贫摘帽。

通过打造生态经济示范区、脱贫攻坚先行区,推动上思在全区生态功能区中各地县域经济实力排名进入前列,建成广西生态经济强县。

三、关于"十三五"重点任务

(一)坚持创新发展,加快生态经济强县建设

加快发展循环工业。重点打造蔗糖循环经济、水泥建材、木材加工、黏土加工等四大产业集群。积极发展新能源、水资源开发。规划建设农副产品加工园、药材产业园等一批重要园区,加快产业集聚发展。

大力发展高效生态农业。扶持发展一批名特优产品。加快打造自治区级现代特色农业(核心)示范区,推动优质高产高糖糖料蔗基地建设,大力发展休闲观光农业、体验农业和林下经济,积极调整农业产业结构。

做优生态特色旅游。以打造"岭南最大原生态国家森林公园"为目标,加大十万大山森林旅游资源开发力度。打响"中国氧都""老年人宜居宜游县"等品牌,建设成为北部湾生态后花园和北部湾乃至广西、全国重要的生态旅游目的地。

(二)坚持开放发展,加快融入边海经济带建设

推进全面深化改革。深化行政审批改革,完善权力清单制度,推行"阳光审批"。有序推进国有企业、投融资、农村、科技文化、医药卫生、社会保障、食品药品安全、安全生产监管体制、事业单位人事制度和收入分配制度等改革。

加强区域合作与交流。加强与北部湾沿海经济带对接,积极承接东兴国家重点开发开放实验区和临港工业辐射。突出重点产业招商和产业链招商,打造上思优势产业集群。

(三)坚持共享发展,坚决打赢脱贫攻坚战

全力实施脱贫攻坚。全面推广"扶贫+"精准扶贫模式,2016年率先在全区脱贫摘帽,到2018年底,绝大多数建档立卡贫困户脱贫,2019年进入扫尾阶段,提前实现全县贫困户全部脱贫销号、贫困村全部脱贫出列,建成脱贫攻坚先行区。

大力发展教育事业。完善教育基础设施建设,加快城乡义务教育学校标准化建设,消除"大班额"。巩固和提高义务教育普及成果,全面实行十二年义务教育。大力发展普惠性幼儿园,基本普及学前教育。

提高城乡医疗卫生水平。全面深化医药卫生体制和县级公立医院综合改革。加强乡村基层卫生硬件基础和人才队伍建设,促进医疗卫生县乡一体化。

统筹社会民生事业发展。深入实施城乡居民收入倍增计划,多渠道促进居民增收。进一步完善社会保障体系,实现社会救助体系城乡全覆盖。完善公共文化服务体系建设,促进文化体育事业标准化、均等化发展。

(四)坚持绿色发展,打造北部湾绿色生态屏障

严把项目准入关,积极引导企业淘汰落后产能。依法关停超标排放企业。健全完善"绿色GDP"综合考评体系。实行最严格水资源保护制度,科学规划速生桉发展规模,加强生态公益林区及自然保护区的资源保护,构建"北部湾绿色生态屏障"。

(五)坚持协调发展,加快推进"美丽上思"建设

遵循"全域防城港"的总体规划,坚持城乡统

筹发展理念,实行城乡发展统一规划、同力推进,实现城乡同步协调发展。突出绿色生态优势,坚持新区开发和旧城改造统筹推进,打造独具魅力的宜居宜商宜游生态县城。深入推进"美丽上思"乡村建设系列活动,扎实推进宜居乡村、幸福乡村建设。完善基础设施建设,构建便捷的城乡交通网络。

2016年工作安排

2016年是实施"十三五"规划的开局之年。我们将在市委、市政府和县委的坚强领导下,切实抢抓机遇、奋发有为,为"十三五"规划实施开好局、起好步。

今年上思县政府工作的总体要求是:全面贯彻落实中共十八大和十八届三中、四中、五中全会精神,以邓小平理论、"三个代表"重要思想、科学发展观为指导,按照"五位一体"总体布局和"四个全面"的战略布局,牢固树立创新、协调、开放、绿色、共享五大发展理念,坚持稳中求进工作总基调,主动适应经济发展新常态,紧紧围绕"建设广西生态经济强县"的目标,以打造"生态经济示范区"和"脱贫攻坚先行区"为主线,主动融入边海经济带,着力转变经济发展方式,不断提高经济发展质量,不断壮大经济总量,切实改善民生,构建和谐社会,全力推动经济社会持续快速健康发展,奋力实现"十三五"良好开局,为与全国全区全市同步全面建成小康社会打下坚实基础。

2016年上思县经济社会发展的主要预期目标为:全县地区生产总值增长8%,固定资产投资增长10%,财政收入增长7%,规模工业总产值增长10%,全社会消费品零售总额增长12%,城镇居民人均可支配收入增长10%,农民人均纯收入增长10%;万元地区生产总值能耗、主要污染物排放量控制在自治区、市的要求范围内。重点抓好以下几方面工作:

一、强力推进百项工程,夯实经济发展基础

2016年全县计划实施总投资500万元以上项目建设121项,总投资规模约110亿元,年度计划完成投资50亿元以上。重点推进十大投资超亿元、产值超3亿元的产业项目,主要是十万大山森林公园改扩建、明江源肉牛养殖加工基地、上思县农副

产品加工区、十万大山天然矿泉水厂、木材园区中高端木材项目、华威木业技改扩容、金川碳酸钙、昌菱热电联供、中草药加工区、布透温泉养生项目等。推进一批城建项目,主要是永福大道、工业大道,南岸新区1号、2号、5号路,防洪大道、盛天江畔、望阳房地产、瀚江花园小区等56个项目。推进一批文旅项目,主要是第一初级中学、南岸小学、幼儿园、皇袍山森林乐园、旅游饭店升级改造等12个项目。推进一批民生项目,主要是妇幼保健院公共卫生业务楼、小流域治理工程、水土保持重点建设工程、扶贫生态搬迁工程、蔗区主干道水泥路面改建、耕地提质改造工程等28个项目。推进一批项目前期工作和招商引资工作,重点推介15个招商引资项目,计划总投资46亿元。

二、奋力攻坚,率先实现脱贫摘帽

我县被列入自治区2016年率先脱贫摘帽的8个贫困县之一。我们将按照"一低四通五有"的标准,全面落实自治区脱贫攻坚16个配套实施方案,举全县之力攻坚摘帽。年内实现12个贫困村、约8000人脱贫,贫困发生率降为3.5%左右。

积极推行项目化管理。把每一项扶贫工作具体为项目,挂图作战、清单管理。做到任务项目化、项目清单化、清单图表化,定时定量定质考核推进,精准脱贫。

扎实推进基础设施建设。解决群众"行路难"问题,投入1.5亿元完成一批通屯道路建设和房前屋后道路建设。实施农村饮水巩固提升工程,投入1200万元实现全县95%以上农户解决饮水问题。解决群众"住房难"问题,实施农村危房改造1850户。投入6亿元实施梯级扶贫搬迁工程,年内搬迁贫困人口2400人。加强大数据平台建设,实现95%以上行政村通网络宽带。

突出抓好产业扶贫。借助县里实施的"十亿元金融贷款扶持工程",支持贫困户大力发展特色种养产业,争取实现每个贫困村有1~2个特色优势主导产业,每户有1~2个增收项目,增强内生发展动力。鼓励企业参与工业扶贫开发,依托工业集中区和木材加工区建设农民工创业园,推动返乡农民工实施大众创业。支持贫困村发展旅游业,在平江、那当、广元等具备条件的贫困村开发一批"农家乐""林

家乐"项目。支持农村电商发展,制定扶持政策打造一批农村电商示范乡镇、示范村、示范企业。

全面落实各项扶贫政策。组织实施"八大教育帮扶计划",不让一个学生因为贫困辍学。对贫困人口参加新农合进行补助,提高医疗报销比例,实施大病患者二次补助,防止"因病致贫、因病返贫"。提高低保覆盖面和补助标准,确保救助型贫困户生活有依靠、有保障。加大贫困地区科技文化投入,提升群众思想观念和科技文化素质。大力开展各类扶贫培训,增强群众脱贫致富能力。

三、大力发展生态循环工业,促进产业转型升级

重点围绕蔗糖循环经济、木材加工、水泥建材和粘土加工等四大产业,推动传统产业向生态循环方向发展。蔗糖循环产业,借助自治区实施的糖业"二次创业"的良好机遇,重点加快推进南能昌菱热电联供、昌菱朗姆酒、华盛化工糠醛等一批蔗糖附属产业项目建设,进一步延伸产业链,不断提高蔗糖业综合效益。水泥建材产业,加快推进金川碳酸钙等项目建设,尽快形成以华润水泥上思公司为龙头的石灰石资源的加工链条,逐步把上思打造成为广西重要的水泥建材生产基地和资源综合利用示范基地。木材加工产业,重点推进华威木业技改扩容项目,投资6000万元建设木材产业园区,引进2家以上中、高端企业,培育2家规上木材企业,把木材产业规模和综合利用提高到新的高度。粘土加工产业,重点推进中科纳达、富石、强盛等粘土加工项目建设,培育2~3个粘土产业龙头并纳入规上企业。其他产业,重点加快推进光伏农业、四方岭风电场一期工程等新能源项目建设,促进我县工业结构优化升级。利用养殖项目的副产品,力争再建设一条年产10万吨的复合肥生产线项目。加快发展水资源开发、制药等产业,着力推进仁盛制药升级改造等项目。

四、加快发展现代特色农业,努力实现农民增收

积极调整农业产业结构,立足"精致、高效、生态",促进现代农业快速发展。确保全县粮食安全,稳定17.7万亩粮食播种面积,确保总产量达4.5万吨。抓好耕地保护、土地开垦整治。突出甘蔗支柱地位不动摇。新增甘蔗种植面积1.2万亩以上,确保全县糖料蔗种植面积达45万亩以上。继续实施2.5万亩"双高"糖料蔗示范基地建设,提高甘蔗总量。积极探索金融扶持方式。结合扶贫开发,县财政每年投入3000多万元,三年投入1亿元撬动金融资金10亿元,实施"十亿元金融贷款扶持工程",通过贴息贷款、风险补偿等方式,让群众尤其是贫困户贷得起、用得上、出效果。加快农业产业结构调整。以我县列入全国首批草牧业发展试验试点县为契机,年内新增肉牛饲养2~3万头,促进广西明江源肉牛养殖加工项目落地,打造广西乃至西南地区最大的肉食品加工基地。继续大力发展澳洲坚果种植,年内新增坚果面积2万亩以上,推进坚果加工项目前期工作。积极创建现代特色农业示范点,年内计划培育创建10~15个县、乡级示范点,重点抓好十万大山生态农业(核心)示范区建设,争创自治区级现代农业示范区,辐射带动形成"一乡一业、一村一品"的农业产业格局,打造一批肉牛村、坚果村、柑橘村、香糯村、萝卜村、牛大力村、中草药村,让肥沃的田野成为上思百姓致富的新希望。

五、拉开旅游建设大格局,带动现代服务业发展

依托"中国氧都""中国老年人宜居宜游县"等旅游养生养老品牌,利用十万大山得天独厚的生态优势,做优做强生态旅游,促进现代服务业加快发展。加快十万大山森林旅游综合体开发。引入战略合作伙伴,力争用五年左右时间,投入15亿元将十万大山森林公园打造成5A级景区;完善皇袍山景区、珍稀植物园等景区建设;提升百鸟乐园,打造成岭南最大的珍稀鸟类观赏园;加快布透温泉开发建设。通过几个大项目建设,合理利用布局资源,搭建起我县旅游建设的大格局。大力发展乡村生态休闲旅游。重点推进那琴百香湖、叫安平江休闲农庄、思阳明哲"壮香古村"和南屏汪门瑶寨等一批"农家乐"项目。进一步完善旅游基础设施建设。启动县内重要景区景点通二级路工程。加快推进县城到森林公园二级路、平江到皇袍山景区公路提级等项目。推进江滨酒店、立都国际酒店等旅游酒店创"四星",提升旅游接待能力和整体服务水平。加快发展现代服务业。通过旅游促进餐饮、住宿、购物、娱乐等现代服务业发展,加快物流和商贸业的发展,不断增强旅游业对经济的带动能力。探索发展"互联网+"经济,积极搭建各类电商平台,加强物流配送点、名优产品交易中心等工程建设，实现我县特色产品网络化营销。

六、统筹城乡发展，全力打造县城升级版

按照"面貌要改善，基础要完善，管理要加强，城市要升级"的原则，推进城镇化建设。今年重点推进城建项目56个，年度计划投资10亿元以上。完善基础设施，提升城市功能。重点推进永福大道、工业大道续建工程，南岸新区路网、明江蓄水、城区河段中小河流治理、防洪大道、城区地下综合管廊、供水管网、管道燃气等一批项目。进一步完善城区路灯、路牌、门牌等设施。结合棚户区改造实施工会、电影院、思阳粮所、思阳供销社、交警大队等旧城区改造。继续实施街、巷道路硬化工程，推进城区污水管网、内涝点、垃圾转运等一批污垃项目建设。绿化美化亮化，县城面貌明显改变。启动县城周边万亩绿化工程，营造"先见森林、再见城市"的生态园林景观。高标准做好永福大道、"一江两岸"的绿化美化亮化，打造清新靓丽的城市风景线。加快南岸新区、江平新区等河流沿线区域的开发建设，打造集旅游、美食、购物等具有民族风情特色的建筑群和景观带。充分融合上思传统元素，实施团结路风貌改造，打造独具民族特色的街景。城市经营管理跃上新台阶。加强规划控制，加大违法占地和违法建设行为打击力度。加强市容环境管理，深入开展城区"三乱"、环境卫生、扬尘等专项整治，规范户外广告牌设置，营造清洁、整齐、优美的城市环境。加快美丽乡村建设。完善叫安、华兰镇改镇后基础设施和功能配套。继续推进在妙镇百镇建设项目、南屏乡特色乡镇建设等项目。大力实施村屯道路硬化项目，年内计划硬化道路300公里。深入实施农村电网改造工程，投入6100万元新建或改造线路560公里。继续开展生态乡村建设，围绕"两路一江一带一园区"，创建公正乡天堂屯、那琴乡寺蒙屯等19个生态村屯核心示范点，打造明哲村玉学屯、念诺屯幸福乡村示范点，辐射带动周边村屯生态环境改善，争取到年底，沿线村屯绿化率、自来水普及率、道路硬化率均达100%。

七、保障和改善民生，繁荣社会各项事业

完善财政投入机制，确保全县民生支出占公共财政支出比重达80%以上，重点向农业、扶贫、教育、卫生、社保等领域倾斜。

继续实施教育振兴工程。抓好农村义务教育基础设施建设，加快推进第一初级中学和南岸小学、幼儿园的建设步伐。深化教师人事制度改革，继续加强教师培训和人才招聘引进工作力度，继续对全县教学点教师实施岗位补助。在全区贫困地区率先施行十二年义务教育，自今年起，在县内就读高中全部免学费。

深入推进卫生振兴工程。深化医药卫生体制改革，完善基本药物制度，推进公立医院改革。加强基层公共卫生建设，开展中医院建设项目前期工作。发挥5000万元新配备医疗设备使用效益，提高卫生服务水平。继续施行乡镇卫生院医生定向培养，充实医疗队伍。坚持计划生育基本国策，落实好"全面二孩"政策。

大力实施为民办实事工程。持续加快推进社保、农补、安居、生态等重点领域民生项目的建设，进一步改善人民群众生产生活条件。抓好全民参保登记试点工作和社保扩面征缴工作，解决社保遗留问题。改善集中供养五保户生活居住环境，做好社会救助、城乡低保、孤儿供养、减灾救灾等工作，实现应保尽保。

积极推进社会管理创新。加大公共安全基础设施建设投入，深化警务体制改革创新。拓展和提升"一村一警""无诉村屯"成功经验。坚决整治社会治安突出问题，集中力量查办发生在群众身边的"小案"，进一步提升社会公众安全感和政法队伍执法满意度。积极化解社会矛盾，开展各种接访下访活动。开展安全生产隐患排查整治，加强食品药品安全监管，坚决遏制较大以上安全事故发生，维护社会和谐稳定。

统筹发展各项社会事业。建立健全城乡公共文化和体育服务网络，全力创建国家公共文化服务示范区。持续开展"明江之夜"等群众文化活动，扎实推进广播电影电视事业发展。强化环境监督和国土资源管理。推动质量强县工作。加强"双拥"、国防动员和民兵预备役工作。加强政府债务管理。充分发挥工会、共青团、妇联、红十字会、残联等群团组织的作用。关心儿童、老年人等事业。继续抓好科技、统计、审计、工商、消防、档案、修志、气象、

侨务、民族宗教、防震等各项工作。

八、切实加强作风建设,提高政府执政水平

强化责任落实,进一步增强执行力。创新政府管理方式,健全政府部门权力清单、责任清单制度,启动负面清单制度,强化事中事后监管。深化行政审批制度改革,优化再造审批流程,加强政务服务窗口建设,提高效能。加强绩效管理,完善奖惩制度。巩固"三严三实"活动成果,继续推行"一线工作法",确保各项工作"一抓到底抓落实"。

推行依法行政,进一步增强公信力。强化法治观念,严格依法履行职责。完善重大事项集体决策、公众参与、专家咨询制度,认真听取社会各界的意见。加强财政资金监管,强化审计监督全覆盖,完善政府性投资项目管理。加强政府信息公开,提高工作透明度。自觉接受县人大和政协监督,提高人大代表建议、政协委员提案办理工作的质量和效果。

坚持清正廉洁,进一步增强约束力。严格履行"一岗双责",坚持不懈推进党风廉政建设和反腐败工作,集中力量查处发生在群众身边的四风和腐败问题,保持惩治腐败的高压态势,树立勤政廉政的好形象。

各位代表!"十三五"宏伟蓝图已经描绘,2016年充满希望!让我们紧密团结在以习近平同志为总书记的党中央周围,在市委、市政府和县委的坚强领导下,在县人大、县政协的监督支持下,紧紧依靠全县人民,坚定信心、团结拼搏、敢于担当、主动作为,努力实现"十三五"良好开局,为打造生态经济示范区、脱贫攻坚先行区,加快建设广西生态经济强县而努力奋斗!

政府工作报告名词解释

"双高"糖料蔗基地:优质高产高糖糖料蔗示范基地。

脱贫攻坚"八个一批":指产业增收发展一批,就业创业带动一批,移民搬迁安置一批,金融贷款扶持一批,党内关爱扶助一批,教育医疗救助解困一批,发展旅游增收一批,社会保障政策兜底一批。

脱贫攻坚"十大行动":指特色产业富民行动,基础设施改善行动,移民搬迁扶贫行动,农村电商扶贫行动,农民工培训创业行动,贫困户产权收益行动,科技文化扶贫行动,金融扶贫行动,绝对帮扶行动,关爱服务行动。

"扶贫+"精准扶贫模式:结合贫困地区和贫困户实际,形成"扶贫+特色产业、+基础设施、+就业培训、+金融扶持、+党内关爱、+社保兜底"等多种方式,每个精准贫困户至少安排1个"扶贫+"模式,符合条件的进行叠加,实现"扶贫+1""扶贫+N"的精准帮扶。

一低四通五有:"一低"指脱贫县农村贫困发生率低于(等于)国家对贫困县脱贫要求的贫困发生率;"四通"指行政村通硬化路,农户家庭通电,农户家庭覆盖广播电视信号,行政村通网络宽带;"五有"指贫困县有2~5个特色优势产业,贫困村有公共服务设施,农户有饮用水,农户有新型农村合作医疗保障,符合条件的贫困户有低保。

十亿元金融贷款扶持工程:县财政每年投入3000万元以上,三年投入1亿元撬动金融贷款资金10亿元,通过贴息贷款、风险补偿等方式扶持农业产业发展。

八大教育帮扶计划:指幼儿园帮扶计划,义务教育薄弱学校帮扶计划,高中阶段教育帮扶计划,县级中专帮扶计划,高等教育帮扶计划,特殊教育帮扶计划,学生学业帮扶计划,教师队伍帮扶计划。

糖业"二次创业":为了推动广西糖业转型升级,提升国际竞争力,自治区人民政府出台了《广西壮族自治区人民政府关于推动广西糖业二次创业的总体方案》。糖业"二次创业"的重点在甘蔗种植、加工制造与综合利用、市场与服务体系3大板块,将谋划布局103个项目,概算总投资约470亿元,项目领域涉及"双高"基地建设、甘蔗种管收机械研发生产及应用、甘蔗多样性产业、循环经济与综合利用、生产智能化自动化信息化、原糖生产、精炼糖、食糖深加工、市场与服务体系等。

旱改水:旱地改水田、水浇地。

三乱:指乱摆设、乱搭建、乱停放问题

两路一江一带一园区:"两路"即上思高速公路沿线乡村、上思县二级公路沿线乡村;"一江"即明江;"一带"即南宁—十万大山国家森林公园生态旅游带;"一园区"即上思县现代农业产业示范园区。

大事记

1月

14日 市公安局副局长彭志来为组长的市消防考核组一行10人到在妙镇考核消防工作。

20日 中国共产党上思县第十二届委员会第九次全体会议召开,会期一天。

21日—22日 中国共产党上思县第十二届代表大会第三次会议在县中型会议厅召开。

同月 自治区党委书记彭清华先后到广西农垦糖业集团昌菱制糖有限公司、上思县思阳镇平江村和十万大山国家森林公园就乡村建设进行调研。

2月

9日 自治区政协副主席磨长英一行5人到我县昌墩村开展春节前走访慰问活动。

10日 防城港市政协主席赵发旗率有关单位领导到扶贫挂钩联系村——上思县思阳镇玉学村开展春节慰问活动。

3月

6日 县政协主席李健全主持召开上思县政协第七届委员会第十四次常委会议。

10日—12日 召开县政协七届五次会议。本次会议共收到提案62件,立案60件。

18日 水利部珠江水利委员会副主任陈洁钏一行到上思县在妙镇六标水库检查防汛工作。

18日 柳州市政协常务副主席崔放明一行8人到我县黄袍山考察水源林植被保护工作,防城港市政协副主席倪耀中、秘书长申时荣、县政协主席李健全陪同考察。

30日 由防城港市政协副主席彭景东带队,由市政协机关、民政局、人社局、卫计委、旅发委等单位人员组成的调研组,来到上思县开展推进全市以养老养生为重点的服务业发展专题调研活动。

30日 市政协副秘书长苏若仲率市政协经科委有关人员到上思县思阳镇玉学村开展扶贫调研活动。

30日—31日 以自治区地方志办公室副巡视员王艳珍(副厅级)为组长的市县地方志工作督查组一行4人到上思县开展工作督查。

4月

2日 防城港市农委副主任裴光艳到华兰镇督查土地确权工作推进情况。

2日—5日 香港福慧教育基金会组织香港迦南中学访学团一行19人,到上思中学和县民族中学开展交流访学活动。活动期间,访学团还到瑶族村寨走访瑶族女生,体验乡村生活。

9日 县政协主席李健全主持召开县政协七届十五次常委会议。首先集中开会,会议主要内容为:传达学习全国政协十二届三次会议精神;讨论通过县政协2015年度协商工作计划;讨论通过县政协常务委员会2015年工作要点;讨论通过2015政协重点提案督办方案。随后深入南屏瑶族乡渠坤圩对"瑶族风情街""睦桂园"等民族特色项目进行视察,并听取了南屏瑶族乡特色产业发展情况汇报。

16日 市政府副市长宾正迎率调研组一行4人到上思县在妙镇那诚、百慕、佛子"双高"片区开展"双高"调研。

16日—17日 防城港市委常委、统战部部长胡晶波率调研组到上思县开展基层统战工作调查研究。调研组先后到县工商联会员之家、党外人士学习教育基地、叫安镇那布村那叫屯基层统战示范点、非公企业思甜土特产贸易有限公司、阳春蛇类养殖示范基地等开展调研活动。

23日 防城港市人民政府举行上思县、东兴市工商行政管理局人事档案移交仪式,上思县工商系统整体顺利完成由垂直管理到分级管理。

5月

5日 市政协主席赵发旗率专题调研组到上思县开展"县域经济发展和基层政协协商民主建设"专题调研,5日上午调研组一行先后实地视察了祥龙生态城、公正乡信良村生态茶园、公正乡澳洲坚果育苗、种植基地。下午调研组在县党政会议室召开座谈会,听取了县党委、政协主要负责人工作意见建议。县政协李健全主席陪同调研并参加了座谈会。

6日 最高人民法院、司法部联合印发《人民陪审员制度改革试点方案》,主要就人民陪审员制度改革试点作出部署。在同时公布的全国50家试点法院中,上思县人民法院有幸入选,成为防城港市入选的唯一一家试点法院。

28日 防城港市团委书记李泰霖率调研组一行4人到上思县在妙镇那苗村肉牛养殖创业点进行YBC青年创业专项调研。

28日—29日 自治区民委主任卢献匾、经济发展处处长覃汉华、民族古籍办主任韦如柱等一行4人到上思县开展民贸民品企业工作情况调研活动,上思县民贸民品工作得到了自治区民委主任卢献匾的高度评价和肯定。

5月 上思县国土资源局被自治区人力资源和社会保障厅及国土资源厅授予"在国土资源管理工作中成绩突出记集体二等功"荣誉称号。

6月

3日 防城港市政协副主席庞章辉率调研组到上思县开展"加强食品安全监督管理"专题调研,了解上思县食品供应链各环节的基本情况、存在的问题并提出建议。调研组一行先后实地考察龙楼奶牛场、思阳镇现代农业示范园区,在随后召开的座谈会上听取食品安全监管领域各相关职能部门工作的介绍及意见建议。县政协主席李健全陪同调研。

5日 上思县人民法院首次利用微信公众号公布失信被执行人名单。

16日 防城港市团委书记李泰霖到华兰镇调研乡镇组织建设、青年就业创业工作。

是月 上思县南屏瑶族乡丁草至常隆公路工程完工交付使用。至此,上思县"十二五"通行政村公路路面硬化工程建设工作全面完成,提前实现上思县83个行政村在2015年底村村通水泥路的目标。

7月

14日 县政协七届十六次常委会议召开,会议分两节进行:第一节,集中开会,议题是讨论通过关于建立乡镇政协委员活动室的建议;第二节,深入七门敬老院和在妙卫生院实地视察。

20日 广西壮族自治区高级人民法院政治部副主任陈顺光一行到上思县人民法院对人民陪审员制度改革试点工作进展情况进行调研检查。防城港市中级人民法院政治部主任张柏信陪同调研。

21日 广西壮族自治区高级人民法院法警总队副总队长崔德祥一行来到上思县,对上思县人民法院司法警务工作进行检查和调研。防城港市中级人民法院法警支队政委徐庆惠陪同调研。

22日—23日 上海海运(集团)党委书记蔡振洲一行5人到上思县考察调研。考察组先后实地考察了十万大山国家森林公园、朗姆酒产业。县政协副主席农克产陪同调研。

24日 全市民政工作年中分析会在上思县召开,全市各县(市、区)民政局长,市民政局局长韦世豪及市局相关工作人员参加会议。

27日 自治区人大常委会选联工委副主任顾忠东率领换届选举调研组到在妙镇调研人大代表活动场所建设情况。

是月 上思县土地矿产卫片执法检查工作顺利通过自治区国土资源厅和国土资源部核验。

9月

7日—9日 福建省宁德市柘荣县政协主席王鼎秦一行10人到上思县考察养老养生产业发展工作,考察组一行先后考察了那琴敬老院、上思县老年活动中心、昌菱朗姆酒产业等。县政协主席李健全、副主席农克产陪同考察。

10日 以自治区安全生产监管局副巡视员郑一为组长的自治区环境保护大检查等重点工作督查组一行7人到在妙镇污水处理厂进行环保督查。

16日 县民族中学举行第八届"同心·瑶族女子班"2015年秋季学期开班典礼。自治区人大常委、民进广西壮族自治区委会副主委兼秘书长蒋庆霖,民进广东省委会副主委、民进深圳市委会主委张效民,中共上思县委书记张惠强,中共上思县委常委、统战部部长黎媚等领导和嘉宾参加了活动。

23日 市政协副主席凌军率上思第二活动小组到南屏瑶族乡开展以政协委员"情系贫困·委员善行"为主题助推教育扶贫活动。凌军一行在婆凡小学召开座谈会,随后与师生开展扶困助学结对活动,发放联系卡,赠送助学物品及资金。

29日 市政协主席赵发旗率市政协领导和委员分别到叫安初中、上思中学、上思民族中学开展以政协委员"情系贫困·委员善行"为主题助推教育扶贫活动。

10月

21日 市政协副主席庞章辉率市政协机关干部到上思县开展防城港市政协委员接待日活动。

22日 县政协主席李健全主持召开县政协七届十七次常委会议。

10月 全县新一轮土地利用总体规划和县城周边基本农田划定编制成果通过自治区人民政府审批。

11月

25日 广西高院基建科科长刘惠明一行在防城港市中院行装科科长覃宁的陪同下,到上思县人民法院对法庭建设情况进行专项检查。

12月

3日 市委副书记农融到在妙镇开展党建情况调研。

8日 防城港市中级人民法院党组书记、院长杨智军,防城港市中级人民法院党组成员、副院长柏树义,研究室主任何文强等一行4人到上思县人民法院检查指导工作。

24日 县国地税联合设立24小时自助办税厅。

28日 梧州市文新广局副局长张绪潮、区文化厅公文科科长朱汝国等交叉核验组一行3人到在妙镇检查验收文化站免费开放工作。

28日 上思县政协七届十九次常委会议召开。会议的主要议程有:一、听取县人民法院、县检察院通报2015年工作情况;二、学习廉政准则、中国共产党纪律处分条例和十三五规划的建议;三、通过周丹同志的任职事项。会议结束后,开展视察活动,常委们先后视察了那琴乡排柳村红香橙高产种植示范点和奇山秀水农业科技开发有限公司牛大力育苗基地。

29日 县政协主席李健全主持召开中共上思县政协党组"三严三实"专题民主生活会。

30日 中国共产党上思县第十二届委员会第十次全体会议在县中型会议厅召开,会期一天。

2015年,《农业部办公厅关于印发2015年草牧业发展试验试点区名单的通知》(农办牧〔2015〕19号),把上思县列为草牧业发展试验试点县。2015年,全国建立草牧业发展试验试点15个,其中,种养结合试验试点5个,种植牧草、饲料作物2500亩,养殖草食动物2000头(只);草牧业适度规模经营试验试点5个,养殖草食动物1000头(只);财政扶持试验试点5个,养殖草食动物1000头(只)。

2015年,全县春旱严重,大部分地区降雨持续偏少,据统计,1—4月全县平均降雨量为93.9毫米,与历年同期平均值164.9毫米相比偏少71毫米,全县各类蓄水工程有效蓄水仅为9905万立方米,占有效库容26.6%,比上年同期减少34.4%。全县6000亩左右水田缺水,甘蔗受旱面积达40万亩,其他农作物受旱面积2.53万亩,因旱饮水困难人口1.63万人。

概　　览

人文地理环境概况

春秋战国时期,上思县境域属百越(粤)地。

秦朝时属象郡,郡治在临尘(今崇左市境内)。秦始皇平定百越,统一岭南,上思境域开始纳入中央王朝版图,属象郡所辖,开始接受中原文化。

汉朝初期属南越地。秦亡后,秦将赵佗于岭南建立南越国,上思境域为南越国交趾郡属地。

西汉元鼎五年(公元前112)伏波将军路博德平定南越;六年(公元前111)将南越原南海、桂林、象三郡划为交趾刺史部,下设苍梧、郁林、合浦、南海、交趾、九真、日南七郡,上思属合浦郡地。

东汉建安八年(203)改交趾刺史部交州刺史部,上思属交州刺史部的郁林、合浦二郡地。

三国时为吴辖地。吴区域内置荆、扬、交三州,交州治所在番禺(今广州),上思仍为交州的郁林、合浦二郡地,至永安五年(262)改属郁林郡地。

西晋将交州分为交、广二州,广州辖郁林、桂林、苍梧、高凉、始安、临贺、始兴、南海等八郡,州治在番禺(今广州),上思属郁林郡地。

东晋分郁林郡,置晋兴郡,上思属晋兴郡地(郡址在今南宁市)。

南朝宋、齐、梁、陈时分别属广州的晋兴郡地和南定州的晋兴郡地(郡治在今南宁市)。

隋开皇十八年(598),大将刘芳开通交趾路,在上思境内设镇守,但不久又撤销,时上思属郁林郡。

唐贞观十二年(638),清平公李弘节遣钦州镇守宁师京沿刘芳开至交趾的故道,开拓边疆少数民族地区,在今上思境内西南部设置瀼州,天宝元年(742年),改为临潭郡;领瀼江(又称临江)、波零、鹄山、宏远4县,郡治瀼江;乾元元年(758年),复为瀼州,属岭南道。天宝初年,在今上思境内东北部开置羁縻上思州,属邕州都督府。

五代十国,为南汉地,沿袭唐制。

北宋撤销瀼州,并入羁縻上思州,隶属邕州。宋皇祐年间于羁縻上思州西部设置迁隆土州。

元改羁縻上思州为上思州,隶属广西两江道宣慰司左江思明路。明洪武元年(1368)属左江思明府;二年(1369),土官黄英杰(又名黄龙冠)领导农民起义,将上思州改称高疆州;至洪武二十一年(1388),复称上思州;弘治十八年(1505)改土归流,改属南宁府,州治从明江南岸旧州迁至明江北岸现址,迁隆峒归上思承审。

清至光绪十一年(1885)仍属南宁府;十二年(1886),改属太平府;十八年(1892)上思州改为上思直隶厅,属太平思顺道。

民国元年(1912)3月1日,上思直隶厅改为上思府;民国2年(1913)6月19日又改为上思县,属南宁道。民国16年(1927)迁隆峒土司改流并入上思县。民国19年(1930)属南宁民团区。民国23年(1934)3月属南宁行政监督区。民国29年(1940)4月属南宁行政督察区(第九区,合称第九区行政督察专员兼保安司公署),民国31年(1942)属第四区,治南宁,一直延至1949年12月7日上思县解放前夕。

1949年10月1日中华人民共和国成立;12月8日上思县解放。1950年分别属宾阳专区和南宁专区,1951年改属龙州专区;1951年11月专员公署迁至崇左,改称崇左专区;1952 年 7 月从崇左专区划归钦州专区;1953 年 12 月又划归桂西壮族自治州的邕宁专区;1958 年 3 月,广西壮族自治区成立,撤销桂西壮族自治州建置;12 月,邕宁专区改为南宁专区,上思随属南宁专区;1965 年 8 月,上思又划属钦州专区,1971 年钦州专区改为钦州地区;1993 年 5 月,防城港市成立,上思又划属防城港市至今。

迁隆峒,古为南交地。西汉元鼎五年(公元前 112),兴师灭南越,迁隆地以交趾刺史领之,晋、隋无考。唐贞观十二年(638),开置瀼州,设瀼江、波零、鹄山、宏远 4 县,迁隆地属宏远县。北宋撤销瀼州,并入羁縻上思州;宋皇祐年间,于羁縻上思州西部设置迁隆土州。

元设迁隆州,州治在今迁隆,属广西两江道宣慰司思明路。

明洪武元年(1368),上思土官黄英杰攻破州署,州印失落;二年(1369)降为峒,设土巡检,峒治设于迁隆,也曾设于在妙,隶南宁府。弘治十八年(1505),上思州改土归流,迁隆峒归上思承审。

清至光绪初,迁隆峒仍隶属南宁府。光绪十二年(1886)于龙州设安边道,统辖太平、归顺,属南宁府的上思州改隶太平府,迁隆峒亦随属太平府;光绪十八年(1892),上思州升为上思直隶厅,迁隆峒属上思直隶厅,仍保留土官世袭制,属太平思顺道。

民国 16 年(1927),撤销迁隆峒建置,原辖区并入上思县,分为迁隆乡、在妙乡、公安乡。

中华人民共和国成立后,1950 年年初迁隆乡划给思乐县(今宁明县)。

上思县名的由来,有几种说法。清道光十五年(1835)刊的《上思州志》载:思山在城北三里,州名以之,山首东侧,若狮之蹲踞,故又名狮山。《古今图书集成》载:狮山在城北一里,蹲踞若狮,一名思山,州因此名(古人称狮为上等动物)。《广西地理沿革简编》载:上思县以上思州而得名,县境有瀼水,即瀼江,唐太宗时以瀼水为名置瀼州,玄宗天宝初又置上思州。按壮语,思译为溪,上为瀼的转音,因此,用壮话读瀼江,即上思之意。民国 34 年(1945)上思县修志馆编纂的《上思县沿革》说:清改为上思县,上思二字,其意义是表示思慕上司,所谓“上思柔怀,民思之顺”是也。或说上思城居瀼水上游,瀼水下游又有思陵州、思明州,故而得名。上述各种说法,以 1983 年 8 月广西人民出版社出版的龙兆佛、莫凤欣编写的《广西地理沿革简编》所说似较为可信。

自然地理环境概况

上思县位于广西壮族自治区南部,十万大山北麓,介于北纬 21° 44′ —22° 22′,东经 107° 33′ —108° 16′ 之间。东与钦州市钦北区交界,西与崇左市宁明县接壤,南邻防城港市防城区,北与崇左市扶绥县毗邻,东北与南宁市邕宁区相连。县境东西长约 68.1 公里,南北宽约 49.5 公里,总面积 2816 平方公里,占全自治区总面积的 1.2%。

县人民政府驻思阳镇。县城北距自治区首府南宁市 100 公里,东距钦州市 101 公里,西南距东兴市 148 公里,南距防城港市 118 公里,西距崇左市 97 公里。

上思县地层,自石炭系至第四系,共有 7 个系,16 个地层单位,其中侏罗系分布最广,地层发育较全;白垩系、三叠系次之。石炭系至二叠系主要是碳酸盐岩,其余地层则以碎屑岩为主。

十万大山南部有岩浆岩广泛分布,但其北部之上思县境岩浆岩较少;米引屯北部有小个岩体,为辉石花岗斑岩,属印支期酸性岩体。

上思县地质构造属南华准地台范畴,位于钦州残余地槽之西南部十万大山断陷——宁明县寺浪至横县西津之中生代大型构造盆地之中部。是一个北东向向斜构造盆地。盆地南北基地结构不同,西北部出露中、上石炭统至下三迭统碳酸盐岩、砂页岩;东南部出露上三迭统碎屑岩;盆地中出露侏罗系至第三系碎屑岩。基地存在规模较大的断层,次级构造亦较发育。

上思县地貌以丘陵为主,东南部有十万大山主脉,北面是四方山,中部偏东南纵贯有凤凰山和堂金山,把县境夹成一个由龙楼至在妙的槽形盆地。东部的蕾帽山、公牛山,是县境东部河流分成东西两个流向的分水岭。整个地形南部、北部高,中部低，东部高，西部低，像一个向西部敞口的簸箕。另蕾帽山以东的公正乡，地形则自西向东低下，其中六荣屯海拔 67 米，是全县的最低点。东北部的龙楼、那屏、那琴一带地势向北东微倾斜。根据地貌成因及形态组合，分 4 种类型：中低山陡坡地形，分布于县境南部的十万大山一带，以及凤凰山、堂金山、排羊山、蕾帽山、公牛山等。中山区海拔 800~1200 米，最高峰为十万大山的薯莨岭，海拔 1462 米；丘陵地形，十万大山以北，到明江沿岸绝大部分地区和公牛山以东地区，均为起伏和缓的丘陵地，海拔 200~400 米；缓丘平原、谷地，主要分布于明江河谷，从龙楼、思阳、昌墩村直到七门、在妙圩沿明江两岸一带，地形较平坦，是近代冲积物构成高出河面 5~10 米的阶地。那荡谷地，价于凤凰山和十万大山、堂金山之间，由海拔 300~400 米，二级丘陵地组成的谷地；丘陵溶蚀谷地，位于四方岭南麓，由中、上石炭统至下三迭统灰岩、白云岩组成，受东西大断裂控制，成东西向展布，从思阳的布透延伸到在妙乡的屯隆，为岩溶地貌。

十万大山在上思县的东南部，属沟漏山系，山脉呈北东—南西走向，由三叠系砂岩、砾岩组成。十万大山北麓，在上思境内长约 90 公里，东窄西宽。东段（公正乡范围）山脊狭长，平均海拔 687 米，其中大龙山最高，海拔 995 米，山峰呈锯齿状，坡度在 45~55 度之间；中段（叫安镇范围）山脊平均海拔 1194 米，坡度 50~60 度，个别山峰 60 度以上；西段（南屏乡范围）间存小型的山间盆地，纵谷发育，山脊平均海拔 1082 米，其中薯莨岭最高，海拔 1462 米，坡度 70 度以上。西北面坡度在 45 度左右。

十万大山上思县境内以及上思与钦州、防城、宁明交界处海拔 500 米以上的山峰有 72 个。其中，501 米以上、1000 米以下的有 51 个，1000 米以上的有 21 个。

四方岭 四方岭横亘于上思县境的北部，为十万大山支脉，东起那琴乡逢通村的朝交山，西至在妙镇的坝屯，长约 40 公里，为北东—南西走向，山脊海拔 700~800 米。四方岭海拔 500 米以上的山峰有 26 座，其中蕾烟泰（又名葫芦山）最高，海拔 834.5 米。

凤凰山 凤凰山为十万大山支脉，山势呈西南—东北走向，从西板岭起逐步升高，形成屹立于县境中部的高山。海拔 600 米以上山峰 10 座，最高峰芑腮，海拔 927 米。

堂金山 堂金山为十万大山支脉，南起双板的佛子山，北至那板水库坝首，呈南北走向，与凤凰山相对峙。主要山峰有佛子山、堂金山、三岩山、哥作山、独秀山等，其中堂金山海拔 712 米。独秀山又称独秀峰，位于那板水库坝首西南侧，海拔 492 米，为八景之一，称"秀岭开祥"。

十万大山支脉 围绕县境东部，南起公正乡枯蒌村的鸡白屯，北至公正乡彩林村的叶吞屯，呈南北走向，是公正、思阳和那琴三个乡镇的自然分界线，也是县境东部把水分成东西两个流向的分水岭。海拔 500 米以上山峰有排阳山、公牛山、蕾帽山、平广山、紫米含等，其中排阳山最高，海拔 567 米。

县内大小河流共 28 条，纵横交错，水源丰富，因受地形影响，分为向西流、向东流、向东北流和向北流 4 种。向西流主要是明江，发源于十万大山、四方岭、凤凰山的 22 条溪、涧、河均注入明江；向东和东北流的是公正乡的母猪河、公正河、念况河，那琴乡的排柳河；向北流的是那琴乡的孔律河和那琶河。集雨面积共 2550.1 平方公里。

上思县属南亚热带季风气候，气候温和，雨量适中，无霜期长。年平均气温 21.6℃，最热月平均气温 27.8℃，最冷月平均气温 13.1℃，极端最高气温 40.1℃，极端最低气温 -1.1℃；全年雨量适中但颁布不均，年平均降雨量 1218.4 毫米，其中 5—10 月降雨量 993.8 毫米，占全年降雨量的 81.6%；无霜期长，年平均无霜期 361.5 天；年平均日照时数为 1826.1 小时；年平均风带 1.5 米/秒，最多风向为南北风；年平均蒸发量为 1518.9 毫米；年雷暴雨日数 89.5 天，主要气象灾害有高温、干旱、暴雨、低温阴雨、雷暴、寒潮。

2015 年，年平均气温为 21.7℃，比历年平均值（21.6℃）偏高 0.1℃，年极端最高气温为 38.9℃，出现在 4 月 19 日，年极端最低气温为 3.8℃，出现在 2 月 6 日；年总降水量为 1021.5 毫米，比历年平均值（1218.4 毫米）偏少 196.9 毫米；年总日照时数为 1714.8 小时，比历年平均值（1826.1 小时）偏少 111.3 小时。

2015年，上思县主要的灾害性天气及其影响是：6月23日—25日受第8号台风"鲸鱼"外围云系影响，全县普降大雨，局部特大暴雨，叫安镇松柏村出现极大风速16.5米/秒的大风；过程最大雨量出现在十万大山国家森林公园，降雨量为276.2毫米，均未造成灾害；7月17日—29日受低涡和西南季风的共同影响，全县普降暴雨，全县甘蔗受淹面积35.6公顷，水稻受淹面积116公顷，民房倒塌13间，受灾人口6371人，转移905人，直接经济损失合计80.7万元。10月4日—5日，受第22号台风"彩虹"影响，全县普降中到大雨，局部暴雨，出现了极大风速为16.7米/秒的大风；过程最大雨量为76.0毫米，出现在叫安镇凤凰山。受"彩虹"影响，全县甘蔗倒伏62.7公顷，半倒伏860公顷，直接经济损失276.8万元；林业受灾面积41.3公顷，直接经济损失31万元；厂房受损面积13.3公顷；受灾人口4600人，转移5人。

1月31日受冷空气影响，出现日平均气温在48小时内急剧降温12.2℃，同时日平均气温降至6.8℃的寒潮天气。4月1日—21日出现长时间无降水天气，全县出现干旱。受干旱影响，全县甘蔗受灾14558公顷，水田受灾1865公顷，无水办田受灾1067公顷，花生受灾675公顷，玉米受灾577公顷，其他田地受灾434公顷，发生人畜饮水困难人数16300人。为缓解旱情，全县范围内共实施9次人工增雨作业。

自然资源

上思县境南北最大纵距49.5公里，东西最大横距68.1公里，总面积2816平方公里。其中，耕地面积58043.88公顷，占总面积的20.6%；园地面积1651.95公顷，占总面积的0.58%；林地面积186651.78公顷，占总面积的66.3%；牧草地面积0公顷，占总面积的0%；居民点及工矿企业用地面积4196.52公顷，占总面积的1.49%；交通用地面积3407.32公顷，占总面积的1.21%；水域面积11195.87公顷，占面积的3.97%；未利用土地面积17585.34公顷，占总面积的6.25%。

按木材树种类分为5类：

特种材类：格木、坡垒、紫荆、小叶红豆4种。

一类材：竹叶松、樟木、绿叶稠、华南椎等9种。

二类材：杉木、石笔木、上思蒲桃、火力楠等20种。

三类材：马尾松、黄梁木、五列木、胭脂木等22种。

四类材：米椎、罗浮椎、裂斗椎、杨梅、桉树等47种。

土名称之为米含、米酸、米郎、米吹、米达、米宛、米英、米宝、米贺洋、米楠海、米包、米律、米眼等13种。

据医药部门普查，县内药用植物有458种，其中常见和常用的有266种。

上思县境内非金属矿藏主要有褐煤、焦煤、磷、石膏、石灰石、石油等；金属矿藏有铁、锰、镁等。

煤矿　分无烟煤和褐煤两种。无烟煤分布于叫安镇汪门、三料、念含附近，褐煤分布在昌墩、七门、在妙一带。

磷矿　主要分布于在妙镇的板挂和七门乡的岜僚附近。

汞矿　主要分布在公正乡信良村米引屯，还有汤妈、汪晓汞矿点。

石膏　主要分布在思阳镇的龙活、昌墩至孔驮间，还有在妙镇的三昔、更所一带的石膏矿。

粘土　在煤田内普遍分布，储量丰富。

石油　据1983—1984年广西石油勘探指挥部勘探，十万大山盆地发现油气。

铁矿　赤铁矿分布于南屏乡渠坤村念洗屯附近。

锰矿　分布于叫安镇汪门无烟煤矿附近。

镁矿　分布于叫安镇汪门屯附近，在妙镇百定和那苗屯附近。

旅游资源

十万大山脉横贯县境南部，东西长约130公里，南北宽近50公里。属多姿多彩的亚热带雨林景观。如仙人驾雾的奇峰、盘龙卧虎的山脉、深不见底的峭壁、无边无际的森林、千百年的古松古树、清澈见底的溪流、千奇百态的淋浴池等景观景点举不胜举;动植物资源更为丰富,达数千种,有国家列为一、二级保护的动植物和珍稀动植物。登上十万大山主峰薯莨岭,可纵览群峰绵绵和茫茫北部湾海景,有"一山看两国,十里不同天"之称。

四方岭横亘县境西北部,长达40公里,为十万大山支脉,属熔岩地貌,错落大小岩洞10余个,其中最具特色的有弄怀岩、屯隆岩、通天岩、岐山岩等。

十万大山国家森林公园位于上思县东南部,面积8810公顷,森林覆盖率98%,境内有保存完好的原始亚热带雨林,蕴藏丰富的动植物资源,植物种类1892多种,动物种类283种。气候温和、空气清新,负氧离子含量高达16.2万个/立方厘米,是东南沿海唯一一个自然生态保护最为完好的国家森林公园。

皇袍山景区位于十万大山白石牙主峰谷地旁边,是谷地型原始自然风景区。总面积6706公顷,皇袍山景区主要由逍遥河谷、七彩河谷、梦幻河谷组成。区内林木苍莽,地形开阔掩映,河弯曲折迂回。皇袍山景区奇树怪石多,飞瀑流泉多,珍禽异兽多,动植物种多,是十万大山中峰、石、潭、瀑、林兼胜,以雄、奇、秀、幽著称的一处名胜。以原来的蝴蝶谷(也称魔石谷)区域为主体,包括皇袍山观光休闲区、万蝶谷漂流、游客接待中心、山道滑车、水上主题乐园、森林野战、汽车营地,以及五星级酒店标准的皇袍山国际会议中心等。

那板水库位于县城东南部4公里处,水库建于1960年,库区水面4.35万亩,有效库容8.1亿立方米,为广西第三大水库。库区分多支水路,其中最长一支为坝首至平江村的水路,长25公里,水面宽窄相间,曲折迂回,形成无数小岛和半岛,俨然一幅幅山水画廊。库区春夏青绿一片,秋时枫红似火,红绿相衬,别有一番天地。

县境西南部的南屏瑶族乡,居住有少数民族之一的过山瑶。过山瑶有自己的语言、服饰、礼节、居住特色和生活方式,他们能歌善舞,热情好客,招待客人有美味的香芋、香糯、山珍野味和自制的瑶家酒水,体验瑶寨生活,别有另一番乐趣。

上思县土特产主要有3类。食用类:香糯、香猪、香鸭、香菇、木耳、蒜头、明江鲤等。药用类:八角、玉桂、蜂蜜、蛤蚧、山薯。化工、工艺原料类:松脂、山茶油。

行政区域

2015年,上思县辖4个镇、4个乡,87个行政村(社区),991个自然屯,1583个村民小组。4个镇,即思阳镇、在妙镇、叫安镇、华兰镇。4个乡,即平福乡、南屏瑶族乡、那琴乡、公正乡。

思阳镇有4个社区、12个行政村,147个自然屯,305个村民小组。年末总人口72369人,总面积308.5平方公里。4个社区即:东湖、北湖、明江、彩元社区。12个行政村,即广元、江平、华加、高加、昌墩、玉学、易和、计怀、明哲、六银、和星、那板等村。

在妙镇有11个行政村,138个自然屯,239个村民小组。年末总人口34350人,总面积200平方公里。11个行政村,即在妙、驮从、那苗、平良、屯隆、有生、更所、佛子、联合、板龙、板文等村。

叫安镇有17个行政村,276个自然屯,393个村民小组。年末总人口40773人,总面积584.5平方公里。17个行政村,即提高、那当、松柏、平江、百包、那布、叫安、三科、那工、熟康、那午、板细、文明、高福、杆青、双板、凤凰等村。

华兰镇有6个行政村,67个自然屯,114个村民小组。年末总人口12413人,总面积146.7平方公里。6个行政村,即华兰、俊仁、那岩、德安、叫宝、华城等村。

平福乡有9个行政村,87个自然屯,159个村民小组。年末总人口23452人,总面积276.9平方公里。9个行政村,即公安、那明、板含、明旺、六改、平福、紫僚、雄杰、伟华等村。

南屏瑶族乡有9个行政村,72个自然屯,82个村民小组。年末总人口13385人,总面积526.6平方公里。9个行政村,即枯叫、江坡、米强、巴乃、乔贡、汪乐、常隆、英明、渠坤等村。

那琴乡有9个行政村,112个自然屯,154个村民小组。年末总人口21863人,总面积308.4平方公里。9个行政村,即那琴、那俩、排柳、桃岭、标榜、那通、那琶、联惠、龙楼等村。

公正乡有10个行政村,92个自然屯,137个村民小组。年末总人口17142人,总面积336.4平方公里。10个行政村即:公正、信良、枯蒌、那齐、吉彩、大吉、三英、边念、彩林、东安等村。

人　口

2015年,全年人口自然增长率9.1‰。按常住人口计,人口密度86.68人/平方千米。全县户籍人口24.41万人,比2014年年末增加0.24万人。其中,男性13.66万人,占55.96%,女性10.75万人,占44.04%。18周岁以下未成年人5.60万人,占22.94%;60岁以上老年人3.54万人,占14.50%。

民　族

上思县是一个多民族居住地区,有壮、汉、瑶、侗、苗、京、黎、蒙古、仫佬、哈尼、回、毛南、藏、维吾尔、彝、布依、满、白、土家、傣、水、景颇、塔吉克、拉祜等24个民族,主要以壮族为主。2015年年末,全县户籍人口244074人,其中少数民族有220011人,约占全县总人口的90%。世居少数民族有2个,即壮族和瑶族。壮族人口约占全县总人口的86%,遍布全县各乡镇;瑶族人口约占全县总人口的4%,主要集中在全县唯一的民族乡——南屏瑶族乡,叫安镇、华兰镇的凤凰山一带也分布有瑶族屯。

语　言

在上思县境内,上思县人通用的交往语言是壮语言(壮话)。县内的汉族人跟同族交往讲客家话,与壮族交往讲壮话;瑶族人跟同族交往讲瑶话,与壮族交往讲壮话。随着九年义务教育的推进和巩固,现在的上思人从读小学的儿童到45岁左右的成年人都会用普通话进行简单交流,部分成年人也会讲白话。

宗　教

全县有天主教和基督教两大宗教。有天主教堂5个,即思阳、那蒙、百管、崇针、六龙教堂,天主教信徒约1390人。基督教堂1个,即上思县思阳镇基督教福音堂;宗教团体1个,即上思县基督教三自爱国运动委员会,基督教信徒约966人。

2015 年度机构及负责人

中共上思县委员会

书　记:张惠强
副书记:彭景东(任至2月)
　　　　黄炳利(2月任)
　　　　杨洪波
常　委:张惠强
　　　　彭景东(任至2月)
　　　　黄炳利(2月任)
　　　　杨洪波
　　　　陈孝平(任至5月)
　　　　陈土强(5月任)
　　　　冯培聪
　　　　邓玄文
　　　　叶吉富
　　　　吴杰华(任至4月)
　　　　许文思
　　　　陈　熹(4月任)
　　　　何定业
　　　　黎　媚

黄嘉宏

县委工作部门及直属单位
县委办公室
主　任:许文思
副主任:黄绍符(任至6月)
　　　　吴旭明
　　　　黄明文
　　　　韦丽珍
　　　　梁鹏洋
县委督查室
主　任:何志敏(任至6月)
　　　　佘世廷(6月任)
接待办
主　任:韦　坚
机要局
局　长:周奇策
副局长:李光先
保密局
局　长:吴少花
组织部
部　长:何定业
副部长:陆宏铜
　　　　劳世耿(6月任)
　　　　常统兴
　　　　刘　健
部务委员:李伊平
基层办
主　任:凌雄贵
宣传部
部　长:叶吉富(2月任)
副部长:江　翀
　　　　梁富盈(任至10月)
　　　　黄　山(10月任)
文明办
副主任:陆素华
新闻中心
主　任:磨金梅
网管中心
主　任:黄日兴

统战部
部　长:黎　媚
副部长:冯海鹏
中共上思县纪律检查委员会
书　记:吴杰华(任至4月)
　　　　陈　熹(5月任)
副书记:苏应忠
　　　　黄　闪(任至4月)
　　　　李立飞(10月任)
常　委:韦冠春　林树密
监察局
局　长:苏应忠
副局长:韦冠春
　　　　李立飞(2月任至10月)
　　　　黎世宝
　　　　林树密(12月任)
绩效考评办公室
主　任:邓　华
机构编制委员会办公室
主　任:陆　颖
副主任:林　展
事业单位登记管理局
局　长:黄健瑜
老干局
局　长:陆宏铜
副局长:徐建红
直属机关工委
书　记:许文思(6月兼任)
常务副书记:陆鲜宏(6月任)
副书记:周　丹(任至12月)
纪工委书记:何　渊(任至10月)
县委党校
校　长:杨洪波(兼)
副校长:许廷彰

上思县人大常委会
主　任:韦轮佳
副主任:黄桂英
　　　　陈天棠
　　　　冯　海
　　　　邓学语

人大常委会办事机构和工作部门

人大常委会办公室

主　任:陈秉琴(任至 8 月)

　　常统兴(8 月任)

副主任:岳寒梅

　　许世好(任至 8 月)

法制工作委员会

主　任:凌恩阶

副主任:黄宏省

财政经济工作委员会

主　任:凌志威

副主任:黄世密

教科文卫民侨工作委员会

主　任:何帝强

副主任:陆汉献

联络工作委员会

主　任:蒙绍珍

上思县人民政府

县　长:彭景东(任至 2 月)

　　黄炳利(2 月任)

副县长:冯培聪

　　叶吉富

　　黄嘉宏(任至 6 月)

　　彭文军(任至 10 月)

　　吴佳军(10 月任)

　　李　健

　　蒙小翠

　　马　瑞

　　吴建明(任至 10 月,挂职)

　　郑里华(8 月任,挂职)

上思县人民政府工作部门及直属单位

政府办公室

主　任:陆超璧(任至 7 月)

　　黎　琥(7 月任)

副主任:刘军先

　　黎　琥(任至 7 月)

　　陈　杰

　　廖月宵(任至 7 月)

　　黄鸿翔(6 月兼任)

　　李晓燕(6 月任)

　　黎守隆

县政府督查室

主　任:李晓燕(任至 7 月)

应急办

主　任:刘军先

政务服务中心

主　任:黎　琥(任至 7 月)

　　李晓燕(7 月任)

副主任:黄凯德

民政局

局　长:黄孟杰

副局长:陆科文

　　零乐新

老龄办

主　任:黄妙谟

扶贫开发办公室

主　任:谭　锋(任至 10 月)

　　黄冠乐(11 月任)

副主任:凌旭贵(任至 10 月)

　　罗钰杰(11 月任)

招商促进局

局　长:翁成明

副局长:凌以发

人力资源和社会保障局

党组书记、局长:唐汉柱(任至 6 月)

　　　　覃小川(6 月任)

副局长:覃小川(任至 6 月)

　　江积凤

　　黎洪海

纪检组长:吴　冰

人口和计划生育局(10 月与卫生局合并为卫计局)

局　长:农克产

副局长:陆胜臣

　　卢　海

　　韦科越

纪检组长:韦灵基

民宗局

局　长:黄红梅

副局长:刘绍柏

民语办

主　任:李　念

副主任:邓振珠

台办

主　任:黄彩艳

信访局

局　长:陈桂峰(任至8月)

　　　陆耀山(8月任)

副局长:朱维清(任至8月)

　　　冯嘉斌

机关事务管理局

局　长:许世好

副局长:梁冠林

　　　李海萍

政协上思县委员会

主　席:李健全

副主席:农克产

　　　张显超

　　　卢海清

　　　侯卫军

副调研员:骆建模

秘书长:黄齐蔚

人民团体

总工会

主　席:黄桂英

常务副主席:谭　锋(11月任)

副主席:黎翠映

团委

书　记:李洁玲(任至3月)

　　　冯金凤(6月任)

副书记:陆杰才

妇联

主　席:王干琴

副主席:黄彩娥(任至1月)

　　　吴海青

科协

主　席:方　颉

副主席:苏定军(任至9月)

侨联

主　席:卢海清

副主席:沈丕显

工商联

主　席:侯卫军

党组书记:冯海鹏

副主席:廖威雄

　　　黄彩娥

文联

主　席:凌飞雁(任至5月)

　　　何志敏(7月任)

副主席:岑超学

残联

理事长:卢　颖

副理事长:陈锡茜

红十字会

常务副会长:谭　植

副会长:黎　华

社科联

主　席:黄运官

副主席:庞小芳

法　制

政法委

书　记:邓玄文

副书记:林忠煊

　　　甘秀雄

　　　奚全宝

纪工委书记:梁源度(任至10月)

综治办

主　任:甘秀雄

维稳办

主　任:奚全宝

法制办

主　任:黄有琼

副主任:黎守隆(任至7月)

　　　黄江海(11月任)

公安局

党组书记、局长:彭文军(任至9月)

　　　　　　吴佳军(9月任)

纪检书记:吴佳军(任至9月)
　　　　　吴喜用(10月任)

政　委:吴佳军(任至9月)

副政委:廖　武(任至9月)
　　　　熊　鸣(9月任)

副局长:熊　鸣(任至9月)
　　　　凌子倩(任至9月)
　　　　吴喜用(任至10月)
　　　　傅德超
　　　　刘　磊
　　　　冯　岸

上思县人民法院

党组书记、院长:李世浩(任至2月)
　　　　　　　　刘柽开(2月任)

副院长:梁家产
　　　　吕德钦
　　　　张小明(挂职至10月,10月任)

纪检组长:刘率辉

上思县人民检察院

党组书记、检察长:李庆章

副检察长:林立宇
　　　　　黄珊德
　　　　　黄　纯

党组副书记、政工科科长:吴甘雨

党组成员、纪检组长:磨力克

党组成员、侦查监督科科长:蓝日军

司法局

局　长:杨　强

副局长:黄　元
　　　　黄　骥(10月任)
　　　　黎　冰

纪检组长:马晚琴

调处办主任:磨向阳

打私办

主　任:黄志锋

军事部门

武警上思县公安消防大队

大队长:黄如伟

教导员:张志飞(任至11月)
　　　　潘　烁(11月任)

人防办

主　任:邓颜文

经济管理

发改局

党组书记、局长:黄小青

副局长:罗瑞香
　　　　黄治云
　　　　罗玲玲(任至3月)

物价局

局　长:黄　宇

审计局

局　长:施善赫

副局长:陈源丽
　　　　林美虎

统计局

局　长:黄育宁

副局长:黄　伟
　　　　黄剑斌

工商局

党组书记、局长:黄　活(任至6月)
　　　　　　　　黄艺刚(7月任)

副局长:黎庶轩
　　　　陆玉晶
　　　　奚全宝

质量技术监督局

党组书记、局长:黄振初

副局长:刘文飞(3月任)
　　　　凌小倩(6月任)

安监局

局　长:吴朝民

副局长:韦永升
　　　　梁　尧

食品药品监督管理局

党组书记、局长:陈　莹

副局长:何　军(任至11月)
　　　　黄文远
　　　　黄　鸿(11月任)

刘忠行(11月任)

旅游局

局　长:马　力(任至7月)

　　　陈桂峰(8月任)

副局长:周群青(6月任)

农业·水利

农业局

党组书记、局长:刘子生

党组副书记、副局长:黄泽辉

党组成员、副局长:黎庶丹

　　　　　　黄天勇(任至10月)

　　　　　　黄文彬(11月任)

党组成员、纪检组长:李　冲(任至11月)

水果办

主　任:黄可华

副主任:梁荣卿

糖业局

局党组书记、局长:唐成禧

局党组副书记、副局长:陆　睿

局党组成员、副局长:吴晓伟

区划办主任

主　任:张桓宾

水产畜牧兽医局

党组书记、局长:陈天禄(任至7月)

　　　　　　黄克恩(7月任)

副局长:黄　鹤

　　　黎国温

林业局

局　长:冯　钧

副局长:苏定挺

　　　黎卡斯

　　　玉世锦(任至7月)

　　　何哲简

纪检组长:李抢鲜(任至10月)

党组成员:零　霞

水利局

局　长:凌鑫尚

副局长:吴朝民

　　　刘小剑

纪检组长:江寿辉

移民局

局　长:吴　白

农机局

局　长:陈举权

副局长:黄　波

公路·交通

交通运输局

党组书记、局长:单　冰

党组成员、副局长:谭旭三

副局长:周传达

　　　黄　叙(任至8月)

道路运输管理所所长:黄　叙

纪检组长:韦灵基(任至1月)

公路局

局　长:黄铭明

副局长:李国文

　　　涂先辉

工业·邮电

工信局

局　长:林碧挺

副局长:潘罗思

　　　黄天毅

　　　玉世锦(7月任)

纪检组长:黎耿秋(任至10月)

工管委

主　任:零春雷

副主任:玉世忠

中小企业局

局　长:黄天毅

供销社

理事会主任:黄腾彪

理事会副主任:周育迷

监事会主任:罗建军

水利电业有限公司

总经理:伍桂粤

副总经理:罗春宏

　　　　黄长华

林　军

电信公司

总经理:唐尚坚

副总经理:卢炯宁

韦小琼

移动公司

总经理:张秀梅

副总经理:韦征旭

联通公司

副总经理:庞起新

总经理助理:梁　乔

国土·城建·环保

上思县国土资源局

党组书记、局长:黄　科

党组成员、副局长:周景光

党组成员、纪检组长:何能慧

党组成员:梁志超(任至7月)

征地办主任:梁志超

副局长:何明洋

住建局

党组书记、局长:欧全主

副局长:李　科

韦　纲

梁杞雪

欧　磊

曾飞举(任至6月)

环保局

局　长:黄培力

副局长:黄世昌

商　业

粮食局

党组书记、局长:黎执生

副局长:杨建石

常　春

黄俊瑾

纪检组长:梁国敏

烟草局

局　长:李剑华

副局长:黄　强

副主任:韦　义

财政·税务

财政局

局　长:韦　任

副局长:梁亮卿

常华红

黄旦霞

党组成员:凌海红

纪检组长:罗正财(任至11月)

国税局

局　长:范建新

副局长:麦　斌

纪检组长:林海华

党组成员:陆玉刚

林天帅

张国航

地税局

党组书记、局长:杨怀方(任至6月)

卢永奇(7月任)

副局长:苏　提(任至6月)

宁其伦(任至7月)

凌国龙(7月任)

梁恒嘉

纪检组长:陈凤宁(任至4月)

金融部门

中国工商银行上思支行

行　长:罗曲海

副行长:刘　平

李　忠

中国农业银行上思支行

党委书记、行长:褚　龙

副行长:宁如峰

陆　战

黎　远(7月)

农村信用合作联社

理事长:黄伟成

主　任:梁明训

副主任:黄志初

监事长:吴焕华

副主任:李芳红

王　帅

科技教育

科技局

局　长:刘　平

副局长:陈秉科

陆魏群

地震局

局　长:黄德全

气象局

局　长:王国安

副局长:黄敏堂

龚沃超

教育局

党委书记、局长:廖汝挺

纪委书记:甘维学

副局长:廖　辉

黄颖新

潘映秋

文体·广电

文体局

局　长:黄绍符(7月任)

雷爱新(任至7月)

副局长:黄天勇(12月任)

黄旭华

秦桂春

陆春莹

广西广电网络上思分公司

总经理:冯志君(8月任)

副总经理:曾灿华

档案局(馆)

局(馆)长:梁彦超

副局(馆)长:何海霞

党史办

主　任:刘大陆

副主任:朱维平

县志办

主　任:林美晓

卫计局

局　长:李　特

副局长:陆胜臣

刘超娥

何　军

刘忠行(兼)

乡　镇

思阳镇

党委书记:黄　耿

党委副书记、镇长:黎渥恩(任至8月)

马　力(8月任)

党委副书记、人大主席:黄鸿翔

挂职副书记:黄文彬

党委委员、纪委书记:黄霄华

党委委员、副镇长:黄　凯

党委委员、人民武装部部长:赵谁依

党委委员:梁永超

党委委员:尹　秀

副镇长:黎礼芳

副镇长:陈桂东

人大副主席:梁　文

在妙镇

党委书记:林　宇(任至8月)

黎渥恩(8月任)

党委副书记、镇长:韦川江

党委副书记、人大主席:常如意

党委委员、纪委书记:刘国定

党委委员、副镇长:黄万韬

李桂阳

副镇长:李广凤

人民武装部部长:韦怀武(任至5月)

党委委员:廖志勇

叫安镇

党委书记:黄艺刚

党委副书记、乡长:陈海波

党委副书记、人大主席:陆鲜宏(任至6月)

班小倩(6月任)

党委副书记:甘胜强(任至 10 月,挂职)

党委委员、纪委书记:莫华星

党委委员、副乡长:韦盛梅

　　　　　　　　班小倩(任至 6 月)

副乡长:韦　枭

　　　黄文远(任至 10 月,挂职)

　　　李凤展(10 月任,挂职)

党委委员、人民武装部部长:钟　盛

党委委员:韦海涛

　　　　　凌小华

人大副主席:吕世强

华兰镇

党委书记:陈日强

党委副书记、镇长:李洁玲(2 月任)

　　　　　　　　罗　敏(任至 2 月)

党委副书记、人大主席:黄　海

党委副书记(挂职):黄中源(9 月任)

　　　　　　　　张国良(任至 9 月)

党委委员、纪委书记:甘虎飞

党委委员、副镇长:黄学醒

党委委员、副镇长:刘绍柏(任至 2 月)

党委委员、人民武装部部长:陶建宇

党委委员:蔡兆珊(任至 5 月)

人大副主席:江映锋

副镇长:黄　柳(2 月任)

平福乡

党委书记:梁　熙

党委副书记、乡长:黎　挺

党委副书记、人大主席:黄万彬

党委委员、纪委书记:罗钰杰

党委委员、副乡长:陆叶春

党委委员、副乡长:黄　兰

人民武装部部长:黎国崭

党委委员:陆佳浩

南屏瑶族乡

党委书记:官尚元

党委副书记、乡长:张芸智

党委副书记、人大主席:吴　军

党委委员、纪委书记:黄文峰

党委委员、副乡长:唐万洲

　　　　　　　蒙来山

　　　　　　　苏云达

人民武装部部长:陆佳屹

党委委员:吴立明

那琴乡

党委书记:吴海峰(任至 5 月)

　　　　　李洁玲(5 月任)

党委副书记、乡长:黄　宽(任至 5 月)

　　　　　　　　韦飞鹏(5 月任)

党委副书记、人大主席:韦飞鹏(任至 5 月)

　　　　　　　　　　卢　海(5 月任)

挂职副书记:苏　莺(任至 9 月)

　　　　　温静涛(9 月任)

党委委员、纪委书记:陈　慧(任至 5 月)

　　　　　　　　甘虎飞(5 月任)

党委委员、人民武装部部长:凌成享(任至 5 月)

　　　　　　　　　　　　梁永超(5 月任)

党委委员:马　娟(任至 5 月)

　　　　　黄泽源(任至 5 月)

　　　　　陆　峰(5 月任)

　　　　　蔡兆珊(5 月任)

人大副主席:凌景辉(任至 5 月)

　　　　　凌　肃(5 月任)

公正乡

党委书记:黄　活(任至 8 月)

　　　　　苏　菲(8 月任)

党委副书记、乡长:苏　菲(任至 8 月)

　　　　　　　　岑盘岸(8 月任)

党委副书记、人大主席:岑盘岸(任至 8 月)

　　　　　　　　　　李桂杨(10 月任)

党委委员、纪委书记:林奕宇

党委委员、副乡长:覃博华

副乡长:许海凤

人民武装部部长:林法权

党委委员:韦有龙

政　　治

中共上思县委员会

【县委机构概况】 2015年度,县委处于中共上思县第十二届委员会届中。中共上思县十二届委员会设书记1名,副书记2名,常委11名。2015年度,十二届县委领导班子成员名单如下:书记张惠强,副书记彭景东(任至2月)、黄炳利(2月任)、杨洪波,常委陈孝平(任至5月)、冯培聪、邓玄文、叶吉富、吴杰华(任至4月)、许文思、何定业、黎媚、黄嘉宏。其中,黄炳利同志于2015年2月接替彭景东同志任县委副书记,陈土强同志于2015年5月接替陈孝平同志任县委常委,陈熹同志于2015年4月接替吴杰华同志任县委常委、纪委书记。

【县委全体会议】 2015年1月20日,中国共产党上思县第十二届委员会第九次全体会议在上思县中型会议厅举行。会议审议了县委书记张惠强同志将代表县委在中国共产党上思县第十二届代表大会第三次会议上所作主题为《依托资源优势、立足生态特色,为把上思县建设成为广西生态经济强县而努力奋斗》的工作报告(草案);会议还审议了县委副书记杨洪波同志所作的《关于中国共产党上思县第十二届代表大会第三次会议筹备工作情况的报告》;审议了县委副书记杨洪波同志所作的《中国共产党上思县第十二届代表大会提案审查委员会关于县十二届党代会第二次会议代表提案办理情况的报告》。

2015年12月30日,中国共产党上思县第十二届委员会第十次全体会议在上思县中型会议厅召开。全会由县委常委会主持。县委书记张惠强作了重要讲话。全会深入学习贯彻中共十八届五中全会、自治区党委十届六次全会和防城港市委五届七次全会精神,听取和讨论了张惠强同志受县委常委会委托作的工作报告,审议通过了《中共上思县委员会关于制定国民经济和社会发展第十三个五年规划的建议》《中共上思县委员会关于打造脱贫攻坚先行区的决定》。县委副书记黄炳利、许文思分别就《建议(草案)》《决定(草案)》向全会作了说明。全会还听取了县委常委何定业作的年会筹备工作情况汇报,审议通过了中国共产党上思县第十二届代表大会第四次会议相关材料。全会充分肯定县委十二届九次全会以来县委常委会的工作。一致认为,面对国内外经济下行压力和艰巨繁重的工作任务,县委常委会坚决贯彻落实自治区党委、市委的决策部署,团结带领全县广大党员和干部群众,抢抓机遇、攻坚克难,大力实施"生态立县、工业强县、农业兴县、扶贫稳县、旅游旺县"发展战略,加快构建"广西生态经济强县",推动全县经济社会平稳持续发展,维护社会和谐稳定,全县各项事业打开了新的局面。

【县党代会】 2015年1月21日至22日,上思县在县中型会议厅召开中国共产党上思县第十二届代表大会第三次会议。会议听取和审查了县委书记张惠强同志代表县委所作的题为《依托资源优势,立足生态特色,为把上思县建设成为广西生态经济强县而努力奋斗》的工作报告;听取和审查了中国共产党上思县纪律检查委员会工作报告;听取了中国共产党上思县第十二届代表大会第二次会议代表提案办理情况报告;听取了中国共产党上思县第十二届代表大会第三次会议代表提案审查报告。

【县委重要决定和工作部署】 2015年,县委重要决定和工作部署有:

部署农业农村和扶贫攻坚工作 3月30日—31日召开2015年上思县农业农村暨扶贫攻坚工作会,会议分两节进行,第一节是现场参观,分别到8个乡镇相关种养殖基地调研;第二节是集中召开大会,县委书记张惠强在会上作重要讲话。

部署"三严三实"专题教育 5月13日举办"三严三实"专题教育党课,学习中共中央总书记习近平系列重要讲话精神,贯彻落实中央和自治区党委关于开展"三严三实"专题教育部署,结合上思县专题教育动员部署工作。同时,县委书记张惠强讲"三严三实"专题教育党课。

部署"一线工作法" 6月25日召开上思县"一线工作法"动员会议,推行"一线工作法",促进"三严三实"专题教育深入开展,推动上思经济社会发展迈上新台阶。会议有两项议程,一是思阳镇、发改局、住建局、政务中心等有关部门表态发言;二是县委书记张惠强作动员讲话。

部署年中经济工作和生态经济工作 8月21日召开2015年上思县年中经济工作暨生态经济工作会议,总结全县2015年上半年工作,分析当前经济形势,研究部署下半年工作,确保全年各项工作任务完成。

部署扶贫攻坚工作 9月1日召开2015年上思县扶贫攻坚工作年中汇报会,总结全县上半年扶贫攻坚工作成功经验,查找扶贫工作中存在的问题及不足,部署下半年扶贫攻坚工作。

部署查处发生在群众身边的"四风"和腐败问题专项工作 9月24日召开上思县查处发生在群众身边的"四风"和腐败问题专项工作会议,会议有两项议程,一是县委常委、县纪委书记陈熹同志组织传达学习市委金湘军书记关于查处发生在群众身边的"四风"和腐败问题专项工作的批示精神;二是县委书记张惠强同志讲话,部署工作。

【完善思路抓发展】 深入学习贯彻中共中央总书记习近平系列重要讲话精神,积极把握国家、自治区和市的战略规划布局,不断完善提升发展思路,深化拓展"生态立县、工业强县、农业兴县、扶贫稳县、旅游旺县"发展战略的丰富内涵,谋划了打造"生态经济示范区"和"脱贫攻坚先行区"的新部署,并以生态经济和旅游经济为抓手,主动融入全市边海经济带建设。先后组织召开了全县农业农村暨扶贫攻坚工作会、年中工作会议、扶贫攻坚年中汇报会、绩效考评工作推进会等一系列重要会议,强化攻坚部署,全面落实中央、自治区、市关于稳增长调结构促改革惠民生的政策措施,打开了建设广西生态经济强县的新局面。

【依托资源抓产业】 主动适应经济发展新常态,加快生态经济和旅游经济发展。蔗糖循环经济、水泥建材、木材加工、粘土加工等四大工业加工园区建设初具规模,朗姆酒产业成为工业增长的最大亮点,昌菱生物质热电联供、膨润土加工等一批"十百千"重点工程项目加快建设,助推工业产值突破百亿元大关。启动现代特色农业核心示范区建设,成功打造了那琴壮香田园生态农庄、叫安平江现代农业示范园等一批现代农业示范点。三个"千万元扶持计划"全面落实,完成糖料蔗"双高"基地建设1.73万亩,澳洲坚果种植2.5万亩、肉牛养殖新增1万多头,我县被农业部批准为全国首批草牧业发展试验试点县。突出"休闲、养生"两个主题,加快推进十万大山森林旅游综合体开发,皇袍山森林乐园、九龙养生泉、百鸟乐园正式营业或试业,百鸟乐园成功创建4A,完成了香江国际酒店等一批星级旅游酒店建设,全县旅游收入突破10亿元。

【立足精准抓扶贫】 把精准扶贫攻坚作为头等大事,按照"聚焦、精准、可行"原则,全面推进新一轮扶贫攻坚战。启动实施为期三年、总投资达15亿元的十二项扶贫工程,全年完成各类扶贫投入5.95亿元,实现脱贫人口6000多人。探索推行了"扶贫+"模式,形成"扶贫+特色产业、+基础设施、+教育卫生、+党内关爱"等多种方式。在全县范围内开展了一批村屯道路、农村饮水安全、农村危房改造等项目建设;在贫困村因地制宜发展澳洲坚果和铁皮石斛、灵芝、牛大力等中药材种植,发展肉牛、黑山羊等一批项目;制定出台了为白内障患者提供免费手术,对大病患者"二次补助",对危房改造贫困户进行"二次补贴"等一系列扶贫长效政策。全县精准扶贫工作先后两次被自治区扶贫攻坚办给予通报表扬。

【围绕特色抓城建】 突出壮乡特色和上思元素,打造独具特色小城镇。加快推进县城"一江两岸"组团项目,东升大桥和月亮景观桥建成通车,完成县城20多户壮乡特色风貌改造试点,明江蓄水工程拦河坝等重点项目加快实施,推进50多条县城小街小巷道路硬化工程,城区功能和品位进一步提升。城镇建设呈现新风貌,在南屏瑶族乡率先启动"书记党建工程"建设,各乡镇精心谋划了一批"书记党建工程"示范村点。农村建设取得新成效,全县通村、通屯道路硬化率分别达到100%、48.9%,完成54个村屯绿化示范点建设,修建农村饮水安全工程80处,解决农村2.28万人饮水不安全问题。深入开展"生态乡村"建设,农村生产生活环境明显改善。

【突出重点抓民生】 不断加大民生领域投入,民生支出占公共财政支出比重始终保持在80%以上。教育卫生振兴工程取得较大突破,率先实施高中阶段免学费,开工建设容纳5000人的上思中学新校区,新建、续建了39个学校基础设施建设项目。开展所有村卫生室的规范化建设,为县人民医院配备了一批急需医疗设备,组织实施全科医生定向培养,全县的教育医疗服务条件得到了明显改善;社会保障水平不断提高,基本社会保障覆盖全县98%城乡居民人口,新农合参合率99.03%,居广西前列;文化体育事业长足发展,顺利实现广播电视村村通;"明江之夜"、《甜蜜时节》等文化品牌、文艺作品在全国、全区获奖;上思籍运动员在全国、全区各类比赛中累计获得150金123银82铜;成功承办了广西青少年举重锦标赛,广西优秀运动队训练基地、举重后备人才培养基地在上思县挂牌成立。

【创新机制抓改革】 加快依法治县进程,上思县人民法院成为全国法院人民陪审员制度改革50个试点之一,思阳司法所被司法部授予"全国先进司法所"称号;深化"一村一警"和"无诉村屯"创建工作,乡镇综治信访维稳中心实现全覆盖;全面优化简化行政审批流程,全县审批办理提速达82.65%;华兰镇、在妙镇农村土地确权登记颁证试点工作基本完成,华兰镇通过自治区验收并被评为优秀;对18个重大决策项目进行了社会稳定风险评估,有效预防群体性事件发生;推进纪律检查体制改革,率先开展并完成"双派"机构改革,重组4个派驻纪工委和6个纪检组,我县纪检机构改革工作得到自治区党委、市委充分肯定。

中共上思县委员会办公室

【机构及工作概况】 中共上思县委员会办公室是协助县委处理县委日常综合事务的工作机构。至2015年年底,县委办公室内设秘书股、综合股、行政股、文书股、信息办5个股室(信息办于2015年6月由原信息股变更而成),有县委督查室、县委保密办(县国家保密局)2个挂牌机构。办公室人员共30人(含抽调人员),其中主任1人,副主任5人。办公室主任许文思。

2015年,县委办公室围绕县委中心工作和全县经济社会发展大局,以优化服务和提高效率为工作重点,不断加强自身建设,积极发挥自身职能,狠抓工作落实和作风转变,工作质量和整体服务水平得到进一步提升,圆满完成全年各项任务。

【文秘工作】 严格落实中央八项规定关于精简会议文件、改进文风会风有关要求,进一步规范办文程序,提倡"快、少、短、实"。严格执行上级公文处理有关规定,优化文件审批程序,大力精简各类文件,严格控制文件篇幅,严把公文政策关、格式关、内容关、程序关和时效关。认真做好文件签收、登记、拟办、催办等工作,规范公文传阅,保证公文运转安全、高效。健全文件档案管理制度,确保文件档案收集完整、存放安全。2015年,县委办公室以县委(含县委、县政府联合)或以县委办公室(含县委办公室、县政府办公室联合)名义印发文件53个,其中以"上发"形式发文13个,以"上办发"形式发文40个;全年共处理上级来文636件,其中处理上级来文密件129件,机要件34件,普通来文473件,确保了县委各项工作及时准确的安排部署。

【行政会务】　深入贯彻落实中央八项规定精神和自治区党委、政府、防城港市委、市政府关于改进会风的要求,严格会议申请条件、审批制度,严格控制会议规模和会期,会前精心准备、会中周密细致服务、会后加强督查落实,确保会议有条不紊,得到各级领导和参会人员好评。2015年,共召开全县性会议11场次,召开各类工作协调会、现场会50场次。先后组织召开了中国共产党上思县第十二届代表大会第三次会议、全县农村工作会议、党建工作会议、上思县农业农村暨扶贫攻坚现场会等,圆满完成了自治区党委书记彭清华、自治区政府副主席黄道伟以及市委书记金湘军、市政府市长何朝建等领导到上思检查指导、考察调研等一批重大活动任务。

【调研综合】　做好县委重要会议及主要领导人讲话文稿起草工作,以文辅政。2015年,全年先后完成县委十二届十次全会、中国共产党上思县第十二届代表大会第三次会议、《中共上思县委员会关于制定国民经济和社会发展十三五规划的建议》《中共上思县委员会打造脱贫攻坚先行区的决定》等一系列重要会议讲话和文稿的起草工作。围绕全县经济社会发展开展专题调研,全年共开展专题调研12次,形成了《上思县产业扶贫工作情况调研报告》等一系列高质量的调研报告,为县委、县政府科学决策提供参考。

【信息报送】　按照自治区党委、防城港市委和县委的指示精神,紧紧围绕各级党委的中心工作和社会民生热点问题,加强党委信息收集与报送工作,为各级领导研究工作、科学决策提供了有价值的信息。建立健全信息工作管理机制,加强信息员队伍建设,拓展信息渠道,严格执行重大紧急信息报送制度,党委信息工作实现新突破。2015年共编辑上报信息390条,被采用得分462分,超额完成自治区党委办公厅和市委办的考评指标任务,在全区110个县(市、区)中排名第7名,得到了市、县委领导的高度好评。

【督查工作】　把督查工作放在重要位置,突出重点,讲求实效,推动工作向纵深发展。督查工作在县委的领导和市委督查室的指导下,坚持围绕中心,服务大局,工作触角紧跟县委、县政府重大决策和重点任务,做到督则必成、查则必清、谋则必实。全年开展各项督查85次,电话督查120多次,向市委督查室报送督查专报26篇,编发县级督查报告13期,有力地促进了县委、县政府各项决策部署落到实处。

【接待工作】　严格遵守中央八项规定及自治区有关规定,坚持勤俭节约,杜绝铺张浪费。严格落实《上思县公务接待管理暂行办法》,做好自治区党委书记彭清华、自治区人民政府副主席黄道伟以及市委书记金湘军、市政府市长何朝建等领导到上思检查指导、考察调研接待服务工作。

【信访工作】　扎实做好接待群众信访、上访工作,正确引导信访、上访群众到对应的相关部门进行合理诉求,在一定程度上减少和化解了群众矛盾纠纷,保证了县委机关正常办公秩序。认真协助县委领导开展大接访工作,对接访问题进行追踪督察、督办,协调相关责任部门抓落实,积极稳妥化解一大批信访积案和群众反映强烈的热点、难点问题。2015年度,形成了4份关于涉访、信访事项方面的办理情况报告,并上报市委、市人民政府以及市信访局。

【机要保密】　加强机要通信网络设备硬件建设,建立完善机要网络管理规章制度,确保通信24小时全天候安全畅通;电报办理及时、安全、优质、高效,完成党委机关信息网分级保护改造工作;落实机房,完成电子政务内网建设前期工作;电视电话会系统管理到位,做好电视会议系统技术保障工作,确保 2015 年全年 29 次电视会议均顺利召开。强化保密工作管理，举办全县保密工作培训，落实涉密工作人员责任，对全县党政机关和涉密单位的涉密载体进行检查，防止泄密事件发生。办文发文涉及密件时，严格按照密件处理程序办理，严格执行发文定密审批程序。2015 年无丢失文件和失密、泄密事件发生。

中共上思县委员会组织部

【组织机构及工作概况】 县委组织部是全县主管党的组织工作、干部工作和人才工作的县委工作部门。2015 年，县委组织部内设秘书股、组织一股、组织二股、干部一股、干部二股、干部监督股、干教股、人才股等 8 个职能股室，下辖中共上思县委老干部局、中共上思县委员会人才工作领导小组办公室、上思县党员干部现代远程教育管理办公室、上思县基层组织建设协调领导小组办公室，有在职在编干部职工 15 人。年内，县委组织部不断强化全县各级领导班子和干部队伍建设、党的基层组织和党员队伍建设等工作，为加快建设北部湾乃至广西生态经济强县，全面建成小康社会提供了坚强的组织保证。

【党的基层组织建设】 扎实开展"三严三实"专题教育。制定了"三严三实"专题教育实施方案，明确专题教育的总体要求、范围对象、方法措施等。县委主要领导亲自带头给全县副科级以上党员干部讲专题党课 500 余人次。结合全县近年来发生的 20 多个正反典型案例，围绕"三严三实"主题，以读原著原文、上党课、专题讲座、观看警示片、正反典型、换位沉底学等方式，推动专题学习研讨见实效。组织开展了"换位沉底"活动，县委常委深入南屏瑶族乡开展扶贫攻坚现场办公会，当场落实资金 100 多万元，为南屏乡解决了 7 大难题。结合深化"四风"整治及专题研讨查找"不严不实"问题，研究制定了《上思县深化"三严三实"专题教育着力解决基层干部不作为乱作为等损害群众利益问题的实施方案》，先后组织开展了清理"吃空饷"、整治乱收费、乱罚款、乱摊派问题，整治基层领导干部"走读"问题，查处发生在群众身边的"四风"和腐败问题。年内开展诫勉谈话、提醒谈话和个别约谈 16 人次，集体谈话 5 批 76 人次，取得了很好的社会效果和法纪效果。在全县推行"征地拆迁在一线、项目推进在一线、政务服务在一线、服务群众在一线"四个一线为主要内容的"一线工作法"，以"一线工作法"的有效实施推进"不严不实"问题的整改。按照"五统一"标准，建立完善县、乡（镇）、村（社区）政务服务中心，实现县、乡（镇）、村（社区）三级政务服务中心 100% 全覆盖，打造了廉洁、规范、高效的便民公共政务服务网络。建立了县四套班子成员及县直单位领导班子成员联系点，县直单位挂钩联系村屯、机关党员干部联系户制度，将全县 31 名县处级领导和 928 名干部全部挂钩联系全县所有的村屯，做到一屯一干部，实现了党员干部联系服务群众常态化长效化。筹措 500 万元资金建立党内关爱帮困基金，对农村党员进行"帮富、帮扶、帮困"。为 928 名老党员发放生活补贴共 114.132 万元；为 91 名困难党员发放临时救助金共 25 万元；为 18 名党员困难户发放创业帮扶资金共 8 万元，为 33 名党员发放创业借款资金共 129 万元，党组织凝聚力和党员的自豪感、荣誉感和责任感进一步增强。新发展农村党员 92 名，比上年增长 44%。以"服务推动、典型带动、载体促动、机制驱动"四动工作法，推动全县新组建"两新"党组织 96 个，覆盖"两新"组织 122 家，完成市下达任务数 158%。按"六有"建设要求，为新建党组织配备书柜、统一标志及上墙制度；开展"三岗联创"、业务竞技、为企业献计献策等活动，推动"两新"党组织和党员发挥作用。制定了上思县"幸福社区"创建工作方案，创新运用市场运作方式解决社区活动场所建设经费紧缺问题。四个社区综合服务楼主体工程进展顺利，社区综合服务楼面积达到 500 ㎡ 以上，其中，明江、彩元社区达到 1000 ㎡。深化在职党员"到社区报到、为群众服务"活动，全县到社区报到的在职党员 1260 多名，共组建志愿服务队 66 个，认领服务项目 100 多件，现场办公服务群众 40 多场次，为群众办实事好事 200 多件。

【**干部队伍建设**】　围绕"选好干部,配强班子"的工作需要,2015 年共完成 5 批次干部人事调整。调整使用干部 139 人次,其中提拔使用 30 人,调整交流 109 人次。在干部选拔任用工作中,严格执行干部工作各项政策法规,以新修订的《党政领导干部选拔任用工作条例》为准绳,继续推进干部人事制度改革,在动议、推荐、考察、讨论、公示等各个环节,不断创新工作理念,进行研究规划,多措并举提高选人用人公信度。坚持从党的事业需要、全县科学发展需要出发,认真把好用人导向关、民主推荐关、组织考察关、征求意见关、讨论决定关,确保环环相扣,关关严谨,使选拔干部工作公平、公正。选派了 50 多名少数民族干部和党外优秀干部到征地一线参加征地拆迁工作,派出 6 名少数民族干部和 1 名优秀党外干部到市直机关挂职锻炼。提拔了 28 名少数民族干部到县直单位及乡镇任领导职务;提拔了 9 名女干部担任科级领导职务;提拔了 4 名党外干部;提拔使用的 30 名干部中,有 13 名是 80 后年轻干部。完成了两个批次共 132 人的职级晋升工作,其中晋升副处 77 人、正科 40 人、副科 15 人。开展干部档案专项审核工作,对全县 1189 宗干部人事档案进行审核,仔细核查干部的"三龄两历一身份"等档案信息,为县委选人用人做好基础材料保障工作。已完成审核 1087 宗。

【**干部教育工作**】　以"三严三实"专题教育活动开展为契机,着力抓好思想教育和能力培训。重点抓好中共十八大和十八届三中、四中、五中全会精神的学习轮训,先后举办了党性教育和生态经济专题等培训班,组织 8 批 250 余人次到浙江大学、井冈山干部学院等院校培训学习。牵头举办党外干部、优秀团干和少数民族干部等各类培训班 5 期 300余人次,重点选派 6 名领导干部参加市中青班挂职锻炼学习。统筹推进换届后的村(社区)"两委"干部、基层党组织书记、党务工作者和党员的全员轮训;依托县乡村三级党校阵地作用,以"送训到基层"对基层干部进行培训,全年县乡村三级党校共举办培训 380 期,培训人员 1.2 万余人次。

【**人才队伍建设**】　坚决贯彻执行《上思县中长期人才发展规划纲要(2010—2020 年)》《上思县 2013—2015 百名急需紧缺人才培养引进行动计划》,有计划、有目标地引进各类人才。重点抓好朗姆酒产业和澳洲坚果产业 2 个人才品牌项目建设。为全县 15 名"青苗"人才分别制定了成长计划,进一步提高了年轻干部的综合素质和工作能力。充分发挥人才带动效应,建成防城港市竞技体育(举重)人才小高地和制糖人才小高地。2015 年,全县业余体校参加的国家级、自治区级举重比赛,共取得了25 金 31 银 17 铜。大力培养乡土人才,通过种植能手及养殖能手推广生产实用技术,推动了农民利用新科技、新技术快速增收。做好 2015 年博士上思行相关服务工作,给予高层次人才安家费补贴共7.8 万元。

【**驻村工作队伍管理**】　抓好驻村工作队伍管理,推动驻村工作开展。从县直单位中选派 82 名"美丽广西"乡村建设(扶贫)工作队员驻村;从县直单位中增派 12 名干部驻村担任村党组织第一书记;在现有贫困村党组织第一书记的基础上,从县直单位中选派 24 名党员到整村推进扶贫村任扶贫攻坚专职副书记。全县设"美丽广西"乡村建设(扶贫)工作队分队 8 个,83 个工作组,总人数136 人。"美丽广西"乡村建设(扶贫)工作队及驻村党组织第一书记深入农村基层,服务人民群众,共开展技术技能培训 8000 多人次;扶持、推动群众发展特色农业项目 36 个。协调落实水电路等基础设施项目资金 9641.9 万元,完成村屯道路硬化 58 条,人饮工程 90 处,水利工程 60 处;联系挂钩后盾单位投入所驻村帮助完善村级组织活动场所、推进美丽乡村建设及发展村级集体经济等共445 万元。

【**远程教育工作**】　规范远程教育站点管理,培育信良村、广元村、龙楼村和昌墩村等远教示范站点,达到"组织领导好、设施建设好、制度落实好、教学组织好、作用发挥好"的五好标准。根据中组部在远程教育平台播放部分领导党课视频的要求,做好我县县委书记上专题教育党课视频的拍摄和编制工作,按时上报给自治区远程办。

【组织工作宣传】 坚持以抓资源整合,健全机制,打造精品,积极稳妥抓好组织工作宣传,鼓励全员参与,制定《关于下达〈2015年度组工信息目标任务〉的通知》,不断扩大党员群众对组织工作的知晓度。2015年,撰写信息被《广西组工信息》采用信息数6篇(其中,单篇采用3篇,综合采用6篇),被《防城港组工》采用13篇,获评自治区优秀网评文章2篇,获市级优秀网评文章16篇。做好影响力文章撰写,组织人员在网上做好舆论监测,引导,全年没有一例涉组涉干舆情发生。

宣传工作

【宣传机构及工作概况】 2015年,县委宣传部内设文明办、外宣办、秘书股、理论教育股、新闻出版股、未成年人思想道德建设股、宣传股等7个职能股室,下辖县新闻中心、县网络管理中心,共有在职在编干部职工14人。

年内,全县宣传工作以邓小平理论、"三个代表"重要思想和科学发展观为指导,深入贯彻落实中共十八大和十八届三中、四中、五中全会精神和中共中央总书记习近平系列重要讲话精神,围绕县委、县政府中心工作,深入开展"三严三实"专题教育活动,积极发挥宣传思想文化工作的先导和服务作用,为全县经济社会和谐发展提供了强大的思想保证、精神动力、舆论支撑和文化条件。

【理论武装工作】 县委印发了《2015年全县理论学习的通知》,明确了全年主要围绕四个全面开展中心组理论学习,深入学习贯彻中共十八大和十八届三中、四中、五中全会和中共中央总书记习近平系列重要讲话精神。年内,县委召开了4次中心组专题学习会。全县各基层党委(党组)按照县委的部署要求,共召开了80次中心组专题学习会,重点围绕市委建设边海经济带战略和县委"生态立县、工业强县、农业兴县、扶贫稳县、旅游旺县"的发展战略,抓好市委、县委有关工作会议精神的学习。以"三严三实"活动为载体,利用广播电视网络、县乡两级党校、农家书屋等学习阵地,开展学习研讨活动。年内,县委

学习中心组成员共撰写调研报告30余篇。

【新闻舆论宣传】 年内,着眼于"精准扶贫"工作,撰写了一批有分量的新闻稿件,其中《一把钥匙开一把锁》《阡陌交通惠民生》《"市尾"村来了N波次不速之客》等稿件,被刊登在防城港日报头版头条。围绕"三严三实"专题教育活动、"一线工作法"和"党内关爱"等中心工作,撰写了一批新闻稿件,在市级以上媒体发表。10月26日在防城港日报出版了《组织送关怀 情暖党员心——上思县创新开展党内关爱活动纪实》专版。策划出版了12期《上思资讯》,刊发了《上思:大兴城乡基础设施建设民生工程惠及千家万户》《齐心抓扶贫 共建新瑶乡》等稿件。县电视台制作播出《上思新闻》节目245期,采用新闻980条;制作播出《上思壮话新闻》102期,采用新闻468条;上送市级电视台被采用400条,上送广西台采用10条。5月15日,邀请广西日报社资深记者专家到上思为通讯员进行新闻写作和摄影技巧方面的培训。10月29日,组织各乡镇宣传委员和骨干通讯员到防城港市图书馆参加全市通讯员培训。

【社会宣传】 开展"24字"社会主义核心价值观宣传。主要通过户外宣传设施、"我们的价值观"系列宣传画、宣传标语"五进"并结合主题板报、"三下乡"文艺宣传、学雷锋"送法律、送健康、送温暖、送科技"服务活动等方式和形式进行宣传。组织全县各中小学校参加第二十二届全国青少年爱国主义读书教育活动"奋发向上·崇德向善"主题系列活动。4月至5月份,举办全县学生征文、讲故事、演讲比赛。将国防教育纳入全县学校德育教育核心体系,指导各乡镇做好农村国防教育室建设工作。4月份,结合"壮族三月三"民族传统节日,开展"民族团结进步宣传月"活动。组织开展中国人民抗日战争胜利70周年暨世界反法西斯战争胜利70周年纪念活动,组织举办纪念中国共产党建党94周年暨中国人民抗日战争胜利70周年"抗战在我心中"主题演讲比赛活动。做好中央、自治区党委为健在的抗战老战士、老同志或其遗属颁发"中国人民抗日战争胜利70周年"纪念章工作。开展"百

部优秀抗战题材影视剧"展播和下基层放映活动。

【舆情信息】　5月开通公众微信号,年内共编发32期150多条信息。6月5日,组织开展"网络安全知识进课堂、守护未来"主题活动。召开"强化网络正面宣传　传递正能量"专题座谈会,各单位网站、论坛相关负责人参加。7月10日,邀请自治区党委宣传部外宣办领导到上思,给乡镇、县直各单位分管领导和网络宣传员及各网站负责人,进行网络安全培训。9月份,在全县范围内开展了网络安全大检查。全年共编印了13期《上思县网络舆情与信息》。及时处理了"南岸江滨路有人自行圈地收取停车费、村组长私自占有他人征地款、县城永泰街麻将厅晚上赌博扰民"等网络舆情。累计答复42条网友留言,答复率100%。累计完成网评2200多条。

【精神文明创建活动】　推荐敬业奉献模范候选人李有嗣、诚实守信模范候选人廖繁秋、敬业奉献模范候选人唐凯英、助人为乐模范候选人李才早、孝老爱亲模范候选人陈世扬等,参加广西第三届道德模范评选。组织刊播《"可可小爱"社会主义核心价值观系列公益广告》。开展以"讲述身边感恩故事"为主题的《感恩故事》征集活动。结合"美丽上思·清洁乡村"活动开展"星级文明户"评选活动。

【未成年人思想道德建设】　清明节前夕,上思中学、上思县第二中学、县民族中学、思阳镇初中、县实验小学、思阳镇中心小学、思阳镇附小等中小学校,分别组织学校师生到文岭山革命烈士纪念碑园地开展"缅怀革命先烈、继承革命传统"纪念活动。在全县中小学校开展学生"网上祭英烈""网上祭先贤""网上祭先人"活动。4月30日至6月10日,组织各中小学校参与在全市中小学生中开展的"我爱海疆我爱家"征文比赛活动。5月至11月,组织全县中小学生参与未成年人思想道德建设公益广告征集活动。组织开展"学习和争

做美德少年"签名留言活动。至年底,全县建有4所乡村学校少年宫,即:思阳镇中心小学乡村学校少年宫、华兰镇九年制学校乡村学校少年宫、叫安镇中心小学乡村学校少年宫和那琴乡中心小学乡村学校少年宫。

统一战线工作

【机构设置及工作概况】　2015年,中共上思县委统战部设部长1名,副部长1名,人员编制5人。年内,牢牢把握大团结大联合主题,以"同心"思想为引领,紧紧围绕服务全县经济社会发展大局,开拓创新,务实进取,统一战线各领域工作取得了新成绩。

【全县统战工作会议】　3月17日,召开全县统战工作会议。会上,县委常委、统战部部长黎媚传达了2015年中共中央、自治区委、市委统战部部长会议精神,总结2014年全县统战工作情况,部署2015年全县统战工作任务。2015年重点工作是:认真学习贯彻中央有关会议和中共中央总书记习近平系列重要讲话精神,开展助学和扶贫两大"同心"行动,搭建党外人士健康成长和非公经济健康发展两大平台,扎实推进民族宗教和谐工程和归侨台属凝心工程,进一步加强基层统战工作和统战信息调研工作。

【"美丽上思"乡村建设工作情况通报会】　1月23

上思县"美丽上思"乡村建设工作情况通报会

日,召开上思县"美丽上思"乡村建设工作情况通报会,向党外代表人士通报了上思县"美丽上思"乡村建设工作情况。会上,党外代表人士对全县清洁乡村工作给予了肯定,并对进一步推进生态乡村建设提出了宝贵的意见和建议。

【"三严三实"专题教育】 6月2日,开办上思县统战系统"三严三实"专题教育党课,10多名党员干部参加了党课学习。党员干部一致表示,将以更严的要求和更高的标准,勇于担当,用心工作,树立新时期党员干部的新形象。

【基层统战工作调研】 4月16日至17日,防城港市委常委、统战部部长胡晶波率调研组到上思县开展基层统战工作调查研究。调研组先后到县工商联会员之家、党外人士学习教育基地、叫安镇那布村那叫屯基层统战示范点、非公企业思甜土特产贸易有限公司、阳春蛇类养殖示范基地等开展调研活动。

【"同心"助学圆梦行动】

4月2日至5日,香港福慧教育基金会组织香港迦南中学访学团一行19人,到上思中学和县民族中学开展交流访学活动。活动期间访学团还到瑶族村寨走访瑶族女生,体验乡村生活。

4月3日,香港福慧教育基金会、民进广西壮族自治区委与上思县民族中学签署协议,捐赠27万元资助该校首届"福慧瑶族女子班"20名贫困瑶族女生就读中等职业学校。

5月11日,民进广西壮族自治区委组织教育心理学专家到上思中学、县民族中学开展"考前心理辅导讲座"支教活动。目的是对"同心助学品牌"的"少数民族女子高中班"和"瑶族女子班"的毕业班学生进行考前心理辅导,帮助学生们疏通心理障碍,轻松迎接大考。

5月24日,县委统战部组织上思县28名中小学校长赴深圳参加为期6天的"同心·彩虹行动"研修班学习。该研修班是由民进广东省委、民进广西壮族自治区委联合举办,旨在做强上思支教助学品牌,提高教育教学水平,促进地方民族教育事业发展。

6月18日,民进广东省委、民进广西壮族自治区委和中共上思县委统战部在上思县青少年活动中心联合举办幼儿园园长、教师培训班,共有85名幼儿园园长、教师参加培训。还邀请中山大学孙逸仙纪念医院专家为县民族中学180名瑶族学生进行身体素质检测,并举办了身心健康知识讲座。

9月16日,县民族中学举行第八届"同心·瑶族女子班"2015年秋季学期开班典礼。自治区人大常委、民进广西壮族自治区委会副主委兼秘书长蒋庆霖,民进广东省委会副主委、民进深圳市委会主委张效民,中共上思县委书记张惠强,中共上思县委常委、统战部部长黎媚等领导和嘉宾参加了活动。民进广东省委和民进广西壮族自治区委共出资30万元,资助56名家庭困难的瑶族女生就读初中。

9月19日,县委统战部组织县内3名乡村教师赴新加坡参加"留学报国——民族地区乡村教师关爱行动"第三期教学交流活动。

12月12日,民进广西壮族自治区委讲师团到上思县开展"同心·名师讲堂"支教活动。该活动由民进广西壮族自治区委主办,中共上思县委统战部、县教育局、上思中学和县民族中学承办,共200多名教师参加活动。

12月20日,民进广西壮族自治区

4月,两广民进第八届上思"瑶族女子班"开班典礼暨福慧奖学金发放仪式

委、中共上思县委统战部、上思县教育局和广西正槌拍卖有限责任公司在南宁联合举办"情暖深冬·助学圆梦"慈善拍卖会。拍卖会以弘扬社会主义道德风尚为主旨，动员社会力量，圆贫困学子读书梦。据统计，拍卖会成功拍卖拍品84件，募集善款65000余元。拍卖所得款用于资助"瑶族女子班"和"少数民族女子高中班"的贫困学生在校期间的学费和生活费，帮助她们完成初、高中学业。

2015年上思县党外干部"同心"学习培训班

【"同心"助力扶贫行动】

4月29日，由县委统战部主办、统战成员单位共同承办的"同心助力扶贫"暨民族团结进步宣传文艺晚会在县城明江广场举行。晚会大力宣传了社会主义核心价值观和美丽生态乡村建设。晚会还进行了扶贫捐赠活动，共筹集到善款7万元。

5月26日，民进广西壮族自治区委、中共上思县委统战部到叫安镇那荡小学开展"同心·书香彩虹——摄影文化进乡村校园'六一'活动"，为该校捐赠了一批价值3万元文体教学用品，并举办了"锦绣中华"校园摄影图片展以及为学生拍摄相片等。

【搭建党外人士健康成长平台】

6月29日，县委统战部召开党外科级干部学习交流会。21名党外科级干部到辛亥革命元老关仁甫故居暨党外人士学习教育基地学习参观。交流会上，县委常委、统战部部长黎媚传达了有关会议精神。党外干部从学习、工作等方面作了交流汇报，展现了党外干部参政议政的热情和能力水平。

7月24日，县委统战部召开学习贯彻中央统战工作会议精神座谈会。统一战线成员单位及党外人士60多人参加。会议传达学习了中共中央总书记习近平、全国政协主席俞正声和中央统战部部长孙春兰在中央统战工作会议上的讲话精神。

11月6日，县委统战部召开上思县党外人士学习中共十八届五中全会精神座谈会。县委统战部副部长冯海鹏传达学习了中共十八届五中全会精神。30多名党外人士结合自身工作实际，对贯彻落实全会精神进行了座谈交流。

11月25日至26日，县委组织部、统战部举办上思县2015年党外干部"同心"学习培训班，组织30多名党外干部到广西统一战线"同心"品牌示范区隆安县参观学习。党外干部先后参观了广西现代农业核心示范区、同心百亿工业园、粒粒谷生态农业园、医药产业园大棚育苗基地等项目建设点，了解与学习该县各项目建设点的生产方式和管理理念。

12月4日，党外干部"同心"学习交流总结会在关仁甫故居暨党外人士学习教育基地召开。党外干部结合隆安县"同心"品牌示范区的参观学习，围绕上思县当前经济发展，从生态环境、农业发展规划、产业升级等方面相互交流学习心得，为全县经济社会发展提出了宝贵的意见和建议。

【搭建非公经济健康发展平台】　2015年，县委、县政府成立上思县非公有制经济工作领导小组及其办公室，进一步健全非公有制企业投诉平台。印发了《上思县扶持特色农副产品电子商务企业发展奖励办法(暂行)》，激励电商企业发展。出台了《上思县处级领导干部联系帮扶非公有制企业发展制度》，切实帮助非公有制企业协调解决实际问题和困难。县委统战部、县工商联以"诚实守信"为重点，加强非公经济人士理想信念教育，共培训非公经济人士200多人次。扎实开展"民企助村·企村共建"活动，共有32个企业与32个贫困村签订了结对帮扶协议。

12月9日，自治区党委统战部第三督查组，到上思县对开展"千企扶千村"活动工作进行督查，实地走访了思甜土特产贸易有限公司的养蜂基地和山茶油树种植基地，督查了解贫困村与企业签订帮扶协议情况及成效。

纪检监察

【机构设置及工作概况】 2015年，县纪委机关与县监察局合署办公，内设办公室、信访室、党风政风监督室、第一纪检监察室、第二纪检监察室、案件审理室等6个职能室，有在职在编公务员16人、工勤人员2人。设纪委书记1人，副书记2人（其中1人兼任县监察局局长），纪委常委、监察局副局长3人。

全县有纪检监察机构31个，其中县本级纪委、监察局1个，县直单位有纪检组（纪委、纪工委）22个（其中县纪委派驻纪检组15个、派出纪工委2个、县直内设纪检监察机构5个）；乡镇设纪委8个。

2015年，上思县纪委监察局认真贯彻落实中央纪委十八届五次全会精神，全面推进"两个责任"落实，强化监督执纪问责，持之以恒落实中央八项规定精神，驰而不息反"四风"，坚定不移推进党风廉政建设和反腐败工作，为我县各项社会事业发展提供了强有力的纪律保障。

【落实"两个责任"】 全面贯彻落实中央、自治区、市委关于党风廉政建设的一系列新部署新要求，严格按照落实"两个责任"的要求，强化党委抓党风廉政建设的主体责任和纪委的监督责任，狠抓党风廉政建设。县纪委班子多次专题学习上级领导重要讲话精神，贯彻落实"两个责任"文件要求，研究落实"两个责任"的工作措施，创新方式方法推进"监督责任"落实。通过"背书立状"促进"两个责任"落实不留余地，使党风廉政建设落实主体更明确，内容更具体，效果更显著。年内，县委主要领导分三批次集体约谈了乡镇党委书记、县直各单位党委（党组）负责人共44人次。县纪委主要领导分别约谈了县直主要部门领导共6人次，约谈各乡镇纪委书记、县直各单位纪检组长22人次，督促各级党委（党组）和纪委（纪检组）真正把"两个责任"牢牢记在心上、抓在手上。坚持动真格，出实招，以查办案件促进责任落实。组织对各部门各单位的"美丽家园·清洁乡村"工程、"一线工作法"落实情况、扶贫攻坚等工作保持每月1次以上的监督检查，全力推动县委、县政府中心工作的贯彻落实。加强对全县环境保护、食品药品、安全生产等重点领域、重点工程项目进行监督检查，确保人民群众的生产生活安全。

【严查"四风"】 把开展查处发生在群众身边的"四风"和腐败问题专项工作放在全县党风廉政建设和反腐败工作大局的突出位置，迅速聚焦专项工作，扎实推进。县纪委班子成员对专项工作进行"签字背书"，实行包片包案"双包"负责制，组成专项督察组对全县各级各部门落实专项工作情况开展全面监督检查。通过广泛宣传发动，扩宽信访渠道，主动出击进行深入摸排，发现一批涉及危房改造、农村劳动力就业再培训、农村合作医疗补助以及"三公"经费使用等方面的问题线索，共排查出线索20条，立案审查11件。被查处的11人中4人移送司法机关处理，7人给予党纪政纪处分。坚持查建结合，通过查处一批案件，发现整改一批问题，建立完善一批制度，使群众身边的"四风"和腐败问题得到有效遏制，巩固扩大专项工作的成果。

【案件检查】 突出纪律审查重点，严肃查处各类违纪违法行为，全年纪律审查数量大幅增长。在受理办理信访件方面，县纪检监察机关共受理信访举报件37件，初核30件（其中初核立案3件，发信访通知书6件，转办5件）；年内办结信访件24件，书面回复信访人7件。在推进案件检查工作方面，立案48件，比2014年增长50%，其中贿赂类15件，占31.2%；违反财经纪律类8件，占16.7%；违反廉洁自律规定类3件，占6.2%；失职、渎职类7件，占14.6%；落实"两个责任"不力行为4件，占8.3%；其他违纪问题11件，占23%。给予党纪处分26人，给予政纪处分8人，查处违纪金额360万元。通过案件查处和对违法违纪人员的追责追究,形成了反腐高压态势,有力地遏制住各种歪风邪气。

【体制改革】　全面贯彻落实中纪委关于"转职能、转方式、转作风"的要求,确保"两个责任"的落实,达到了精简机构、盘活队伍、聚焦主业、增强监督效果、实现"三转"的目的。县级纪检监察机关原有11个内设职能室,改革后精简为办公室、信访室、党风政风监督室、第一纪检监察室、第二纪检监察室、案件审理室等6个职能室,精简幅度达45%。县级纪检监察机关直接参与办案的人数占机关行政编制总数的36%,达到了自治区纪委的要求。实行单位派驻跟分片派驻相结合的改革模式,把原来设在县直(驻县)各部门的22个纪检组人员、编制全部收回,人员由县委统一安排,编制由县编委调配使用。县直部门实行派出纪工委模式,全县共设置4个纪工委,分片联系县直各部门。县纪委对派出纪工委实行直接领导,其人权、事权、财权由县纪委统一管理。派出纪工委直接对县纪委负责,在县纪委授予的职权范围内对所联系部门行使监督检查职能,直接向县纪委请示报告工作。派出纪工委与所联系部门是监督与被监督关系,派出纪工委履行监督职责,监督所联系部门党委(党组)履行党风廉政建设责任制主体责任。上级垂直管理部门派驻纪检组的人员、编制以上级管理部门为主,县纪委从纪检监察业务工作方面予以管理指导。

【廉政教育】　紧紧把握腐败问题多发易发的一些新形势新特点,以及腐败问题在多领域呈现蔓延的势头,通过广播、电视、网络、联系卡、举报信箱、板报专栏等多种渠道多种形式向广大党员干部和群众开展反腐宣传教育活动,狠抓党风廉政宣传教育工作,充分调动社会各界群众参与反腐工作。年内,通过手机短信向全县党员干部发送廉政信息4000多条,在《广西纪检监察网》《防城港日报》等各级各类媒体发表反腐倡廉宣传报道5篇,并被人民网、新华网等10多家网站刊登、转载。出版《践行三严三实,落实两个责任》宣传专栏,举办庆"七·一"廉政书画展等活动,展出作品72篇(幅)。

在全县范围内集中开展廉政文化建设活动,有5家单位被确定为全市边海廉政文化长廊示范点。向基层群众发放深入开展查处发生在群众身边的"四风"和腐败问题专项工作联系卡1000多份(卡上印有"五类"问题和举报电话)。在县政务服务中心办证大厅设立了"举报信箱"。

绩效考评

【机构设置和工作概况】　上思县绩效考评领导小组办公室职责是对全县所有乡镇、县直机关单位的工作实行考评。2015年,有工作人员5人,其中在编人员1人,抽调2人,绩效评估中心编制2人。设主任1人。

2015年,县绩效办紧紧围绕全县工作发展目标,以落实"三区一县"发展战略为主线,扎实履行考评职能,进一步细化绩效考核指标,并狠抓落实,促进全县绩效考评制度化、规范化、科学化,有力推动全县各乡镇、各单位进一步改进工作作风,提升工作效能。

【绩效考评】　2015年,上思县在防城港市县(市、区)绩效考评中获"一等"等次,排名全市第三。县本级绩效考评工作对所有乡镇、县直机关单位,实现考评工作全覆盖。考评内容主要从职能工作目标、共性工作目标、创先争优目标和工作满意目标4个维度进行考评,每项指标设置考核点原则上不超过3个。根据《上思县2015年机关绩效考评工作方案》,从县绩效考评领导小组成员单位中抽调12人组成4个考评小组,采取查阅资料、实地查验等方式,对全县各乡(镇)和县直单位进行年度绩效考评。按类别部门40%比例确定优秀等次,评出2015年度上思县绩效考评优秀乡镇3个,县直31个,在全县内进行通报,并落实考评结果运用。

机构编制

【机构设置及工作概况】　上思县机构编制委员会

办公室(以下简称县编办),为县机构编制委员会的常设办事机构,既是县委工作机构,又是县人民政府工作机构。主要负责全县机构改革和机构编制管理日常工作,对本级党委、政府工作部门和直属事业单位的职能、内设机构、人员编制、领导职数及各部门所属事业单位的机构编制和下一级的工作部门的设置实行直接指导和管理。县编办属正科级行政单位,核定行政编制 5 名,其中领导职数 2 名。2015 年,内设综合股、机构编制股。下辖的上思县事业单位登记管理局,属副科级事业单位,主要负责全县事业单位登记管理工作。上思县行政审批改革领导小组办公室设在县编办。

2015 年,县编办认真按照中央的部署和自治区党委、自治区人民政府关于政府机构改革的文件精神,结合上思实际,对 23 个政府工作部门和 8 个乡镇政府重新制定并印发部门"三定"方案,扎实抓好机构调整和职能整合、规范机构设置、统筹推进相关改革、深化乡镇行政体制改革等工作,按时完成政府职能转变和机构改革工作任务。

【机构变化】 2015 年,县旅游局由挂牌机构改为政府工作部门,县卫生局和县人口与计划生育局合并组建县卫生和计划生育局,县文化体育广播电影电视局和县新闻出版局合并组建县文体广电新闻出版局,县民族局和县宗教局合并组建县民族宗教事务局,在县政府办挂牌。县质量技术监督局和县水产畜牧兽医局由工作部门改为挂牌机构,其中县质监局在县政府办挂牌,县水产畜牧兽医局在县农业局挂牌,县科学技术局由原在县教育局挂牌改为在县政府办挂牌。

【职能调整】 将原县人口和计划生育局的研究拟订人口发展战略、规划及人口政策职责划入县发展和改革局,县发展和改革局增加承担铁路规划建设职责。将县工业贸易和信息化局的生猪定点屠宰监督管理职责,划入县水产畜牧兽医行政管理部门。将县工商行政管理局承担流通环节食品安全监督管理职责,划入县食品药品监督管理局。将县质量技术监督局承担的生产环节食品安全监督管理、化妆品生产行政许可职责,划入县食品药品监

督管理局。同时,县食药监局整合食品安全检验检测机构,推进管办分离,实现资源共享,建立法人治理结构,形成统一的食品安全检验检测技术支撑体系。将县辖区内的道路运输管理职责,整合划入县交通运输局。将县水利局管理水库移民方面的职责划给县水库移民工作管理局。将原县文化体育广播电影电视局、原县新闻出版局的职责整合划入县文体广电新闻出版局。将原县卫生局、县人口和计划生育局的职责划入县卫生和计划生育局。

【建立健全相关工作机构】 设立上思县供销合作社联合社理事会、监事会,完善上思县供销合作社代表大会制度。设立上思县食品检验检测所,为县食品药品监督管理局管理的事业单位,核定事业编制 6 名,负责全县食品检验检测相关工作。设立上思县不动产登记管理局,设在上思县国土资源局;设立上思县不动产登记中心,为上思县国土资源局管理的事业单位,核定事业编制 5 名,负责全县不动产登记管理相关工作。设立中国共产党上思县非公有制经济组织和社会组织工作委员会,为中共上思县委员会的派出机构,挂靠在中共上思县委组织部,主管全县"两新"组织党的相关建设工作。设立上思县涉密载体销毁中心,在中共上思县委保密委员会办公室挂牌,负责全县各级党政机关及驻县机关单位涉密资料、涉密载体销毁等相关工作。设立上思县劳动人事争议仲裁院,在上思县劳动监察大队挂牌,实行"一个机构、两块牌子",负责受理并承办辖区内劳动人事争议案件工作。通过调剂方式,增加上思县食品药品稽查执法大队事业编制 2 名,增加县工商业联合会事业编制 1 名,增加县环境保护局行政编制 1 名。

【乡镇四所合一改革】 在完成政府机构改革的基础上,继续推进政府职能转变和乡镇"四所合一"改革工作。年内,上思县的乡镇"四所合一"改革主要是整合乡镇的国土资源管理、乡村规划建设、环境保护、环境卫生、安全生产监督管理、交通管理等职责,设立乡(镇)国土规建环保安监交通所(挂综合行政执法队牌子),实行以乡(镇)管理为主,上级业务主管部门进行业务指导的管理体制,整合后

的乡(镇)国土规建环保安监交通所以其名义开展内部管理工作,以委托机关的名义对外开展行政执法工作。

【事业单位登记管理】　认真组织开展事业单位网上登记、年检工作,严格规范事业单位登记管理,把好事业单位登记管理审核关,注重对登记、年度审查的内容逐项核对,做到材料齐全有效,登记年审合法规范,并积极推行事业单位网上受理登记业务,按时完成全县239个事业单位的年检和网上登记工作。

【行政审批制度改革】　一是落实上级关于下放、调整和不再实施一批行政审批项目的文件要求开展相关工作,共承接自治区和市下放到县的行政审批事项163项、调整17项、取消(含部分取消)152项,下放到乡镇28项。对近年来国务院、自治区人民政府、市人民政府取消、下放、调整的行政审批事项进行相应调整。全面清理规范非行政许可审批事项,全县有非行政许可审批项目261项,拟取消44项,拟调整为内部审批125项,拟调整为其他权力事项92项。同时,对现有行政审批前置环节的有偿中介服务事项开展全面清理和规范。

老干部工作

【机构设置和工作概况】　上思县委老干部局是设在县委组织部的县委职能部门,内设县老干部活动中心,挂靠单位有上思县关心下一代工作委员会办公室。2015年,在职在编7人,设局长1人、副局长1人。

2015年,上思县委老干部局认真按照中央、自治区和市委老干部局关于做好老干部工作的部署要求,以中共中央总书记习近平在全国"双先"表彰大会上的重要讲话精神为指导,认真落实老干部工作的各项方针政策,全面落实老干部的"两个待遇",全县老干部工作服务质量有新的提升。组织

老干部自编自演快板宣传普法活动现场

老干部深入乡镇、学校、社区开展丰富多彩的活动,传递正能量,在关心下一代、传承中华文化、体育健身、教育科技、清洁乡村、精准扶贫等方面,发挥了老干部独特的作用。7月,上思县关心下一代工作委员会被中共防城港市委组织部、老干部局授予"全市离退休干部先进集体"荣誉称号。

【落实政治待遇】　加强老干部思想政治工作,积极推进离退休干部党性建设。定期召开离退休老干部座谈会,组织老干部集中学习政治理论,学习中共十八届四中、五中全会精神、中共中央总书记习近平系列重要讲话精神和"三严三实"教育活动有关文件精神。及时向老干部传达中央精神和自治区党委、市委、县委的重大决策部署,宣传党和国家的大政方针政策;通报县委、县政府对重大事项的决定及重要会议精神,促使老干部在思想上、行动上与党中央始终保持一致,自觉做到政治坚定,思想常新,与时俱进。

【落实生活待遇】　严格按照《广西壮族自治区人民政府关于印发广西壮族自治区县级机关公务员津贴补贴标准调整实施方案的通知》(桂政发〔2014〕61号)、《关于防城港市所辖各县机关公务员津贴补贴标准调整方案审批意见的复函》(桂财综函〔2014〕92号)和《关于印发广西壮族自治区县级事业单位工作人员基础性绩效工资标准调整实施意见的通知》(桂人社发〔2014〕42号)文件精神,

会同有关部门,及时为老干部调升工资,保证老干部享受到相应的待遇,没有迟发、漏发现象。

【开展"春风"服务活动】 严格按照"六必访"要求,坚持做到老干部生病住院必访、重要寿辰必访、新春佳节必访、矛盾纠纷必访、生活困难必访、丧葬大事必访,帮助老干部解决在"两个待遇"落实中存在的一些具体问题。全年走访老干部80人次,看望、慰问老干部和老党员85人次,接待来访老干部8人次。协调相关单位妥善处理离休干部遗属享受单位住房待遇诉求,协调落实老干部高龄补贴待遇,保证老干部的各项待遇真正落到实处。

【加强"两个阵地"建设】 严格按照自治区"示范性老干部活动中心"创建活动的标准要求,结合上思实际,与县民政局老年活动中心达成资源共享,争取县委、县政府支持,落实了保障经费,并根据老干部健身活动需求,添置充实了一批新的体育健身器材。积极创造条件,组织老干部开展体育健身、书画、舞蹈等活动,让老干部老有所为、老有所学、老有所乐。着力打造老干部精神文化建设平台,利用"七一"节、重阳节等重要节日,组织召开老干部座谈会,围绕县老干部活动中心、老年大学建设、经济社会建设、"重视阳光心态,体验美好生活,畅谈发展变化"等开展大讨论活动,引导老干部踊跃为县委、县政府献计献策。

县委老干部局组织老干部开展文体活动

【开展"展示阳光心态"活动】 年内,组织老干部开展"展示阳光心态"活动,引导老同志讲好中国故事,弘扬中国精神,传播中国好声音。先后组织开展"缅怀先烈、报效祖国、圆梦中华"爱国主义教育、"展示阳光心态,幸福健康随行"健康知识讲座、慰问服刑人员子女、挂钩点扶贫关爱、清洁乡村我先行、组织义务人员为群众义诊、老年人参加"全国健步走大联动·八桂老年人健步走"活动;开展老干部太极拳、门球、太极球、健身操、乒乓球等交流比赛活动;组织老干部参与"点赞港市·讴歌新时代"书画诗文摄影作品大赛等系列活动;开展法治上思调研活动,组织"法治进校园""模拟法庭进校园"等活动;组织"五老"宣讲党的十八届四中、五中全会精神和社会主义核心价值观;组织老年法律工作者开展法制进机关、进学校、进企业、进社区、进农村的"五进"等系列活动20多场次,发放资料16000多份,启发教育师生7000多人,受益群众8000多人。活动范围涵盖老干部"两项建设"、老干部作用发挥等多个领域,做到季季有赛事,月月有活动。

【信息宣传工作】 围绕新时期老干部的中心任务和重点工作,充分利用广播、电视、报刊、网络等媒体,进一步加强老干部工作的舆论宣传,及时反映老干部工作动态,交流老干部工作情况,展示老干部工作成果,构建老干部精神家园。上思老干部工作动态、关心下一代工作信息等多次在《防城港日报》《老年知音》《中国火炬》上刊登。

【加强队伍建设】 坚持以建设学习型机关、学习型队伍为目标,强化教育培训、岗位练兵、实践锻炼等措施,不断提高老干部工作者的政策执行能力、服务管理能力、开拓创新能力。全年共举办3期老干部工作者业务知识培训班,为老干部工作者搭建学习提高的平台。组织关工委"五老"参加自治区老干部局、自治区关工委在桂林市联合举办的第十三期全区关工委系统人员(五老)培训班。组织老干部工作者参加防城港市老干部局在浙江大学举办的 2015 年防城港市老干部工作者业务培训班,进一步提高了老干部工作人员的业务能力。

机关党建

【机构设置及工作概况】 中共上思县直属机关工作委员会属正科级工作机构,编制 3 人,2015 年在编人数为 4 人,设书记 1 人,副书记 1 人。2015 年,县直机关工委共辖机关党总支 19 个、党支部 164 个,其中机关党支部 89 个,国有企业和集体企业党支部 40 个,非公企业党支部 35 个,党员 2412 人。

年内,县直机关工委认真学习贯彻落实中共十八大和十八届三中、四中、五中全会精神,紧紧围绕服务中心、建设队伍两大核心任务,坚持以中共中央总书记习近平系列重要讲话精神为指导,以落实全面从严治党要求为主线,求真务实、开拓进取,扎实推进机关党的各项工作,为全县“十二五”各项目标任务的完成提供了坚强的组织保障。

【思想建设】 强化理论武装工作,着力建设学习型机关党组织。按照县委统一部署要求,组织机关党员干部深入学习贯彻中共十八届四中、五中全会和中共中央总书记习近平系列重要讲话精神,并将学习贯彻有关要求融入学习型机关、学习型党组织、文明机关及规范化机关党支部创建中。给机关各总支(支部)发放学习书籍 150 册、学习光碟 25 张,组织党员观看教育影片 500 多人次,举办专题讲座 2 次,实现党员学习分类别、全覆盖、有成效。加强对党务干部的业务指导和培训。选派县直机关党支部书记、党务干部 33 人,赴江西井冈山干部学院,参加 2015 年县直机关党务干部培训班学习培训。抓好宣传,报送机关组工信息 5 条,稿件 3 篇。4 月份,承办了防城港市工委系统机关党建经验交流座谈会,全市 4 个县区(市)工委系统党建骨干30 多人参会。组织开展上思县纪念中国共产党建党 94 周年暨中国人民抗日战争胜利 70 周年演讲比赛活动。各战线单位选出 18 名选手代表参加了总赛,收到了良好效果。组织县直机关 130 个党支部的党员开展订阅共产党微信、易信工作,完成订阅数 850 人,使机关党员更加便捷、有效地获取相关学习信息,进一步加强党员思想建设。

【组织建设】 认真抓好党支部工作规范化建设。指导和做好机关基层党组织换届选举工作。进一步推行“公推直选”,强化“一岗双责”,选好配强机关党支部领导班子,年内 10 个基层党组织按时换届,选任党务干部 50 名。抓好党员发展对象培训工作。10 月下旬,举办了为期 3 天的党员发展对象学习培训班,邀请县纪委、县委组织部、县委宣传部、县委党校等部门领导和教师,分别就党章、党史、党的廉政建设、提高党的执政能力和先进性进行了专题辅导,48 名党员发展对象参加了培训。抓好发展党员工作。严把发展党员入口关,推行党员发展预审制度。年内,县直机关单位共发展党员38 名,审批党员转正 35 人,培训发展对象、入党积极分子 48 人,接转党员组织关系 370 人。抓好党费收缴工作,年内共收缴党费 140973.43 元。关心老党员、困难党员,“七一”期间开展慰问老党员、困难党员活动,共慰问老党员、困难党员 18 名,发放慰问金(品)9000 元。开展“百日攻坚”大行动,推进“两新”组织党建全覆盖。协调县直单位抽调党员领导干部 16 人,组成 6 个工作组,深入各“两新”组织开展组建党组织的“百日攻坚”大行动。年内完成“两新”组织新组建党组织 28 个,合并党支部 2 个,改名党支部 1 个。组织 5 名新任的“两新”组织党支部书记到防城港市参加“两新”组织党支部书记培训班学习培训。组织县直机关党代表 50多人,围绕扶贫攻坚和生态乡村建设两个专题开展视察调研活动。开展机关党员到社区报到、为群众服务活动。结合幸福社区建设,县直机关 79 个单位 1000 多名党员充分发挥部门优势和个人特长,开展法制宣传教育、清洁卫生、学雷锋、送科技下乡、义诊等志愿服务活动,服务基层项目 700 多个。开展机关党员回乡助力美丽家园活动。动员号召机关党员干部利用节假日期间回乡开展政策宣讲,参与环境整治、社情调查,助力“美丽上思·生态乡村”活动。据不完全统计,活动参与率达 97.4%,为群众办好事实事 340 件,收集问题 30 多个,开展环境卫生大整治行动 20 多次,发放宣传资料 5000 多份,种植各类果树 800 多棵,举办乡村建设主题活动 5 场。

【党风廉政建设】 紧密联系机关工作实际,扎实推进机关党风廉政建设的深入开展。制定 2015 年党风廉政建设和纪检监察工作计划,把党风廉政建设责任制与业务工作紧密结合,明确了责任范围、责任内容。认真抓好监督检查工作,切实履行职责,始终把监督检查作为重要职责抓好监督检查,发现问题及时纠正,确保了党风廉政建设责任制和惩防体系建设工作顺利开展。严格执行中央八项规定精神,严格控制"三公经费"开支,严格执行廉洁自律有关规定,组织党员认真贯彻落实党风廉政建设责任制。积极开展办公用房和公务用车清理工作"回头看"专项活动、"三公经费"清理专项活动、会所歪风专项整治工作、党员干部参与赌博行为专项整治工作和党员干部纵酒行为专项整治工作,并制定了相关制度。年内出具廉政证明 65 份,查处违纪违法案件 2 起。

上思县人民代表大会

【人大机构及工作概况】 2015 年,上思县第十五届人民代表大会代表实有代表 165 名(2011 年 9 月换届时,自治区人大核定上思县人大代表名额为 168 人),其中县直机关 29 名,思阳镇 24 名,在妙镇 18 名,叫安镇 24 名,华兰镇 11 名,南屏瑶族乡 13 名,平福乡 15 名,那琴乡 15 名,公正乡 16 名。县十五届人大常委会组成人员 19 人,其中主任 1 人、副主任 4 人、委员 14 人。县十五届人大设法制工作委员会、财政经济工作委员会、教育科技文化卫生民族华侨工作委员会、代表联络工作委员会等 4 个专门委员会,常委会下设办公室。

2015 年,上思县人大工作全面贯彻落实中共十八大和十八届三中、四中全会精神和县第十二届党代会第三次全体会议、县委十二届八次全会精神,紧紧围绕"三大优先"发展战略实施和县委决

策部署的贯彻落实,认真履行宪法和法律赋予的职责,与时俱进,开拓创新,扎实工作,较好地发挥地方国家权力机关的职能作用。

【县十五届人大五次会议】 2015 年 3 月 11 日至 13 日,上思县第十五届人大五次会议在上思县中型礼堂召开。应出席代表 165 人,实出席代表 155 人,列席会议 174 人。会议听取和审议上思县人民政府代县长黄炳利作的《政府工作报告》,审查和批准《上思县人民政府关于全县 2015 年国民经济和社会经济发展计划草案的报告》《关于上思县 2014 年预算执行情况和 2015 年预算草案的报告》,听取和审议县人大常委会主任韦轮佳作的《上思县人大常委工作报告》、县人民法院院长刘桎开作的《上思县人民法院工作报告》、县人民检察院检察长李庆章作的《上思县人民检察院工作报告》,通过了关于上述报告的决议。

【县十五届人大常委会会议】 2015 年,上思县人大常委会举行 10 次会议。

第三十二次会议 1 月 20 日召开。应到会常委会组成人员 19 人,实到会 18 人。审议通过上思县第十届人民代表大会常务委员会关于接受防城港市第五届人民代表大会代表辞职的决定,补选蓝天为防城港市第五届人民代表大会代表。

第三十三次会议 2 月 13 日召开。听取和审议上思县第十五届人民代表大会常务委员会委员辞职的决定,听取和审议上思县第十五届人民代表大会常务委员会代表资格审查委员会关于代表出缺情况报告,审议通过上思县叫安镇那午村、提高村、那琴乡联惠村、南屏瑶族乡汪乐村等选区关于上思县第十五届人民代表大会代表补选办法。

第三十四次会议 3 月 3 日召开。听取和审议上思县第十五届人民代表大会常务委员会代表资格审查委员会关于补选县十五届人大代表的代表资格审查报告,听取和审议县人民政府的发改、司法、环保、农业、水利、水产畜牧兽医等 6 项专项工作报告。

第三十五次会议 3 月 7 日召开。听取和审议县十五届人民代表大会常务委员会代表资格审查

委员会关于代表出缺情况的报告;审查上思县2014年预算执行情况和2015年预算草案的报告;听取县十五届人大五次会议筹备工作情况的报告;审议关于召开县十五届人大五次会议的决定草案;审议关于县十五届人大五次会议列席人员的决定草案;审议县十五届人大五次会议议程草案;审议县十五届人大五次会议主席团和秘书长名单草案;审议县十五届人大五次会议计划、预算审查委员会主任委员、委员名单草案;审议县十五届人大五次会议议案审查委员会主任委员、委员名单草案;审议县人大常委会工作报告草案;审议县十五届人大五次会议其他有关事项;会议还审议了人事议案。

第三十六次会议　6月26日召开。听取和审议县人民政府关于县人大常委会第二十九次会议审议意见处理情况的报告;听取和审议县人民政府关于《中华人民共和国食品安全法》实施情况的报告;听取和审议县人大常委会代表资格审查委员会关于县十五届人大代表出缺情况的报告;听取和审议县人大常委会关于调整县十五届人大常委会代表资格审查委员会成员的报告;审议县人大常委会关于县十五届人大代表补选办法。会议还审议了人事议案。

第三十七次会议　8月12日召开。听取和审议上思县人大常委会代表资格审查委员会关于个别代表的代表资格审查情况报告;听取和审议上思县人民政府关于上思县人大常委会第三十四次会议审议意见处理情况报告;听取和审议上思县人民政府关于《中华人民共和国交通安全法》贯彻实施情况的报告;听取和审议上思县人民政府关于禁毒戒毒工作情况的报告。会议还审议了人事议案。

第三十八次会议　8月26日召开。会议审议通过上思县人民代表大会常务委员会关于接受防城港市第五届人民代表大会代表辞职的决定。

第三十九次会议　9月29日召开。会议听取和审议县十五届人大常委会代表资格审查委员会关于县十五届人大代表出缺情况的报告;听取和审议县人民政府关于旅游项目建设推进情况的报告;学习自治区党委彭清华书记在学习宣传贯彻《中共中央巡视工作条例》会议上的重要讲话精神。听取县人民政府关于2014年决算报告,审查

上思县2014年决算(草案);听取和审议县人民政府关于上思县2015年国民经济和社会发展计划上半年执行情况的报告;听取和审议上思县2015年预算上半年执行情况的报告;会议还审议了人事议案。

第四十次会议　11月13日召开。会议听取和审议上思县人民政府关于实施十二项扶贫工作情况的报告;听取和审议上思县第十五届人大五次会议代表建议、批评和意见办理工作情况报告;听取和审议县十五届人大常委会代表资格审查委员会关于县十五届人大代表出缺情况的报告;听取和审议县人大常委会关于接受黄闪辞去上思县第十五届人民代表大会常务委员会委员职务请求的决定;听取和审议补选市五届人大代表选举办法等事项;会议还审议了人事议案。

第四十一次会议　12月25日召开。听取和审查县人民政府关于2015年县财政预算调整方案(草案)的报告;听取和审查县人大常委会关于接受上思县第十五届人民代表大会代表辞去职务请求的决定;学习传达全区加强县乡人大工作和建设会议精神和自治区关于加强县乡人大工作和建设实施意见的精神;补选程柳松、刘辉、张芸智、马力、常统兴、韦川江六位候选人当选为防城港市第五届人民代表大会代表。

【县十五届人大常委会主任会议】　2015年,共召开11次常委会主任会议,研究决定相关事项。

【依法开展监督】　2015年对县监察局、食品药品监管局、审计局、安监局、统计局、旅游局、工商局等7个县人民政府工作部门以及县人民法院、人民检察院开展评议,进行满意度测评,并将结果报告县委和向社会公布,推动政府及部门依法行政、改进工作。对农村安全饮水、现代农业示范园、农民增收和产业扶贫、旅游建设、十二项扶贫工程、禁毒戒毒工作等民生热点问题进行调研。听取和审议了县人民政府专项工作报告,提出审议意见,推动相关工作的落实。开展执法检查,常委会对《食品安全法》《道路交通安全法》等法律法规在上思县的实施情况开展执法检查,提出相应的整改意见。

【依法决定重大事项】 2015年,听取和审议了县人民政府关于上思县2015年预算上半年执行情况的报告、关于2014年决算报告、2015年县财政预算执行和其他财政收支审计工作报告,审查上思县2014年决算(草案)。先后作出了关于批准2014年财政决算、2015年预算调整的决议。并针对经济运行面临的形势,提出严格预算管理、强化预算约束、开源节流、降低行政运行成本,强化税收征管、确保税收资金及时足额入库,提高财政资金使用效率等具体意见建议,促进了上思县域经济保持平稳发展的良好态势。

【依法任免地方国家机关工作人员】 2015年,上思县人大常委会共任免国家机关工作人员38名。其中,县人大系统1名,免职2名;县人民政府系统15名,任职9名(其中代县长1名,副县长2名),免职6名;县人民法院5名(其中代院长1名);县人民检察院6人(其中代检察长1名),任人民陪审员150名,免人民陪审员6名。接受地方国家机关工作人员辞职4名。

【代表议案和建议办理】 在2015年3月份召开的上思县第十五届人民代表大会第五次会议期间,县人大代表提出建议139条。其中,道路交通、城建等基础设施56件,占总数的40.3%;农林水方面35件,占总数的25.2%;社会事业等方面48件,占总数的34.5%。上思县人民政府及其承办部门认真办理代表建议,按时办结代表提出的178条建议并答复代表,所有建议均已按要求办理完毕并逐件答复了县人大代表,办复率100%。从办理情况来看,已解决或基本解决(A类)20件,占承办总数的14.5%(去年A类占承办总数的22.2%);正在解决或列入计划逐步解决(B类)90件,占承办总数的66.7%(去年B类占承办总数的48.3%);因现行政策或条件限制难以解决(C类)29件,占承办总数的20.8%(2014年C类占承办总数的4.5%)。8月7日召开承办单位与"不满意"建议代表面对面沟通协调会后,代表满意的4件,要求重新答复的1件,重新答复后代表表示满意,促进了全年办理人大代表建议答复满意率达100%。

上思县人民政府

【人民政府机构概况】 上思县第十五届人民政府设县长1人、副县长8人。2015年,县人民政府县长彭影东(任至2月)、黄炳利(2月任),副县长冯培聪、叶吉富、黄嘉宏(任至6月)、彭文军(10月离任)、吴佳军(10月任)、李健、蒙小翠、马瑞、吴建明(8月离任,挂职)、郑里华(8月任,挂职)。县人民政府下设组成部门25个,直属事业单位13个,部门管理事业单位129个。县人民政府办公室内设秘书股、综合股、信息股、行政股、应急管理办公室、政府督查室6个股室,有挂牌机构6个。

【县人民政府常务会议】 2015年共召开县人民政府常务会议15次,即县十五届人民政府第67次至第81次常务会议,均由县长黄炳利主持。

第67次常务会议 2月10日召开,讨论和研究上思县机关津补贴、事业单位工作人员基础性绩效工作(岗位津贴)与离退休人员补贴标准调整实施方案等议题。

第68次常务会议 3月2日召开,讨论和研究上思县不动产统一登记工作方案、申报上思县2015年农村义务教育阶段学校特设岗位计划等议题。

第69次常务会议 3月16日召开,讨论和研究2015年上思县项目征地拆迁安置工作计划、县城至十万大山国家森林公园二级公路建设设计方案调查报告等议题。

第70次常务会议 4月1日召开,讨论和研究严格控制速生桉人工林种植发展通告、2015年度国有建设用地供应计划等议题。

第71次常务会议 4月17日召开,讨论和研究收缴上思县天木木业有限公司违约金、参战民兵要求参加体检等议题。

第72次常务会议 5月8日召开,讨论和研究县民政局、统计局要求发布上思县2015年度城乡低收入家庭收入标准、收回上思县果菜公司、十万山林场部分国有土地使用权等议题。

第73次常务会议　6月10日召开,讨论和研究县农业生产资料公司和县土产公司进行改制、2015年城建项目(县财政支出)建设计划等议题。

第74次常务会议　6月25日召开,讨论和研究上思县义务教育均衡发展三年行动计划(2015年—2017年)、上思县定向培养乡镇卫生院医生实施方案等议题。

第75次常务会议　7月20日召开,讨论和研究上思县2015年村级公共服务中心项目建设工作方案、中国石化集团资产经营管理有限公司广西石油分公司办公住宅楼拆迁回建方案及费用预算方案等议题。

第76次常务会议　7月30日召开,讨论和研究上思县2015年第十期国土建设用地使用权挂牌出让方案、收回广西农垦国有昌菱农场一队、十七队部分国有土地议题。

第77次常务会议　会议内容涉密不公开。

第78次常务会议　9月16日召开,讨论和研究2015年对全县种粮农民实行直接补贴与储备粮订单粮食收购挂钩实施方案、上思县2015年扶贫生态移民工程实施方案等议题。

第79次常务会议　9月30日召开,讨论和研究翰江花园售楼接待中心用地土地权属情况报告、上思县质量与品牌奖励资金管理办法等议题。

第80次常务会议　10月27日召开,讨论和研究土地房屋征收拆迁补偿安置决定书、2015年第3批政府债券置换存量债务分项目等议题。

第81次常务会议　12月9日召开,讨论和研究乡镇机关事业单位工作人员实行乡镇工作补贴、协调签订工业大道工程施工合同等议题。

【政府主要决策和工作部署】　2015年,为了进一步推动县域经济社会持续发展,县人民政府作出如下主要决策和工作部署:

推进产业发展　为切实抓好2015年蔗糖生产各项工作,促进全县甘蔗增产增收,确保蔗糖支柱产业平稳持续健康发展,县人民政府印发《关于抓好2015年蔗糖生产工作的通知》《上思县2015—2016年榨季砍运榨实施细则》;为加强对县本级储备粮的管理,进一步保障全县粮食安全和市场供应,县人民政府、县人民政府办公室分别印发《上思县储备粮管理办法》《2015年对我县种粮农民实行直接补贴与储备粮订单粮食收购挂钩实施方案》;为进一步加强对全县水产养殖的规范化管理,实现水域资源的科学规划和有效配置,县人民政府办公室印发修编后的《上思县养殖水域滩涂规划(2016—2025年)》。

统筹城乡发展　为规范农村宅基地管理秩序,严格管控农村违法违规建房行为,县人民政府印发《关于进一步加强和规范农村宅基地管理的通知》;为有序推进全县农村土地承包经营权流转,优化农村土地资源配置,加快农业产业结构调整,发展地方特色农业产业,县人民政府办公室印发《上思县引导和规范农村土地承包经营权有序流转实施方案》。

推进项目实施　为推动全县经济稳步发展,确保实现全年目标任务,县人民政府办公室印发《上思县2015年促进经济稳步增长二十二条措施》;为改善全县居住在边远山区、生态环境脆弱地区农村贫困农户生存发展环境,逐步实现偏远落后地区人口战略转移,促进全县经济社会持续健康发展,县人民政府办公室印发《上思县2015年扶贫生态移民工程实施方案》;为加强糖料蔗"双高"基地建设资金统筹使用和管理,提高资金使用效益,促进全县"双高"基地建设有效推进,县人民政府办公室印发《上思县优质高产高糖糖料蔗基地建设补助资金使用管理暂行办法》。

行政审批改革　为进一步深化行政审批制度改革,推进政府职能转变和管理创新,进一步加强法治政府建设,县人民政府决定承接、调整和不再实施74项行政审批项目,决定全面清理规范非行政许可审批事项,今后全县不再保留"非行政许可审批"这一审批类别,印发《上思县全面推进依法行政加快法治政府建设实施方案》《上思县实行企业准入"三证合一　多证联办"登记制度实施方案》;为深入推进依法行政,加快建设法治政府,县人民政府办公室印发《关于建立政府法律顾问制度的实施意见》。

推进各项社会事业　为贯彻落实国家、自治区和县教育改革和发展规划纲要,进一步健全全县教育督导体制,决定成立上思县人民政府教育督导委员会;为加快推进全县学前教育改革和发展的步伐,县人民政府印发《上思县第二期学前教育三年行动计划》;为切实做好全县义务教育学校校长奖励性绩效工资实施工作,县人民政府办公室印发《上思县义务教育学校校长奖励性绩效工资实施办法(试行)》;为进一步创新体制机制,加快全县学前教育发展,全面提升保教质量,着力解决"入园难"问题,县人民政府办公室印发《上思县创新体制机制加快学前教育发展实施办法(2014—2017年)》;为积极实施知识产权战略,鼓励发明创造,激励技术创新,促进全县科技进步和经济社会发展,县人民政府办公室印发修订后的《上思县专利申请资助及奖励暂行办法》;为推进医疗、医保、医药三医联动,上下联动,内外联动,为实现人人享有基本医疗服务的目标打下基础,县人民政府办公室印发《上思县深化医药卫生体制改革2015年重点工作任务》;为加快乡镇卫生院医生队伍建设,从根本上解决乡(镇)卫生院医生队伍存在的数量缺乏、质量不高和结构不合理等突出问题,县人民政府办公室印发《上思县定向培养乡镇卫生院医生实施方案》;为推进政府购买服务工作,做好邀请招标确定供给主体(供给单位),县人民政府办公室印发《上思县本级政府购买服务试点工作方案》《上思县政府向社会力量购买服务邀请招标方案》;为全面推进全县气象现代化建设,县人民政府办公室印发《上思县推进气象现代化建设实施方案》;为建立健全我县辐射事故应急机制,提高应对辐射事故的应急反应能力,及时有效处理处置辐射事故,县人民政府印发《上思县辐射事故应急预案》。

加强社会管理 为有效预防较大以上事故的发生,保障国家和人民群众生命财产安全,县人民政府决定将上思县康达医院消防隐患等10项安全隐患确定为县人民政府2015年重点督促整改的重大事故隐患,并挂牌督促整改;为确保完成"十二五"节能减排降碳目标,加快推进生态文明建设,促进全县绿色发展、循环发展、低碳发展,县人民政府办公室印发《2014—2015年节能减排低碳发展行动方案》《上思县加快推进2015年主要污染物总量减排重点项目工作方案》;为规范信访事项复查(复核)工作,维护信访人的合法权益,确保

复查(复核)事项得到及时处理,县人民政府办公室印发《上思县信访事项复查复核办法》;为建立科学、规范的保障性住房管理机制,解决城镇低收入和中等偏下收入住房困难家庭的基本住房需求,建立一套住房保障准入和退出机制,县人民政府办公室印发《上思县公共租赁住房和廉租住房并轨运行实施细则》;为做好地质灾害突发事件防范与处置工作,县人民政府办公室印发修订后的《上思县突发地质灾害应急预案》;为落实最严格水资源管理制度,县人民政府办公室印发《上思县实行最严格水资源管理制度工作实施方案》;为加强和规范对重大传销事件的处置及善后工作,提高打击传销的能力,县人民政府办公室印发《上思县重大传销事件查处及善后工作预案》。

加强队伍建设 为确保高标准、高质量完成"三严三实"专题教育各项工作任务,建设更加为民务实清廉干部队伍,县人民政府围绕精准扶贫,深入实施"结对帮扶在一线、计划制定在一线、台账建立在一线、帮扶项目部署在一线、资金项目落实在一线、政策宣讲在一线"的六个"一线工作法",开展"换位沉底"活动,沉到基层一线调查研究、解决问题。通过集中学习与自学相结合的方式,组织观看专题片、听专题报告、分组讨论、撰写心得体会等形式,全面贯彻落实中央八项规定,反对"四风",深入开展机关效能建设,扎实推进干部队伍特别是党员干部队伍建设。县政府与各单位各乡镇签订党风廉政建设责任书,加大村级党风廉政建设工作力度,认真落实"一岗双责",不断提高领导干部反腐倡廉、拒腐防变的能力。

上思县政务服务中心

【机构设置和工作概况】 上思县政务服务中心是县委、县政府深化行政审批制度改革,加快建设服务型政府而设立的,集行政许可审批、行政效能监察功能于一体的县级综合政务服务平台。2015年,县政务服务中心管理办公室核定行政编制2名。全县进驻政务服务大厅的单位40家,窗口工作人员70人。

2015年，县政务服务中心坚持以"一切为了群众，一切方便群众"为根本宗旨，把"公开、公平、公正""集中办理，联合办理""便民、高效、廉洁"等法律原则为指导，实行"一个窗口受理、一次性告知、限时办结"的服务模式，积极承办行政许可、非行政许可、行政征收、行政确认、代理事项、其他等服务事项，受到广大群众的好评。

【政务服务】 年内，进一步加强制度建设、形象建设、作风建设，制定了《窗口部门和窗口工作人员绩效考核暂行办法》及《"服务之星""优秀服务窗口"评选办法》，实行窗口工作人员"五不准、五严禁、五一样、五必须"等服务规范制度，通过行政审批软件系统和行政效能视频监察系统，加强对窗口人员日常工作情况的管理和考核制度建设，规范窗口服务管理，促使窗口工作人员队伍作风有了新的转变，服务效能有新的提升。全年各窗口单位共受理事项23283件，年内办结事项23479件，当月办结率99.58%，办理提速82.65%，群众满意率100%。

【政务公开政府信息公开】 主要通过政府门户网站、政务公开栏、信息公告栏、新闻媒体、政务服务中心、档案馆和图书馆公共查阅点及其他便民渠道，做好政府信息公开工作。年内，上思县在自治区统一平台上有内容保障任务的单位61个，各单位均已完善并公开了2014年的政府信息公开年度报告、政府信息公开指南、政府信息公开信息公开目录、本部门预决算、三公经费、重点领域信息公开及本部门应保障的栏目模块内容。编制政务公开政府信息公开月报12期，全县主动公开政府信息7572条，没有发现虚假、不完整信息。

【基层政务服务体系建设】 按照《上思县乡镇政务服务中心建设实施方案》，大力抓好基层政务服务体系建设。年内，全县所有乡镇、村、社区均建立政务服务中心。进一步加强乡镇政务服务中心的监督和管理，将乡镇政务服务工作纳入专项目标督查考核，从场地建设、规范运行、办件管理、效能督查等方面进行全面考核，并对乡镇政务服务中心全天候办公的现场情况实时监察。建立每日督查登记、

每月考核通报制度，通过效能监察系统，切实加强对乡镇政务服务工作的监督指导，有效推动乡镇政务服务工作正常运转。

民政事务

【机构设置及工作概况】 2015年，县民政局内设秘书股、救灾救济和社会福利股、优抚安置和基层政权股、婚姻登记处、老龄办、低保办等6个股级机构，下辖县福利院。在职在编人员17人，其中行政编制9人，工勤人员1人，事业编制7人。设局党组书记、局长1人，局党组副书记、副局长1人，局党组成员、副局长1人。

2015年，县民政局深入学习贯彻中共十八大和十八届三中、四中、五中全会和中共中央总书记习近平系列重要讲话精神，牢固树立民政为民的核心理念，认真履行职责，加强对低保、五保、孤儿及优抚对象的优待、抚恤、补助和应急灾害救助工作，扎实做好拥军优属拥政爱民工作，落实军烈属及转业、退伍军人政策待遇，各项工作稳步推进。

【五保供养及社会救助】 全面落实五保供养和完善城乡医疗救助制度，不断改善民生条件。年内全县有五保对象2061人，集中供养的五保人员每人每月补助390元，分散供养的五保人员每人每月补助280元，全年累计发放五保供养金725.1万元。扎实做好城乡低保工作，实现了动态管理下的"应保尽保"和"分类施保"。年内共有城乡低保对象36703人，累计发放城乡低保补助金6156.45万元。为全县的五保户2061人缴纳农村合作医疗保险小计19.45万元。为全县城乡低保对象34035人提供城镇医疗保险与农村合作医疗保险补助金177.85万元。同时，对患病住院的城乡困难群众给予医疗救助，全年累计给予1346名困难群众发放城乡医疗救助金688.58万元，切实为困难群众就医看病提供了极大帮助。加大临时救助工作投入力度，全年累计临时救助811人次，累计救助金额202万元，保障了城乡流浪乞讨人员困难群众得到及时救助。年内，完成10个农村幸福院建设任务，幸福院建设

走在全市前列。

【孤儿供养】 关心、重视孤儿福利事业,认真贯彻落实市委、市政府关于加强孤儿救助工作意见要求,按照标准做好对孤儿监护、医疗救助、教育、住房、就业等诸方面工作,足额发放养育费,确保每名孤儿生活得到保障。年内,对148名符合救助条件的孤儿全部建立完善了档案,按月给孤儿每人每月600元的养育费,全年累计发放106.02万元。

【应急灾害救助】 组织人员深入调查,做好救助形势评估,全面掌握冬令春荒灾民生活需救助情况,科学制定冬令春荒救助方案,扎实做好冬春荒灾民生活救助工作。共向受灾群众和特殊困难群体发放2014—2015年冬令救济棉被4500床,棉衣3000件,保暖衣3000套,冬衣3000套,粮食33万市斤。为农村农房统一购买保险,提高农户抗灾抗风险能力。全年投入保险经费50.1万元,为全县44698农户的房屋进行统一保险。对当年因灾倒损房的17户全部完成理赔。

【双拥工作】 年内,优抚对象的抚恤补助全部按新标准按月足额发放。老复员军人和伤残军人的医疗费用按规定给予保障,并全部给予参加城镇基本医疗保险或新型农村合作医疗。全年发放定期抚恤金316.9万元,发放义务兵家庭优待金94.54万元。为741人优抚对象缴纳农合和城镇医疗保险共6.67万元。给予7名1~6级伤残军人缴纳职工医疗保险共1.63万元;优抚对象门诊医疗262人,共计49920元,解决了治病难问题,拥军优属、拥政爱民光荣传统不断发扬。接收退役士兵66人,其中自主就业66人,给66名选择自主就业士兵发放经济补助67.2万元。组织54名退役士兵参加职业教育技能培训,培训费用27.86万元,培训率81%。调动和发挥社会力量做好拥军工作,县内慰问部队和支援部队建设费用共约90万元;部队官兵视人民为父母,把驻地当故乡,在完成战备、训练等项任务的前提下,积极支援地方经济建设,抢险救灾,参加各项社会活动,维护社会稳定。

【婚姻登记与社团管理】 2015年,全县办理结婚登记2251对,离婚登记402对,补领结婚登记334对,补领离婚登记24人,登记合格率为100%。办理民办非企业单位登记10例,社会团体登记5例,完成社会组织年检41例,社会组织队伍进一步壮大。

【基层政权建设】 积极开展"幸福社区"建设工作,年内,动工建设了思阳镇北湖、彩元、明江3个社区服务中心。

【队伍建设】 切实加强政治理论学习,全面增强党员干部的政治意识、纪律意识、规矩意识、大局意识和担当意识。将中共中央总书记习近平系列重要讲话精神纳入中心组、党员干部培训、组织生活的常学内容,组织党员干部反复学、跟进学、结合学。把学习贯彻讲话精神与推进业务工作结合起来,着力解决群众最关心、最直接、最现实的利益问题。促使全县民政系统党员干部在学习工作过程中,不断增强个人的廉洁自律意识、勤政高效意识、服务和担当意识,初步树立起良好的人民民政形象。

老龄管理

上思县老龄工作委员会下设办公室,挂靠县民政局。2015年,县老龄办公室认真贯彻落实老年人优待政策,为老年人办实事、办好事,各项工作取得新的进展。一是按照政策规定,为老年人办理优待证,使老年人享受到如车票、门票等价格方面的优待政策。全年接待老年人来访2651人次,为589位老年人办理优待证。二是认真做好高龄老人生活补贴工作,按照规定,为全县80~89周岁的老年人,每人每月发放生活补贴50元。为90~99周岁的老年人,每人每月发放生活补贴100元。为100周岁以上(含100周岁)的老年人,每月每人发放生活补贴300元。同时,全面调查掌握高龄老人人群增长及死亡变化动态,并及时予以调整,确保做到不遗不漏、不出现偏差。全年共办理享受老龄补贴4618人,共发放生活补贴费33906元,清理停发病故老人补贴21人。三是组织开展"敬老月"活动。从 10 月 11 日起，县老龄办通过走访慰问以及委托乡镇慰问等形式，对全县 16 名百岁老人进行慰问，每人送上慰问金 200 元；会同自治区老龄办到七门敬老院、板细联合五保村进行慰问，并慰问吴继云、黄仁宪 2 名百岁老人，给他们送去慰问金、花生油、大米等慰问品。10 月 19 日，县委召开上思县离退休老干部重阳节座谈会，给老人们送上美好的祝福；10 月 19 日县武术协会、老年协会、东湖社区老年协会、老干部局等联合举办了 24 式太极拳比赛活动，分中年组、老年组进行，全县有 11 队参加，人数 43 人，用比赛活动形式庆祝"敬老节"，丰富老年精神生活。

扶贫开发工作

【机构设置及工作概况】　2015 年，上思县扶贫开发办公室核编 4 人，实有 4 人。设主任 1 人，副主任 1 人。年内，主要是抓好扶贫产业项目建设、扶贫基础设施建设、教育扶贫、精准扶贫建档立卡等工作并收到了很好的成效。全年共投入财政专项扶贫资金 1600 多万元，实现了 7 个贫困村脱贫，减贫 5000 多人口，农民人均纯收入增幅高于全区平均水平 1.5%。

【扶贫产业项目】　实施 2014 年度产业开发扶贫项目（跨年度）。由 2014 年扶贫产业开发金花茶种植项目改项的林下养鸡项目发放鸡苗 1.1 万羽，项目资金 20 万元；2014 年民族乡扶贫大会战专项资金 95 万元，其中金钱草种植 35 万元，林下套种茯苓 10 万元，山油茶种植 15 万元，肉牛养殖 10 万元，牛大力种植 15 万元，鸡肠风种植 10 万元。实施 2015 年度第一批、第二批产业开发扶贫项目，截至 12 月底，共给 21 个贫困村 429 个贫困户发放能繁母猪苗 857 头，项目资金 60 万元；扶持华兰镇德安村、公正乡彩林村 2 个贫困村 100 个贫困户养殖肉牛，项目资金 35 万元；在公正乡、那琴乡发展种植澳洲坚果 400 亩，项目资金 25 万元，项目覆盖贫困户 286 户 1186 人；发展林下养鸡 1.11 万羽，项目资金 20 万元，项目覆盖贫困户 310 户 1360 人。此外，还

完成了 2014 年度"十百千"扶贫产业项目，改良低产甘蔗 5800 亩。

【扶贫基础设施建设】　整村推进工作取得新成效。抓好 2014 年度全县第二批贫困地区基础设施建设（跨年度）项目，同时组织安排实施自治区扶贫办下达上思县的 2015 年第一批、第二批扶贫基础设施项目及"美丽广西·生态乡村"村屯硬化基础设施项目。截至年底，累计完成屯级道路 35 条，共 47.75 公里，项目资金 1293.9 万元，覆盖 15 个贫困村，765 户共 2860 人。修建南屏乡百荷大桥 1 座，实施生态移民安置点建房补助项目 4 个，实施贫困村村屯绿化工程 7 个。

【教育扶贫】　"雨露计划"稳步推进，顺利完成 2014 年、2015 年职业学历教育学生和普通高校学生共 332 人的补助，发放补助金额 116.8 万元。先后对 15 个贫困村的贫困农户开展农村实用技术培训，参训人数 600 人次，完成年度计划任务的 100%。

【精准扶贫建档立卡】　积极开展精准识别工作，严格按照自治区党委、市委的决策部署，坚持从严从实，强化措施，精心制定《上思县精准识别贫困户贫困村实施方案》，认真组织村级党组织第一书记、扶贫工作队员、"一屯一干部"、乡镇干部 1200 多人深入村屯开展精准识别工作。各精准识别工作队员按照贫困户识别程序，通过宣传动员、入户调查评分、两评议一公示、再核查再评议、乡镇人民政府审核及公示、县扶贫开发领导小组审定及公告等程序，全县共识别出建档立卡户数 6616 户 28066 人，其中 2015 年贫困户（57 分以下）3976 户 16473 人；2014 年建档立卡户（58~61 分）1231 户 5393 人；2013 年建档立卡户（62~65 分）1409 户 6200 人。圆满地完成了建档立卡户和贫困村、自然屯的建档立卡工作。

招商引资

【机构设置及工作概况】　2015 年，上思县招商促

进局内设秘书股、招商引资股、投资服务股3个股。在职在编人员5人，设局长1人、副局长2人。年内，县招商促进局立足十万大山得天独厚的资源优势，围绕县委提出的"绿色崛起"发展战略，加大招商引资工作力度，进一步优化服务环境，狠抓项目落地，有力地推进一批项目建设，对上思县域经济社会发展起到了积极拉动作用。全年共引进县外到位资金31.27亿元，完成年度目标任务30亿元的104.23%；实际利用外资5234万美元，完成年度目标任务5200万美元的100.65%。

【项目引进】 通过参加中越边境旅游博览会、东盟博览会等活动，积极开展招商推介，成功地引进广西世海和源农业科技发展有限公司在上思县叫安镇建设中草药种植加工项目、安木木业有限公司建设木材加工厂项目。与广西安泰农业发展有限公司洽谈建设广西明江源畜禽养殖加工冷链一体化项目，与亿国农业洽谈肉牛养殖项目，与嘉铭公司、厚德木业、怡诚澳洲坚果签约建设项目，积极为安木木业、嘉铭、厚德等几个项目开展选址征地工作。

【重点在建项目】 倾力打造蔗糖循环经济产业园区。依托昌菱制糖有限公司和上上糖业有限公司，在昌菱一带打造蔗糖产业园区。在巩固好传统蔗糖生产的基础上，突出抓好蔗糖深加工和资源综合利用，延伸产业链，发展循环经济。重点推进昌菱公司朗姆酒年产5万吨生产线、南方电网甘蔗渣生物质发电、华盛化工糠醛和上上公司滤泥资源化、糖蜜酒精废液无害化处理、复混肥料等一批蔗糖产业附属产品项目建设，逐步降低单一制糖对全县蔗糖产业的风险，全面提升蔗糖产业的综合效益。

【增强服务意识】 实行投资"保姆式"服务机制。年内，县代办服务中心为嘉铭投资有限公司、厚德木业有限公司、世海和源有限公司等企业代办了营业执照、事项审批手续以及用地选址征用等10多个事项，有效提高了项目的落地效率。协助厚德木业、嘉铭公司办理征租地及项目报批工作，均得到圆满解决；协调有关部门为天顺公司的四方岭风电项目、华电集团的华兰镇建设太阳能发电项目的发

电并网工作提供指导帮助。

上思县人力资源和社会保障局

【机构设置和工作概况】 上思县人力资源和社会保障局内设办公室、行政审批办公室、工资福利统计和专业技术人员管理股、奖惩考核股、公务员职工考录股、社会保障与监察仲裁股等6个股室，下辖县劳动保障监察大队、县人才交流服务中心、县社会劳动保险事业管理所、县农村社会养老保险管理所、县城镇职工基本医疗保险管理所、县职工失业保险管理所、县就业服务中心等7个事业单位。2015年，县人社局局机关编制16人，实有16人；县劳动保障监察大队编制3人，实有3人；县人才交流服务中心编制2人，实有1人；县社会保险事业局编制25人，实有53人；县就业服务中心编制10人，实有10人。设局长、局党组副书记1人，局党组书记、副局长1人，局党组成员、副局长2人，局党组成员、纪检组长1人。

2015年，县人力资源和社会保障局深入贯彻落实中共十八大和十八届三中、四中、五中全会精神，坚持"民生为本、人才优先"的工作主线，按照"就业保民生、社保安民心"目标要求，以抓创业促就业，不断扩宽社会保障覆盖面，稳步推进人事制度改革和人才队伍建设，积极构建和谐劳动关系，各项工作取得了较好成绩，为推动全县人社事业改革发展和维护社会稳定做出了积极的贡献。

【就业再就业】 继续组织开展"春风行动"，加大职业培训力度，积极创造新的就业岗位，超额完成全年就业和再就业任务。年内，全县城镇新增就业6256人，完成市下达年6200人任务100.9%；实现下岗失业人员再就业195人，完成市下达年180人任务108.3%；就业困难人员实现就业88人，完成年45人任务195.6%；期末城镇登记失业人数391人，城镇登记失业率为2.3%，控制在市规定的2.5%以内；农村劳动力转移就业新增5637人，完成年5500人任务102.5%，其中跨省3323人，跨县2314人。参加职业技能培训人数2618人，完成年计划

2500人的104.7%;核发职业资格证书808人,占年计划800人的101%。筹集和投入就业职业培训专项资金总计658万元,支付就业和培训补贴580.63万元,资金使用率占88.24%。其中公益性岗位补贴294.02万元,享受人数985人次;社会保险补贴223.11万元、享受人数949人次;职业创业培训补贴40.5万元;公共就业活动经费支出23万元。

【社会保险】　加强对企业缴纳社会保险费的监控稽核和灵活就业人员参保续保工作,社会保险征缴覆盖面进一步扩大。年内,全县城镇职工养老保险参保人数19447人,完成市下达任务19420人的100.14%。基金征缴7397万元,完成市下达任务7350万元的100.64%;城镇基本医疗保险(含城乡统筹人数)参保人数72130人,完成市下达任务72028人的100.14%。基金征缴4201.71万元,完成市下达年度任务3850万的109.14%;失业保险参保人数11275人,完成市下达任务10370人的108.73%。基金征缴546.03万元,完成市下达任务450万元的121.34%;工伤保险参保人数20830人,完成市下达任务20500人的101.61%。基金征缴260.41万元,完成市下达任务260万元的100.2%;生育保险参保人数14435人,完成市下达任务14400人的100.24%。基金征缴270.40万元,完成市下达目标任务270万元的100.15%;城乡居民基本养老保险参保人数87974人,完成市下达目标任务84443的104.18%。60周岁以上符合待遇领取养老金人员24178人,发放率100%。其中16~59周岁参保人数60876人,60周岁以上参保人数为27098人。续保人数49280人,续保率完成83%。

【人才队伍建设】　扎实抓好机关事业单位人事管理和人才引进工作。一是做好2014年的公务员统计工作,统计显示,全县政府系统公务员总数为707人,其中县直488人,乡镇219人。参公人员207人;二是做好2015年度上思县政府系统公务员考试录用工作,计划招考44人,经网上报名审核、笔试、考察、体检、录用等工作程序,实际新录用39名公务员,并均在年内到位上岗;三是做好全县事业单位公开招聘工作,全年共计划招聘中小学教师67人,

实际招聘录用29人,其中:面向社会公开招聘聘用22人,面向免费师范生招聘1人,签订协议的全科教师6人;四是做好全县公务员职级晋升工作,年内有226名符合职级晋升的公务员得到职级晋升并已兑现工资福利待遇,其中:由正科晋升为副处级的14人,由副科晋升为正科级的35人,由科员晋升为副科级的177人;五是为15名符合公务员登记条件的公务员办理公务员登记手续,完成新录用(聘用)人员的转正工作共17人,与新招聘5名大学生村官签订劳动合同。

【工资福利】　认真贯彻落实工资福利政策,加快推进全县事业单位工资制度改革。年内,完成全县机关事业单位在职人员基本工资标准调整及全县离退休人员增加离退休费的审核审批,月人均增资859元;完成全县乡镇机关事业单位工作人员2366人乡镇工作补贴审核审批工作;为全县358名符合职级并行职务晋升人员办理工资变动审核审批,并按时兑现工资待遇;做好一年一度事业单位3046名工作人员正常晋升薪级工资以及298名在职工作人员级别滚动、职务晋升、教护龄变动等工资变动的审核审批工作;切实抓好义务教育学校、"两卫"、事业单位工作人员年度奖励性绩效工资总量核定工作;办理县内外人员调动工资转移535人,到龄退休审批手续127人,病故抚恤下文98人;调整机关事业单位遗属抚恤对象生活困难补助标准,人数669人,补发金额544494元。

【人才交流服务】　认真做好大中专毕业生引进、报到、登记、推荐工作。年内,共接收大中专毕业生达566人,其中本科学历237人,大专205人,中专124人;为应历届大中专毕业生提供就业推荐工作90人;做好中心存档人员管理及相关服务工作,为2015年考取公务员及事业单位的毕业生办理人事代理、转正定级105人次;新增2015年毕业生档案托管800份,转出毕业生人事档案120份。

【奖惩考核】　做好2014年度机关事业单位工作人员年度考核工作。参加年度考核单位128个,参加人数4132人。根据有关规定,调查处理违纪职工2

人,停发工资8人。

【劳动保障监察】 切实加强劳动保障监察工作,着力构建和谐稳定的劳动关系。一是加强日常巡查,指导各类用人单位建立了工资支付制度、工时制度及办理劳动保障登记;二是依法依规处理举报投诉案件,年内接到报案34起,其中涉及农民工案件29件,涉及农民工工资等待遇156.32万元,涉及农民工人数238人,追回农民工工资123.1万元;三是组织开展农民工工资清理拖欠专项行动、建筑行业用工大排查大整顿活动和农民工工资支付情况专项检查活动,依法查处了5家企业,追回农民工工资80万元,责令违规企业补发了农民工工资42万元。同时,认真做好工伤认定和劳动仲裁工作,全年共受理工伤认定案件20个,结案16个(其中认定工伤为15个,当期不予认定工伤案件1个),当期涉及死亡案件1例。全年共立案受理劳动争议案件73件,不予受理1件,结案71件(其中61件裁决,10件调解)。

4月29日,民族团结进步山歌巡唱会——叫安场

民族宗教事务

【机构设置和工作概况】 2014年12月县民族事务局和县宗教事务局合并成立的上思县民族宗教事务局是上思县人民政府管理民族宗教事务的职能部门,行政编制3个,设局长1名,副局长1名。

2015年,县民宗局深入贯彻落实中共十八届三中、四中、五中全会和中央民族工作会议精神,按照县委、县政府的部署要求,大力开展民族政策、宗教政策法规的宣传教育,积极推进民族团结进步事业,大力加强宗教事务依法管理,依法维护民族宗教界的合法权益,推进了全县民族团结进步、宗教和谐稳定。

【宣传工作】 年内,组织开展民族团结进步宣传教育活动,在全县范围内开展山歌歌友会、广场文艺晚会、山歌巡唱会等各种宣传活动共4场;深入各乡镇放映《阿佤山》等民族团结宣传电影30场次;在少数民族村寨、学校开展民族团结宣传4场次,约5万人次受到教育;制作民族团结进步宣传栏10栏,宣传展板28块,电子显示屏1块;在少数民族传统节日和举办的各种宣传教育活动期间,发放民族团结进步宣传手册与资料1万多份;携手广西民族大学在上思县南屏瑶族乡江坡村创建了1个法制示范点,为当地少数民族群众提供法律援助和咨询服务,并向其赠送各种法律法规书籍500本;与此同时,组织开展了"国法与教规的关系"为主题的宗教政策法规学习月活动,推动宗教领域形成自觉学法、守法、用法的良好氛围;继续"以'教风'为主题开展和谐寺观教堂创建活动",全面梳理各教教风存在的突出问题,推动教风建设;推进"民族团结进步创建活动进宗教活动场所试点工作",引导信教群众树立"三个离不开"思想,增强"四个认同""五个维护"自觉性;开展"宗教慈善周"活动,通过一系列关爱帮扶活动,切实解决了少数民族地区群众实际困难,推动了少数民族地区社会经济发展,形成了全县宗教界广泛关心、支持、参与的浓厚氛围,提高了宗教界服务社会的意识,树立了宗教界良好形象;发放宗教政策法规宣传资料5000余份。通过丰富的宣传教育活动,有效宣传了党和国家的民族宗教政策,促进了民族宗教健康发展。全县民族团结,宗教和谐,社会稳定,全年没有发生一起涉及民族和宗教问题事件。

【民族教育助学】 认真做好"2015年特困少数民族优秀学生入学专项补助"工作,全年争取到上级助学补助资金2万元,顺利解决了10名特困少数民族优秀学生入学难问题。其中新入学高中生5人,每人一次性补助1000元;新入学大学生5人,每人一次性补助3000元。

【抓好项目实施工程】 精心抓好项目的调研、申报和资金管理工作,积极争取国家、自治区少数民族发展专项资金。全年共争取到国家级和自治区本级少数民族发展资金180万元,少数民族工作经费7万元,全部用于实施"五路二园二水一灌"工程。五路即修建5条道路:在妙镇平良村琴八屯道路、那琴乡那通村板务屯道路、叫安镇三科村三科屯道路、南屏瑶族乡江坡村六细屯道路、南屏瑶族乡米强村琴排屯道路;二园即建设上思县民族特色产业种养示范园、上思县民族产业扶贫示范园;二水即续建叫安镇松柏村壮瑶村屯饮水工程和平江村饮水二、三期工程;一灌即南屏瑶族乡汪乐村岩良屯石崖茶及中草药基地灌溉工程,共计10个项目。项目实施后,解决了1万多人畜饮水困难问题,有效改善了当地少数民族群众的生产生活条件。

【扶持民贸民品企业】 落实国家民族政策,扶持民贸民品企业做大做强。一是为民贸民品企业协调办理优惠利率贷款相关事宜,全年为8家民贸民品企业争取到国家贴息金额2105万元,为企业降低了融资成本。二是组织民贸企业申报国家民委实施的民族贸易和民族特需商品定点生产企业"千家培育百家壮大"工程,促使广西恒拓集团仁盛制药有限公司和广西农垦糖业集团昌菱制糖有限公司2家企业被自治区民委列入"全国民族贸易和民族特需商品生产千家培育企业"。三是召开"2016年度民贸民品贷款贴息资金预测碰头会议",分析全县民贸民品企业发展情况,为下年度落实国家民族政策打好基

2015年,上思县特困少数民族优秀学生入学专项补助发放仪式

础。四是会同县财政局、中国人民银行上思支行组成联合检查组,就民贸民品企业流动资金贴息贷款使用、生产经营、政策落实等情况进行专项检查。通过努力,全年全县民贸民品企业认真贯彻执行国家民族政策相关规定,未发现任何违规行为。

【宗教设施维修】 争取到自治区宗教局下拨给上思县宗教设施维护经费2.5万元,且在有限的工作经费里挤出1万元,共计3.5万元,一并作为维修教堂和创建全国和谐宗教堂点(基督教福音堂)经费,下拨给全县6个宗教堂点,用于教堂维修,消除了安全隐患,保障了宗教活动的正常开展和创建工作的顺利开展。

上思县少数民族语言文字工作办公室

【机构设置和工作概况】 上思县少数民族语言文字工作办公室简称(县民语办),是县政府领导下的民族语言工作机构,负责组织、协调全县民族语言的推广工作。2015年,县民语办定编2人,设主任1人。

2015年,县民语办大力开展壮瑶文化调查研究,扎实抓好壮文和民族语使用的督查工作,继续抓好全县2个壮文进校保留点工作,有力促进了民族语文事业的发展。

【开展上思壮瑶文化调研】 2月,县民语办会同县山歌协会,到叫安、南屏、在妙等乡镇进行壮瑶文化调研。调研采取登门访问、集中座谈和演唱比赛等方式,共收集到约1万字的山歌原创作品,整理了壮语山歌50多首,瑶语山歌20多首,从中筛选了30多首壮瑶山歌翻译成汉语作品,如《离别留念旧情歌》《上思排村山歌》《排月山歌》《养子辛苦》《赌钱千万莫参加》等。这些山歌作品内容丰富,歌词巧妙运用赋比兴等创作手法,通俗易懂且妙趣横生,颇具上思文化特色。此外,还在南屏瑶族乡汪乐村收集到了"戒度"经书6种(受戒、炼度、度人神路、启灵、三献、安坦)。"戒度"经书是瑶族成年男丁"受戒"仪式上,道公巫师布道洗礼时诵念用的经书。

【民族语文在"三月三"活动中的使用工作】 主动与宣传、民族、广电新闻等部门沟通协调,在制定"三月三"活动方案和组织活动中加强民族语文使用。特别是活动的标语横幅、背景墙制作、宣传资料等,同时使用壮文字和汉字两种文字。2015年上思县"三月三"活动,组织得力,宣传广泛,内容丰富,亮点纷呈,群众参与性强。全县主要公共场所及有关单位悬挂的宣传横幅及标语,均使用壮汉两种文字。通过开展活动,使地方民族特色得到充分展示,同时,依法保障民族群众使用本民族语言文字的权利,进一步加强了民族语文的社会应用。

【开展少数民族语广播影视工作调研】 4月初至5月中旬,会同县文体广电部门到各乡镇和县城各单位、社区开展少数民族语广播影视工作调研。主要采取访谈和座谈的形式,了解和掌握群众对已开播的《上思壮话新闻》等民族语广播电视栏目的内容、播出时间、制作质量等方面的意见和建议。通过调研,获得了大量真实的材料,对县委、县政府做好少数民族语广播影视工作提供了决策参考依据。

【做好壮文进校保留点工作】 4月份,到思阳镇江平小学、县民族中学2个壮文进校保留点进行调研,到课堂观摩壮文教学活动,召开壮文任课教师、学校领导、家长和学生代表座谈会,深入学生家中,征求办好壮文进校保留点工作和学习壮文的意见和建议。在调研中发现,县壮文进校保留点壮文任课教师不稳定,个别壮文专业学校毕业的教师已改行。因受学而无用的影响,部分家长支持与配合度不够,学生学习壮文积极性不高,对壮文的学习、使用和推广造成较大影响。针对存在的这些问题,及时采取相应措施加以解决。

【壮语文社会应用情况检查调研】 9月下旬,防城港市民语委调研组和县民语办联合对上思县法定单位所悬挂的单位名称使用壮汉两种文字书写牌匾情况进行了专题调研。调研组共抽查32个单位,具体情况是:使用壮汉两种文字制作牌匾的有县四家班子、县纪委等13个单位,其余19个单位牌匾没有壮文,13个壮汉文牌匾普遍存在壮汉两种文字大小所占比例不相称等问题。针对法定单位名称使用壮汉两种文字书写牌匾存在的不规范问题,县民语办召开了专题研讨会,制定了整改方案及相应措施,报县人民政府同意,责令不规范或没有牌匾的单位在年底前落实整改,严格规范法定单位所悬挂的单位名称使用壮汉两种文字书写牌匾。

台湾事务

【机构设置和工作概况】 中共上思县委员会台湾工作办公室、上思县人民政府台湾事务办公室,简称上思县台办,是县委、县政府主管全县对台工作的办事机构,实行两块牌子、一个机构,加挂牌子在县委统战部。主要工作职能是组织、指导、管理、协调全县的对台工作。

2015年,县台办认真做好服务台胞台属工作,倾听台胞台属呼声,通过接待、走访、拜访等形式,加强与台胞台属的联系沟通,为他们办实事办好事。全年接待台胞3人次、台属6人次,走(拜)访台属7人次,在促进对台交往交流、对台宣传等方面发挥了积极作用。

2015 年 3 月 26 日，县台办主任黄彩艳（右）接待来大陆寻亲台胞梁惠敏女士（中）

信访工作

【机构设置和工作概况】 上思县信访局是县委县人民政府合设的信访机构，为正科级财政全额拨款行政单位。人员编制 3 人，2015 年 1 月—8 月，实有在职人员 5 人。设局长 1 人、副局长 2 人。9 月后，实有在职人员 3 人，设局长 1 人、副局长 1 人。县信访局局长不再由县政府办副主任兼任。县信访局局长、副局长分别兼任县信访工作联席会议办公室主任、副主任。县信访事项复查复核委员会办公室设在县信访局，办公室主任由县信访局局长兼任。

2015 年，县信访局认真贯彻落实中共十八大和十八届三中、四中、五中全会精神，按照党的十八届四中全会"把信访纳入法治轨道，保障合理合法诉求依照法律规定和程序就能得到合理合法的结果"的要求，围绕"依法信访"主题，创新群众工作方法，充分运用法治思维和法治方式，建立健全依法及时就地解决群众合理诉求机制，为上思社会经济持续平稳健康发展营造了良好的社会环境。

【群众来信来访处理】 县信访局全年受理群众来信来访总量 419 件 851 人次，其中来信 68 件，来访 350 件 782 人次（个体访 314 件 472 人次，集体访 36 件 310 次）。所有案件均按《信访条例》规定，依职能受理、交办、督办完成。

【领导大接访】 年内，县委、县人民政府把领导干部接访工作作为改进工作作风、化解信访难题、密切党群干群关系的重要举措来抓，县党政一把手亲自部署、亲力亲为，积极行动，不断加大接访力度和频率，及时化解各类信访问题，最大限度地降低、减少了群众越级上访和集体上访事件的发生。

【信访积案化解攻坚】 县委、县人民政府对化解信访积案工作高度重视，严格按照《上思县化解信访积案专项工作方案》的要求，加强组织协调和督导检查工作，扎实推进各项工作。年内妥善化解了自治区、市交给上思县办理的 7 件信访积案。

【信访体制机制创新】 按照加强和创新社会管理的要求，探索信访工作的新途径、新做法，用群众理念做好新时期信访工作。在全县各级各部门层层签订信访工作目标责任状，强化措施，严格考评，推动工作落实。按照"三到位，一处理"的要求，发挥信访工作在维护社会稳定中的作用。推行"阳光信访"和"网上信访"工作机制，2015 年，与自治区、市信访局开展信访网络互联互通。全国信访系统应用率和数据率达 100%，较好地将行政机关办理信访事项的全过程置于全县人民群众的监督之下，营造了公正透明的信访环境。

上思县机关事务管理局

【机构设置和工作概况】 上思县机关事务管理局为县人民政府直属财政全额拨款事业参公管理单位。2015 年，内设秘书股、会务股、后勤服务股、财务股、保卫股、公共机构节能股等 6 个股室，人员编制 44 名（其中机关事务局 18 名，增挂县四家班子机关后勤服务中心牌子人员编制 26 名），在编在职人员 39 人，其中参公事业编制 11 人，机关工勤事业编制 28 人。

2015 年，县机关事务管理局紧紧围绕县委、县政府中心工作，紧扣为县机关管理、服务、保障工作重点，认真贯彻中央八项规定和《厉行勤俭节约反对铺张浪费条例》，积极推进全县公共机构节能开展，加强全县公务用车管理及公务用车改革，切实降低机关运行成本，各项工作均取得显著成效，确保了县机关高效运转。

【后勤工作】 认真做好水电维修工作，保证机关正常的供水供电。全年共检修照明电灯 250 多个次，巡护维修水管 120 多处次，更换水龙头水阀 100 多个，空调机线路维修 80 多处，有力保证了机关干部职工正常工作和生活秩序。做好卫生保洁工作，努力创建"美丽庭院"单位，加强对重点区域整治力度，保持机关办公区、生活宿舍区干净明亮，为干部职工创造一个优良舒适的工作、生活环境。及时修缮各项设施，改善机关办公条件。修缮了县委、县人大、县政府办公楼公共卫生间。加强对各会议室空调、音响、灯光的维护，保证各种会议顺利进行。

【会务工作】 坚持把会务工作当作机关服务工作的第一窗口、第一形象抓牢、抓实，全面落实"三化"标准，全力提升会议服务水平。全年，共完成上级部门和县召开的各种会议 300 多次，接待参会人员 15000 多人次，制作各种会标横幅 150 多幅，出色地完成了各种会议服务工作。

【保卫工作】 加强安全保卫工作，在重大节假日前做好安全防范工作的全面检查，消除安全隐患，确保节假日期间机关办公区、生活宿舍区的安全。加强车辆出入停放管理，对车辆出入进行智能化管理，确保机关大院内的车辆停放整齐有序。加强消防安全工作，组织开展 10 余次消防安全检查，消除安全隐患，顺利实现县四家领导班子机关大院全年安全稳定"七无"责任目标。配合县信访部门做好信访案件处置工作。配合信访人员共接待群众信访 250 多次，接待上访群众 1500 多人次。

【财务工作】 做好县直机关 57 个单位以及本中心的财务管理，严格按照国家财会制度的规定，认真编制并严格执行财务计划预算，遵守各项收入制度、费用开支范围和标准，规范记账、算账、报账，做到手续完备、内容真实、数字准确、账目清楚、日清月结、按期报账，妥善保管会计凭证、账簿、报账等档案资料。

【公共机构节能工作】 按时收集能源资源消耗数据统计表，并及时向市节能办报送上思县每季度能源资源消耗统计数据。围绕 2015 年节能宣传周活动"节能有道节俭有德"主题以及低碳日活动"低碳城市宜居可持续"主题，积极开展公共机构节能宣传活动，通过展示活动宣传栏、悬挂节能宣传主题标语、发放节能画册和宣传小贴士，传播生态文明理念，切实提高节能降碳意识。协商上思县恒兴废旧物资回收有限公司签订了《资源回收协议书》，并在县委办公区域内设置了资源回收室，指定有专人负责废旧商品的回收工作。加强公共机构能源计量督查工作，会同县质量技术监督局分别对各乡镇、县直各有关单位公共机构的计量器具使用及管理情况进行督查，并对不符合计量工作的单位提出整改意见，限期整改，有效地提高了全县能源资源计量标准化、规范化水平。

政协上思县委员会

【机构设置及工作概况】 2015 年，政协上思县第七届委员会设主席 1 名、副主席 4 名（其中中共党员 2 名，无党派 2 名），副调研员 1 名，秘书长 1 名，常务委员 21 名，政协委员 143 名。委员会下设办公室和提案经济法制委员会、学习科教文卫体史委员会 2 个专门委员会，共 3 个正科级机构。

年内，县政协认真学习贯彻中共十八大和十八届三中、四中、五中全会以及中共中央总书记习近平系列重要讲话精神，坚持团结和民主两大主题，认真履行政治协商、民主监督、参政议政三大职能，为全县经济社会改革发展作出了积极贡献。

积极探索协商新形式,重点就进一步加快全县非公经济发展、做强做大蔗糖产业、发展澳洲坚果产业、改善城乡教育布局、加快推进上思诗词文化建设、推进扶贫救灾救济等事关全县经济社会发展和民生改善等重大问题,进行议政建言,开展对口协商、专题协商、提案办理协商;主动邀请"一府两院"及有关部门通报工作;有6名委员在全委会上作议政发言,形成6个专题报告;认真开展民主监督,充分发挥政协委员的行风监督员作用。年内,组织委员参加县法院和县检察院的开放日活动、县公安局交通管理大队召开的道路交通事故证据公开会、县住建局举办的2015年上思县廉租房实物配租抽签分配活动、推行权利清单制度工作专家评审会专家组、质量兴县执法检查组、永福大道征地搬迁联合执法行动、配合县委推行"一线工作法"等监督活动。

全年县政协委员共提出62件提案,年内选择10件人民群众普遍关心、社会普遍关注的提案作为重点提案,由县政协领导牵头进行督办,推动提案办理工作取得好的效果。县政协委员和县政协机关干部职工以"一线工作法"为活动载体,深入基层、企业,了解和反映社情民意,与困难企业、困难家庭、困难学生结成帮扶对子,办实事办好事。

年内,召开全委会议1次,常委会议6次,主席会议7次,专委会议5次,对口协商会、提案办理协商会、专题调研座谈会等会议22次。2015年,县政协工作得到自治区政协、防城港市政协好评,县政协主席李健全在全区市县政协工作经验交流会上作了先进典型发言。

【县政协七届五次会议】 3月10日—12日在县城召开。中共上思县委书记张惠强参加会议并在开幕大会上作重要讲话。会议审议通过县政协主席李健全作的县政协七届常委会工作报告,副主席侯卫军作的县政协七届四次会议以来提案工作情况报告;江狮、冯海鹏、梁慧吉、王瑞旭、李广凤、黎开明等6名委员,分别就上思非公有制经济发展、制糖业发展、澳洲坚果产业发展、设立"特重大疾病扶贫救助基金"、推进上思诗词文化建设等专题,在大会上作议政发言;列席县十五届人民代表大会

五次会议,听取并讨论代县长黄炳利所作的《政府工作报告》及其他报告。本次会议共收到委员提案62件,经提案经济法制委员会审查,立案60件。审议通过了大会各项决议。县政协主席李健全作闭幕讲话。

【县政协常委会议】 2015年,共召开6次常委会议,即县政协七届十四次至十九次常委会议。

七届十四次常委会议 3月6日召开,县政协主席李健全主持。会议讨论通过了关于召开政协上思县第七届委员会第五次会议的决定;讨论通过了政协上思县第七届委员会第五次会议议程和大会日程;讨论通过了大会列席人员范围和会议列席、特邀人员名单;讨论通过了大会议政发言方案;讨论通过了大会讨论组划分及召集人名单;讨论通过了政协上思县第七届常务委员会工作报告和七届四次会议以来提案工作报告草案;讨论通过了大会政治决议草案;会议决定由县政协主席李健全代表县政协七届常委会在五次全体会议上作常委会工作报告,由侯卫军副主席代表县政协七届常委会在五次全体会议上作七届四次会议以来提案工作报告;由县政协提案委主任姚子力代表常委会在五次全体会议上作政协七届五次会议提案审查情况报告。会议通过了有关人事事项,增补李科、张秀梅等2人为政协上思县第七届委员会委员。

七届十五次常委会议 4月9日召开,县政协副主席农克产主持。会议分两个阶段进行。第一阶段,在县政协四楼常委会议室集中开会。会议传达学习了全国政协十二届三次会议精神;讨论通过了县政协2015年度协商工作计划;讨论通过了县政协常务委员会2015年工作要点及2015年政协重点提案督办方案。县政协主席李健全在会上作重要讲话,要求各位常委要认真学习有关文件精神,掌握好政策,在思想、行动上要与党中央保持高度一致;要主动适应经济发展新常态,积极建言献策;要主动发挥政协委员主体作用,加强民主协商实践,做好提案等日常工作。第二阶段,视察南屏乡扶贫和城镇建设工作。常委们通过现场视察和听取南屏乡主要领导汇报,对南屏乡的扶贫和城镇化建设工作表示满意。

七届十六次常委会议 7月14日召开,县政协副主席农克产主持。会议分两个阶段进行。第一阶段,在县政协四楼常委会议室集中开会。会议讨论通过了关于建立乡镇政协委员活动室的建议。会上,县政协主席李健全要求县政协常委要加强自身建设,认真落实好县委"一线工作法",围绕本职做好调查研究,认真落实好廉洁自律各项有关规定。第二阶段,到在妙镇七门敬老院和在妙镇卫生院视察。

七届十七次常委会议 10月22日召开,县政协副主席农克产主持。会议分两个阶段进行。第一阶段,在县政协四楼常委会议室集中开会。会议学习贯彻了全区、全市政协工作会议精神,传达学习自治区政协十一届十四次常委会议和全区政协新闻宣传暨报刊工作会议精神。会上,县政协主席李健全讲话强调,县政协常委要加强学习,把握大局;要按照"三严三实"要求,服务中心,完成好工作任务;要加强党风廉政建设和常委会自身建设。第二阶段,视察那琴乡联惠村寺蒙新农村建设、华威木业有限公司以及龙江桥头立面改造工程。常委们在视察过程中,提出了许多建设性的意见和建议。

七届十八次常委会议 11月25日召开,县政协主席李健全主持。会议邀请县长黄炳利及县发改局、财政局主要领导参加并通报工作。会上,县长黄炳利通报了上思县2015年前三季度经济运行情况,并就制定和实施上思县经济社会发展

"十三五"规划有关问题征求与会常委、列席会议委员的意见和建议。与会常委和委员认真深入开展讨论协商,积极围绕全面制定和实施上思"十三五"规划等许多重大问题,提出了很多具有建设性的意见和建议。

七届十九次常委会议 12月28日召开,县政协主席李健全主持。会议听取县人民法院院长刘桎开、县人民检察院检察长李庆章通报2015年县人民法院和县人民检察院工作情况;组织学习《中国共产党廉洁自律准则》《中国共产党纪律处分条例》和《中共中央关于制定国民经济和社会发展第十三个五年规划的建议》;协商讨论通过中共上思县委有关人事任免提名文件,任周丹为政协上思县委员会提案经济法制委员会副主任,免去谭领贤的政协上思县委员会提案经济法制委员会副主任职务。会议还组织开展了视察活动,常委会议组成人员先后视察了那琴乡排柳村红香橙高产种植示范园、奇山秀水农业科技开发有限公司牛大力育苗基地。

【县政协主席会议】 年内召开7次主席会议,即县政协七届二十一次至二十七次主席会议。

七届二十一次主席会议 1月22日召开,县政协主席李健全主持。会议讨论通过了召开县政协七届五次会议的请示;讨论通过县政协七届五次会议议程;讨论通过县政协七届五次会议日程;讨论通过县政协七届五次会议列席人员范围和列席人员名单;讨论修改县政协七届常委会工作报告和提案工作报告;讨论通过常委会工作报告和提案工作报告的报告人。

七届二十二次主席会议 3月26日召开,县政协主席李健全主持。会议讨论通过了县政协2015年度协商工作计划;讨论通过了县政协常委会2015年工作要点;讨论通过了2014年上思县政协提案办理工作绩效考评汇总表。

七届二十三次主席会议 5月6日召开,县政协主席李健全主持。会议讨论通过了《上思县林业产业现状

5月5日,上思县政协委员视察澳洲坚果育苗基地
县政协办 摄

及发展对策报告》，并同意转为主席会议建议案提交县委、县政府及有关部门作工作参考；讨论通过了县政协主席、副主席、副调研员工作分工安排。县政协主席李健全在会上提出要抓紧委员小组活动和重点提案督办活动，落实好各项中心工作，并决定组成考察组，由县政协副主席农克产带队，赴横县考察学习在乡镇建立政协工作机构的工作经验。

七届二十四次主席会议　6月24日召开，县政协主席李健全主持。会议讨论修改了《关于横县创建乡镇政协委员活动室的考察学习报告》；讨论通过了七届县政协十六次常委会议的建议议程。县政协主席李健全在会上提出抓好干部思想稳定的重要性，并对委员小组活动、重点提案督办、挂钩点工作和"七一"慰问活动等工作做出部署。

七届二十五次主席会议　9月6日召开，县政协主席李健全主持。会议讨论通过了《关于上思县乡镇卫生院人才队伍建设的调研报告》，并决定以主席会议建议案形式提交县委、县政府作决策参考；讨论通过了七届县政协十七次常委会议的建议议程。县政协主席李健全在会上提出抓好"一线工作法"的落实和当前干部的思想稳定工作。

七届二十六次主席会议　11月20日召开，县政协主席李健全主持。会议讨论通过《上思政协三十年(1986—2016)》编辑出版工作的有关事项；落实县政协党组"三严三实"专题教育活动相关工作及年底工作有关安排。通报了全县近期发生在群众身边的腐败问题，要求县政协班子领导和政协机关干部加强廉洁自律，严格遵纪守法。

七届二十七次主席会议　12月28日召开，县政协主席李健全主持。会议讨论通过了召开县政协七届十九次常委会议的有关事项。

【**专题协商**】　年内举行专题协商会5次。

1月7日，县政协主席李健全主持召开县政协委员接待日活动，政协委员结合本职工作和政协履

11月25日，上思县政协召开常委会会议，听取上思县县长黄炳利作全县经济运行情况通报和征求上思县关于制定"十三五"规划的意见建议　　　　　　县政协办　摄

职实际，分别就甘蔗生产、广场舞噪声、农村养老、教师队伍建设、预防青少年违法犯罪等问题畅所欲言，积极提意见和建议。

6月18日，县政协副主席张显超组织县政协第三委员活动小组，对《关于在中华路从县国税局至三华桥路段安装路灯的建议》和《关于解决城南开发区水淹问题的建议》的提案进行协商督办。邀请承办单位与委员举行座谈会，有效推动了政协提案的办理落实。

6月29日，县政协副主席农克产组织县政协第二委员活动小组，对重点提案《关于对县城区园林绿化管护的建议》进行视察督办。邀请提案承办单位县住建局与委员进行座谈，就如何推进县城区绿化和管护工作进行协商，增进了政协委员与提案承办单位的沟通，提高了提案办理实效。

6月29日，县政协副主席侯卫军组织部分政协委员对《关于加快上思县澳洲坚果产业发展的建议》的提案进行视察督办。提案承办单位县水果办领导和委员们实地视察了澳洲坚果产业示范基地，通过视察和听取县水果办的汇报，了解了提案办理进展情况及当前上思澳洲坚果产业发展现状、发展思路等有关情况。

7月2日，县政协副主席卢海清组织县政协第四委员活动小组，对重点提案《关于农村留守儿童教育的几点建议》落实情况进行现场视察督办。邀

请提案承办单位县教育局与委员召开座谈会,共商解决农村留守儿童教育问题的措施和办法。

【专题视察调研】 年内开展重要视察调研活动2次。

4月,县政协组织专题调研组对上思林业产业化问题进行调研。调研组召开了有县林业和旅游部门领导与专家、林业林产企业代表以及社会有关人士参加的座谈会,广泛听取各方面的意见和建议,到田林县考察学习其林业产业化发展经验,到广西阳光木业公司实地考察林业林产企业生产情况。在此基础上形成了《上思县林业产业现状及加快发展意见建议》的调研报告。5月6日,县政协七届委员会二十三次主席会议讨论并通过该报告,决定以主席会议建议案向县委、县政府及有关部门提出意见和建议。建议案得到县委、县政府高度重视,并采纳了建议案的意见,决定成立上思县木材产业发展指挥部,由县政协主席李健全担任指挥长,负责统筹推进全县木材加工产业发展。

8月,县政协成立调研组,就乡镇卫生院人才队伍建设开展调研,形成了《关于上思县乡镇卫生院人才队伍建设的调研报告》。报告以主席会议建议案形式提交县委、县政府作决策参考,得到县委、县政府的高度重视。8月21日,县委常委会议专题听取了上思县卫生振兴工作情况汇报,会议要求县政府及各有关部门要高度重视乡镇卫生院人才队伍建设,加大对卫生工作的投入,在人员配备等方面予以保障。

【提案工作】

县政协七届五次会议以来,全体政协委员和政协各参加单位,紧紧围绕全县中心工作和人民群众普遍关心的热点、难点问题,深入调查研究,从不同的角度,不同的层次,积极建言献策,共提出提案62件。经审查,立案60件,立案率为96.8%。其中,经济建设方面9件,城乡建设管理方面28件,社会事业、文化、服务等方面13件,社会和谐建设方面10件。经研究协商,60件提案交由县委、县政府28个部门单位承办,办结率为100%。从办理情况看,提案所提问题和建议得到或基本得到解决和采纳的20件,占交办提案总数的33.3%;正在解决或已列入计划即将解决的37件,占立案总数的61.6%;受政策、权限等因素影响而短期内难以解决的3件,占立案总数的5%。从提案办理信息反馈方面看,委员满意率达95%,其中委员对39件提案的办理结果表示满意,对18件提案的办理结果表示基本满意。62件提案涵盖了全县经济和社会发展的各个方面,提出了许多很好的意见和建议,如李广凤委员提出的《关于设立上思县"特重大疾病精准扶贫救助基金"的建议》,为县委、县政府民主决策、科学决策提供了参考依据,县政府研究决定,从县财政拨款100万元设立特重大疾病精准扶贫救助基金,用于解决因病返贫困难户的经济困难问题。

县政协十分重视提案工作。年内,选择10件人民群众普遍关心、社会普遍关注的提案作为重点提案,由县政协正、副主席分别牵头,通过开展委员小组活动或召开提案办理协商会议形式,督促提案承办单位切实抓好提案办理落实。通过以点带面,不断推动提案办理工作取得好效果,充分发挥提案在促进经济社会各项事业发展中的积极作用。县政协领导亲力亲为,推动重点提案办理。如李健全主席就《关于加快上思县蔗糖产业健康发展

12月17日—18日,上思县政协组织委员赴天等、大新县学习考察新农村建设　　　　　县政协办　摄

的建议》开展督办活动,带领部分委员深入到优质高产高糖糖料蔗示范基地进行视察,围绕加快全县"双高"基地建设提出了可行的意见和建议,有效推动了提案的办理,有力助推了全县"双高"基地建设的顺利开展。年内,县政协将政协提案办理工作纳入绩效考评范畴,制定了《上思县政协提案办理绩效考评评分办法》,严格将承办单位办理提案质量与绩效考评挂钩,促使承办单位认真办理政协提案,落实措施有力,办出成效。

为学习借鉴自治区政协编撰出版政协文史资料工作经验,上思县政协副主席张显超(左三)、卢海清(左二)率领政协机关有关人员赴广西政协文史馆参观学习。图为认真听区政协文史馆工作人员讲解   县政协办 摄

【政协委员与机关管理】 县政协党组认真开展"三严三实"专题教育活动,并以此为契机,进一步强化委员队伍管理,切实推动政协机关建设,政协整体工作水平进一步提升。重点以委员小组为单位,以活动为载体,大力推行县委倡导的"一线工作法",推动委员自觉履行好职责。广大政协委员立足本职岗位,围绕全县工作中心和发展大局,积极参与"征地拆迁在一线、项目推进在一线、服务群众在一线",扎实履职,献计出力。年内,县政协委员继续与困难微小企业、困难家庭、困难学生结成帮扶对子,积极办实事、办好事。在开展"委员深入企业、深入基层,了解社情民意"活动中,政协委员及时收集和向党委、政府和有关部门反映社情民意。县政协领导班子和机关工作人员深入挂钩乡村点,有效推进美丽乡村、精准扶贫等各项工作,取得良好的工作效果。

【政协文史与宣传工作】 县政协十分重视政协文史工作。2015年,在上年政协史料的收集整理工作的基础上,继续收集整理《上思政协三十年(1986—2016)》资料。6月15日,主席交办会决定,将7月定为政协史料收集整理攻坚突击月,《上思政协三十年(1986—2016)》资料文集争取在2016年4月前出版发行。2015年7、8月间,李健全主席召开了5次审稿会,对一至七届政协史料进行全面审核。

认真抓好政协宣传和宣传政协工作。8月28日,县政协学习科教文卫体史委、县诗词学会共同举办纪念中国人民抗日战争胜利70周年创作诗词吟诵暨辛亥革命元老关仁甫《抗日诗》赏析会,政协委员参与诗词文化创作活动更加活跃。政协机关干部积极向《人民政协报》《广西政协报》《防城港日报》和《防城港市政协信息网》等新闻媒体投稿,被采用120多篇(条)。县政协被自治区政协办公厅评为2015年度新闻宣传工作先进单位,学习科教文卫体史委陆树良被自治区政协办公厅评为《广西政协报》优秀通讯员。

【政协考察与交流】

4月23日至24日,上思县政协主席李健全带队赴百色市田林县考察学习林业发展先进工作经验。

5月17日至23日,上思县政协主席李健全参加由防城港市政协组织的养生养老专题调研组,赴黑龙江学习考察。

5月21日至22日,上思县政协副主席农克产率考察组赴横县考察学习该县政协履职特别是在乡镇设立政协工作机构方面的经验,考察结束后形成《关于在上思县乡镇设立政协工作机构的建议》,提交县委、县政府作决策参考。

6月3日至4日,宁明县政协副主席凌卫宏一行18人到上思县考察汛期防洪、现代农业及城市化建设工作,考察组一行考察了公正乡澳洲坚果种植基地及育苗基地、那板水库以及明江新城。上思县政协副主席侯卫军陪同考察。

7月22日至23日,上海海运(集团)党委书记蔡振洲一行5人到上思县考察调研。考察组考察了十万大山国家森林公园、昌菱朗姆酒产业。上思县政协副主席农克产陪同考察。

9月7日至9日,福建省宁德市柘荣县政协主席王鼎秦一行10人到上思县考察养老养生产业发展工作。考察组一行考察了那琴乡敬老院、上思县老年活动中心、昌菱朗姆酒产业等。上思县政协主席李健全、副主席农克产陪同考察。

12月7日至9日,上思县政协主席李健全参加由防城港市政协组织的赴深圳视察活动,向港澳委员通报防城港市(上思县)经济社会发展情况,并听取港澳地区委员履职情况汇报。

12月17日至18日,上思县政协主席李健全率县政协委员一行15人赴大新县、天等县开展考察学习活动。

【上级和外地政协领导考察调研与慰问活动】

2月9日,自治区政协副主席磨长英一行5人,到上思县思阳镇昌墩村开展春节前走访慰问活动。

2月10日,防城港市政协主席赵发旗率市直有关单位领导,到扶贫挂钩联系村——思阳镇玉学村开展春节慰问活动。

3月18日,柳州市政协常务副主席崔放明一行8人,到上思县叫安镇皇袍山考察水源林植被保护情况。防城港市政协副主席倪耀中,防城港市政协秘书长申时荣,上思县政协主席李健全陪同考察。

3月30日,防城港市政协副秘书长苏若仲率市经科委有关人员到思阳镇玉学村开展扶贫调研活动。

3月30日,防城港市政协副主席彭景东带队,有市政协机关、市民政局、市人社局、市卫计委、市旅发委等单位人员组成的调研组,到上思县开展推进防城港市以养老养生为重点的服务业发展专题调研活动。调研组实地考察了县老年活动中心、叫安镇百包村幸福院、那当村幸福院和十万大山国家森林公园,召开了座谈会,详细了解上思养老养生服务和生态旅游发展情况,分析存在的问题,探讨、提出了加快以养老养生为重点的服务业和生态旅游业发展的对策。

6月3日,防城港市政协副主席庞章辉率调研组到上思县开展"加强食品安全监督管理"专题调研。调研组考察了龙楼奶牛场、思阳镇现代农业示范园区建设,并听取了食品安全监管领域各相关职能部门的工作情况介绍。上思县政协主席李健全陪同调研。

9月23日,防城港市政协副主席凌军率市政协第二活动小组委员,到南屏瑶族乡婆凡小学开展以政协委员"情系贫困·委员善行"为主题的助推教育扶贫活动。

9月29日,防城港市政协主席赵发旗率市政协领导和委员,分别到叫安初中、上思中学、上思民族中学开展以政协委员"情系贫困·委员善行"为主题的助推教育扶贫活动。

10月21日,防城港市政协副主席庞章辉率市政协机关干部,到上思县开展市政协委员接待日活动。

人民团体

上思县总工会

【机构设置和工作概况】 2015年,上思县总工会定编人员4名,其中行政编制3名,机关后勤控制数1名。下辖县工人文化宫(事业单位,在职在编人员1人)。县总工会设主席1人(由县人大常委会副主任兼任),常务副主席1人,副主席1人。

2015年,县总工会认真贯彻落实中共十八届三中、四中、五中全会精神,以推动上思经济持续稳定发展为要务,以维护职工合法权益、促进劳动关系和谐为重点,以抓好建功立业活动、职工素质工程、维权机制建设、困难职工帮扶工作为着力点,牢牢把握时代主题,充分调动广大职工的主动性、积极性和创新性,切实维护职工权益,在服务发展、服务职工中充分发挥工会组织的积极作用,各项工作有序推进并取得了较好的成绩。

【工会组织建设】 2015年,全县非公企业法人单位数据库572家,年内完成工会组建571家,组建率99.82%;全县非公企业法人单位数据库职工14836人,入会14612人,入会率99.22%;全县非公企业法人单位数据库内25人以上的企业职工11670人,入会率为99.42%。

【实施帮扶关爱工程】 2015年,县总

工会开展"面对面、心贴心、实打实服务职工在基层"帮扶送温暖活动。元旦、春节期间,慰问20家困难企业事业单位,慰问困难职工1357人,发放慰问金29.49万元。开展"暖流行动",为返乡返城农民工免费提供取暖设施,免费提供粥、热水、快食面、饼干等食品,免费提供简便的医疗服务,免费打电话给家人报平安等,共服务农民工1800多人,投入资金5650元。开展"医疗救助、生活救助、金秋助学"等活动,其中医疗救助22人,生活救助11人,金秋助学救助72人,合计发放救助金18.5万元。开展"送清凉"活动,深入到县环卫站看望慰问201名职工,送去了毛巾、绿豆、矿泉水等物品,价值6192.3元。组织劳模参加自治区总工会疗休养活动,其中全国劳模1人,一线职工24人;组织17名自治区劳模、100名困难企业下岗女职工到县人民医院进行免费体检;开展"慰问劳模关爱活动",对上思县7名困难自治区劳模和先进工作者进行慰

12月,县人大常委会副主任、总工会主席黄桂英(右)到华兰镇华城村慰问留守儿童

7月,县委常委、副县长叶吉富(左二),县人大常委会副主任、总工会主席黄桂英(左一)到县环卫站慰问环卫工人间,发放慰问金3.91万元。开展"关爱留守儿童"活动,慰问农民工困难家庭留守儿童2人,共发放慰问金1400元。

【职工医疗互助保障】 2015年,全县职工医保任务4490份,年内完成5627份,共为16名患病干部职工办理赔付15.25万元。

【职工素质工程】 全年,县总工会开展创争活动的单位有588个,建制率达91%。继续推进"职工书屋"建设和职工读书活动,全县共计建立职工文化室、图书室(职工书屋)87家,其中全国级1个,区级7个,市级3个,县级14个,基层本级62个。

【职工文化建设工程】 积极配合县委宣传部、县文体广电局举办迎春文艺晚会;组织开展门球、地掷球、象棋等项目比赛活动和包粽子、斗鸡、斗鸟等特色比赛活动;配合开展以"文化进万家,共筑中国梦"为主题的春节送戏下乡活动15场;支持基层工会开展各种文体活动,出资5000元支持广西上上糖业有限公司开展新春气排球、拔河比赛、知识问答、"新春书画、摄影比赛"活动和"元宵节猜谜活动"。出资3000元支持县实验小学教职工开展气

排球比赛;"五一"期间会同县文体广电局举办了全县职工气排球比赛活动;积极配合相关部门开展法制、禁毒、综治和平安建设、民主团结和妇女权益法、劳模进校园等宣传教育活动,制作悬挂法制宣传条幅,印发各种相关宣传资料600多份。

【维权维稳工作】 年内,上思县总工会职工法律援助服务站正式独立挂牌办公,该职工法律援助服务站成员有9人,其中专职律师5人,兼职律师(志愿者)2人。服务站工作制度健全,每个工作日都安排律师值班,竭诚为到访职工提供法律援助服务,及时受理职工的每一件求助和投诉,做到"有求必应、有援尽援"。全年共受理职工来电咨询50人次,接待职工来访80人次,提供困难职工法律援助14次,其中代文12次,受理案件2件。参加劳动争议仲裁庭开庭审理案件12起,参加法院开庭案件2起。抓好工资集体协商签订工资协议工作,签订率达86.7%。

共青团上思县委员会

【共青团组织概况】 2015年,共青团上思县委员会(简称团县委)实有人数6人,在编人员3人,其

2015年6月,在妙镇团委开展"六一"志愿服务行动

中设书记1人、副书记1人、西部计划志愿者3人。年内全县新成立"两新"组织团支部8个，其中非公企业团支部2个，合作社团支部6个。2015年度有1人荣获全国优秀少先队员称号，71人荣获防城港市优秀少先队员称号，13人荣获防城港市优秀辅导员称号，12个单位荣获防城港市优秀少先队集体称号。

【服务青年就业创业】 会同县农业局、县林业局、县水产畜牧兽医局、县扶贫办等单位，开展就业创业青年技能培训2期，培训农村青年200多人。推进青农电商培养计划，支持农村青年网上创业。年内，举办电子商务培训1期，参训人员110人。联合县就业中心，通过电视、信息栏、网络等方式，及时向广大青年传递就业培训信息，受惠青年900多人。依托青年就业创业见习基地，为青年提供见习岗位80多个。积极为青年创业者融资提供服务，获得防城港市青年创业促进会创业基金7人，共计35万元；获得党内关爱创业基金15人，共计77万元。创业项目涵盖饮食、服饰、生猪肉牛养殖等领域。

【开展志愿者服务活动】 年内，开展关爱农民工子女志愿服务活动21场次，参与志愿者200多人次，慰问留守儿童500多人，发放爱心物资折合人民币5万多元。组织17个基层团组织、青年文明号集体、爱心志愿服务单位等，到县城街心公园开展大型志愿者服务活动，当日参加活动志愿者有45人，发放宣传资料15000多份，免费测量血压130多人，提供法律咨询35次。继续开展大、中学生"1+1"基层培养计划。组织46名返乡优秀大、中学生到基层团组织挂职锻炼。联合县交警部门开展礼让斑马线志愿服务活动，参与大学生志愿者有30多人，发放宣传资料600多份。

【引导青少年健康成长】 坚持用社会主义核心价值体系教育引导青少年，深入开展学习实践科学发展观活动，加强青年理论武装工作，青少年的理

2015年1月，志愿者迎接返乡农民

想信念更加坚定。紧紧抓住纪念"五四"运动、建党日、建团日、六一、国庆等重要契机，广泛开展"高举团旗跟党走""学党史、知党情、跟党走""红领巾相约中国梦""中国梦——我的美好生活""社会主义核心价值观记心中"等主题活动，引导青少年坚定理想信念，按照"四个新一代"的要求健康成长。

【创新青少年维权工作】 年内，联合县法院推出"模拟法庭进校园、社区"，相继在学校、社区、乡镇圩场等开展活动，共计有6000多名青少年参与并从中获得启示教育。全县有4家单位争创防城港市"青少年维权岗"。

上思县妇女联合会

【机构设置及工作概况】 上思县妇女联合会（简称县妇联）为正科级单位，是县委领导下的人民团体。2015年，在编人员3人，设有主席1人、副主席1人、副主任科员1人。

年内，县妇联主动适应经济发展新常态，强化引导和服务，组织开展巾帼建功行动、巾帼成才行动，抓好妇女创业就业扶持工程、妇女人才"双培"工程、"美丽家庭"和谐创建工程，充分调动广大妇女投身改革发展的积极性、主动性、创造性，取得明

6月,县妇联、县法院到叫安镇百包村及良教学点慰问该校全体师生,为瑶族儿童送上了学习、生活用品一批

显成效。

【统筹城乡妇女发展】 县妇联会同相关单位,积极开展妇女小额担保贷款工作。年内共发放贷款金额59万元,扶持10户妇女,续贷6980万元,帮助解决其发展资金困难的问题。加大资金投入,年内创建县级巾帼科技示范基地7个,其中上思县阳春蛇类养殖有限公司被确定为自治区巾帼科技示范基地;上思县思阳镇大棚西瓜种植示范基地、广西奇山秀水农业开发公司上思县巾帼牛大力种植示范基地、上思县富晓养殖专业合作社巾帼林下养鸡场示范基地、广西上思县宝能黄牛养殖场,被确定为防城港市巾帼现代科技示范基地。年内,依托"基地"发展了巾帼科技特派员8人,使全县巾帼科技特派员队伍扩增到25人,培训并带动了1500名妇女脱贫。

【妇女儿童发展环境】 县妇联加强农村留守妇女儿童工作。在春节、"六一"、中秋节期间对留守妇女、儿童开展了慰问活动。全县各级妇联联合相关部门,组织走访慰问贫困儿童和留守儿童70多名,赠送价值4万多元的学习用品和体育器材。给100名贫困母亲发放100份"母亲邮

包"。争取到全国妇联给全县5名患"两癌"贫困妇女救助金5万元。创建自治区级示范"儿童之家"3所,县级示范性"儿童家园"2所。抓好妇女儿童维权工作。年内,举办妇女维权宣传活动23次,接受群众咨询200多人次,发放《妇女儿童维权常用知识问答》等宣传资料10000多份。组织开展"千万妇女学法律 弘扬法治促和谐"宣讲活动,到农村2个"妇女之家"、3个乡中心小学开展法治宣传和妇女维权宣传教育活动5场,受训妇女700多人。

【参与社会管理和创新】 2015年,县妇联依托村级"妇女之家"和网络、电视台等新媒体,开展"寻找"活动。年内,全县共举办"美丽家庭"大讲堂5场,"美丽家庭"故事分享会2次,家训家规评议会8次,寻找出"美丽家庭"115户,共评议出县级美丽家庭12户,其中1户入选广西"美丽家庭"。围绕"清洁乡村·美丽家庭"活动,全县组建巾帼志愿保洁队89支,队员达到980多人。为清洁乡村筹措社会资金1.1万元,赠送实物价值1.3万元。举办庆"三八"暨现代女性大讲堂活动1场,"三八"文艺会议、文艺晚会、歌舞比赛、知识讲座等活动10场,气排球比赛等体育比赛8场,丰富了女性精神文化生活。

12月,上思县妇联开展"千万妇女学法律 弘扬法治促和谐"活动

【妇联基层组织建设】 2015年,县妇联深入开展"星级妇女之家"创建工作,全县创建自治区五星级"妇女之家"3个,防城港市四星级"妇女儿童之家"3个,三星级"妇女之家"72个。依托"妇女之家"组建巾帼志愿者队伍87支。在妇女比较集中的县地税局,建立了1个"妇女之家"。

上思县红十字会

【机构设置和工作概况】 上思县红十字会是县委领导下的人民团体,属正科级单位。2015年,人员定编3名,会长由副县长冯培聪兼任,设专职副会长2名、专职干事1名。

2015年,县红十字会以《中华人民共和国红十字会法》为行动准绳,秉承"人道、博爱、奉献"的精神,围绕中心,服从大局,服务民生,扎实开展应急救护知识培训,在人道救助、组织建设、志愿服务等方面发挥了积极作用。

【应急救护知识培训】 年内,县红十字会认真做好红十字救护工作,举办了4期应急救护知识培训,授课老师均是2014年以来获得的应急救护师资证的县红十字会工作人员及志愿者,结束了上思历年外聘培训师授课的历史,救护知识走进机关、走进企业、走进学校和社区。一是与广西安全生产职业培训中心及县安监局联合办班,对全县8个乡镇、县直40个安委会成员单位及全县大中型企业的主要领导、分管领导及安全员,进行急救知识培训2期,受训人数283人,发放宣传资料800多份。二是到思阳镇初中开展预防溺水及溺水的急救方法培训,并发放急救知识宣传资料2000多份。三是为社区居民培训了突发心脑血管疾病的急救方法、心肺复苏及海氏急救法等,通过培训提高了社区居民的自救和互救能力。

【中学生参加自救互救知识竞赛】 年内,县红十字会组织县内100名中学生参加2015年全国红十字青少年自救互救知识竞赛,其中有3名参赛学生分别荣获防城港赛区二等奖、三等奖和优秀奖。

【红十字救助工作】 年内,县红十字会认真做好红十字救助工作。帮助2名患病儿童,申请到自治区红十字会"小天使"基金救助6万元。县红十字会与县教育局、团县委联合发出倡议书,为叫安中心校一名四年级学生治疗白血病筹款,共筹到善款3万多元;开展"红十字博爱送万家"活动,在元旦、春节期间慰问了65户困难家庭,发放红十字会家庭温暖箱65个,价值19370元。

上思县科学技术协会

【机构设置及工作概况】 上思县科学技术协会(简称县科协)编制数3人,实有人数5人,属事业性正科级单位。设主席1人、副主席1人、科员1人。2015年,全县有各种专业技术协会42个,会员2281人。

2015年,县科协在县委、县政府的正确领导和上级科协的指导下,全面贯彻落实中共十八大和十八届三中、四中全会精神,深入学习贯彻中共中央总书记习近平系列重要讲话精神,坚持"围绕中心,服务大局,抢抓机遇,突出特色,创新发展,务求实效"的工作思路,认真践行"三严三实",充分挖掘科技团体资源,积极开展创新创业服务,着力提高全民科学素质,努力为广大科技工作者做好服务,各项工作稳步推进,取得了新成效。

【开展"六项"科普行动】 年内,县科协紧密围绕县委、县政府的中心工作和实施创新驱动发展战略,组织开展"六项"科普行动,全力推动上思科协事业创新发展。一是开展科技工作建言献策行动。充分发挥科技人员的作用,组织动员科技工作者围绕全县中心工作的热点问题,积极建言献策,全年组织学术交流活动2次,献计献策20多条。二是开展服务科技工作者行动。召开科技工作者座谈会2次,慰问科技工作者12人,帮助解决问题4件。三是开展生态乡村科普行动。7月21日,自治区科协少数民族科普工作队到那琴乡龙楼村举办"美丽广西·生态乡村"科普行动,发放科普资料2000多份,赠送龙楼小学价值4000多元学习用品。11月

20日,防城港市科协到南屏瑶族乡枯叫村举办"美丽广西·生态乡村"科普活动,赠送科普资料1500多份,赠送枯叫小学学生4000多元学习用品,受到当地干部群众和师生的欢迎。四是开展科普惠民行动。组织参加全国"基层科普行动计划"和全区"科普惠农乡村计划",成效显著,荣获自治区表彰项目1个,防城港市表彰项目3个。五是开展"五个一"培训行动。整合技术力量,共举办农村种养实用技术培训班、城镇劳动就业培训班20多期,有效提高农民致富技能。六是开展科普助力精准扶贫行动。投入帮扶资金2万元,实施扶贫产业帮扶项目3个,举办科普实用技术培训班5场次。

【科普创新】 年内,县科协立足山区实际,积极创新科学普及工作,促进全民科学素质稳步提高。深入实施《科学素质纲要》,组织开展以青少年、农民、城镇劳动者、领导干部和公务员为重点的科学素质普及活动,促进公民科学素质进一步提升,2015年全县公民具备科学素质比例为4.25%,比2010年的1.39%有了大幅提升,超额完成了自治区制定的"十二五"期末具备科学素质公民比例2.56%的目标任务。广泛开展各类主题科普活动,组织科普大篷车进学校到农村,开展各类科普活动4场次,发放资料3000多份。组织学校开展十月科普活动4场次,参加学生4000多人次。在县城和各乡镇举办长达4个月的中国流动科技馆活动,参观师生2万多人次、群众3000多人次。

【青少年科技创新】 县科协着眼于提高全县青少年科学素质,积极创造条件,搭建青少年参加科技活动平台。年内,组织全县青少年参加"广西青少年科学节""快乐科普校园行""青少年科学影像节"等青少年科技教育活动,进一步培养了青少年科学创新能力。同时,组织青少年优秀人才参加全国、广西、防城港市3个级别青少年科技创新大赛,上思县青少年选手共获得1个全国、14个广西、31个市级青少年创新奖项,成绩斐然。

【创建广西科普示范县】 年内,县委、县政府不断加大工作力度,稳步推进广西科普示范县创建工作。安排专项经费60多万元,为基层科普行动计划的实施提供了充足的资金支持,确保了科普示范县创建工作的顺利推进。切实加大人力资源投入,全县建有83个村级科普活动室,配有162名专(兼)职科普宣传员或科普辅导员,组建了50人的专家服务团,初步形成了以县科协为中心,以乡(镇)、村(社区)和专业技术协会为基础,以科普专家服务团为骨干的科普网络。高标准建成县科普长廊200多平方米,建立250个基层农村科普示范户,建立农村专业技术协会5个,农村科普示范基地达到16个。通过各方共同努力,参加第六批广西科普示范县创建工作进展顺利,圆满完成了当年各项指标任务。

上思县文学艺术界联合会

【机构设置及工作概况】 上思县文学艺术界联合会(简称县文联)是在县委领导下的人民团体,是行政管理事业编制的正科级单位。2015年实有人员4人,设主席1人、副主席1人、主任科员1人、秘书长1人(另有不驻会副主席3人)。县文联下属单位有文学协会、书法协会、民间艺术协会、诗词学会、音乐舞蹈协会、摄影协会、美术协会。

2015年,县文联所属会员在市级以上报纸杂志发表的作品有170篇(首)。县诗词学会主编的《潬水风骚》出版6期,发表新旧体诗词和联句2000多首(比)。

1月,县文联组织人员参加由自治区党委宣传部、自治区文联等单位举办的2015年广西春联征集比赛,林耿生获得金奖,凌飞雁获得银奖,黎开明获得铜奖。

县文学期刊《文岭》,全年出版发行4期4000本。平均每期有50位作者作品上刊,其中小说10篇、散文15篇、诗词20首、学生习作10篇,每期安排1位作者诗词专版。

上思县社会科学界联合会

【机构设置和工作概况】 上思县社会科学界联合会(简称县社科联)是县委领导下的人民团体,机构级别为正科级。2015年,上思县社科联人员编制为3人,即主席、副主席、秘书长各1人。社科联有团体会员8个,下辖研究会1个。

年内,县社科联认真抓好社会科学的研究和宣传,抓好所属学会、协会、研究会的协调管理,抓好自身建设,全县社科工作取得了新成绩。

【调查研究工作】 年内,县社科联组织社科工作者到社区、学校、村屯、农业示范园区、糖料蔗"双高"基地进行调查研究,完成了《社区宣传思想文化研究》调研报告、《关于农村人畜饮水难情况报告》报送县政协;征文论文《发展特色文化、推动边海经济带建设》报送防城港市社科联和县委宣传部;完成了自治区社科联下达的研究课题《上思县融入边海经济带对策研究》;课题《上思县城乡一体化建设探究》在《防城港社科》刊物上发表。

【科普宣传】 年内,县社科联组织开展社科知识下乡活动。在叫安镇板细村举办了一场宣传党的十八届四中全会精神的报告会,参加人员有镇村干部、党团员、村民小组长。印制、购买了一批民族政策、民族法律法规和民族基本知识等宣传资料和书籍,发放给干部群众阅读。

上思县残疾人联合会

【机构设置和工作概况】 上思县残疾人联合会(简称县残联)是在县委领导下的人民团体,是财政全额拨款的正科级单位。2015年,定编4人,实有人员6人,设理事长1人,副理事长1人。全县8个乡镇全部设有残联机构,工作人员均为兼职。2015年,全县持二代残疾人证6178人,持证率50%。

年内,县残联紧紧围绕残疾人事业"十二五"规划纲要,坚持以帮扶贫困残疾人为根本任务,不断加大扶持与救助力度,完成残疾人托养中心服务楼主体工程建设,全县残疾人事业取得新的发展。

【残疾人康复】 年内,县残联大力开展残疾人康复

训练工作。年内,实施盲人定向行走训练13人,其他康复训练112人。康复救助3人。

【残疾人辅具发放】 全年免费发放残疾人辅助器具432例,价值约41万元。

【残疾人就业培训就业】 年内,县残联继续办好聋儿语训班,投入资金3.5万元,收训聋哑儿童8人;资助残疾儿童学前教育13人共3.9万元。资助残疾学生、贫困残疾人子女就读中、高等院校17人共4.3万元;资助和组织残疾人参加职业技能和实用技术培训230人共16万元;加大残疾人就业保障金征缴力度,县本级完成134.1万元;全县农村残疾人稳定就业2500多人,城镇残疾人稳定就业300多人。此外,选送2名残疾人运动员参加全区残疾人运动员苗子集训。

【残疾人扶贫扶持救助】 年内,县残联实施"党员扶残温暖同行",资助贫困残疾人家庭,种植甘蔗、果树和养殖家禽、家畜等,总计120户12万元;扶持残疾人就业创业,总计13人6.5万元;扶持残疾人创办小微企业,总计2人4万元;扶持和资助阳光助残扶贫基地建设,总计1个25万元,并辐射带动周边104户残疾人家庭养殖生猪;实施残疾人家庭无障碍改造,总计90户36万元;发放残疾人机动轮椅车燃油补贴,总计177辆4.602万元;实施"阳光家园计划"残疾人居家托养服务补助,总计224人22.4万元;实施贫困精神病患者住院治疗和服药救助,总计48人6万元;实施重度残疾人护理补贴,总计1727人62.172万元。

【残疾人社会保障】 年内,县残联协助配合民政、卫生、人社等部门做好残疾人最低生活保障、医疗保障保险、社会养老保险等工作,基本实现应享尽享和应保尽保,充分让残疾人感受到党、政府和社会的关爱。全年走访、慰问残疾人296人,发放慰问金(品)8.88万元。

上思县归国华侨联合会

【机构设置和工作概况】 上思县归国华侨联合会

12月30日，东兴市侨联一行到广西农垦糖业集团昌菱制糖有限公司考察朗姆酒项目　　黄琼震　摄

（简称县侨联）是在县委领导下的人民团体，属正科级单位。2015年人员编制2名，设主席1名、副主席1名。

2015年，县侨联紧紧围绕全县发展大局，积极推进新时期侨务工作，热心为归侨和侨眷做好服务，在服务侨胞、维护侨益、增进侨情、凝聚侨心等方面发挥了积极作用。

【帮助归侨解难】　3月下旬，在2014—2015年榨季即将收榨之际，昌菱农场还有少数归侨甘蔗种植大户，因糖料蔗存量较多，人手不足，无法及时砍收入厂压榨，县侨联悉知情况后，迅速组织人员到昌菱农场，帮助归侨种蔗大户抢收甘蔗，妥善解决了归侨的实际困难。

【对外交流工作】　12月30日，东兴市侨联一行18人，在县侨联人员陪同下，到广西农垦糖业集团昌菱制糖有限公司考察朗姆酒项目，参观了朗姆酒精品观光生产线，实地考察了广西农垦国有昌菱农场文化广场及朗姆小镇建设。

上思县工商业联合会

【机构设置和工作概况】　上思县工商业联合会

（简称县工商联）是在县委领导下的人民团体，属正科级单位。2015年，县工商联人员编制4人，实有人员3人。县工商联主席由县政协副主席兼任。设有专职副主席1人，秘书长1人，专职干部1人。

2015年，县工商联立足全县发展大局，以会员需求为导向，积极抓好商会建设，团结和带领全县非公有制经济人士积极参政议政，开展公益活动，为促进上思县和谐发展作出了积极贡献。

【商会建设】　4月，上思县思阳商会揭牌成立，召开了第一次会员代表大会，会议选举产生了会长、副会长、秘书长。思阳商会有会员52人。商会成立了上思县思阳商会党支部，对商会健康发展提供了政治保障。

【参政议政】　年内，非公经济人士中的各级人大代表和政协委员，积极参政议政，建言献策，通过议案、提案向各级党委、政府提出建设性的意见和建议。如《关于我县澳洲坚果种植，拓宽农民收入渠道的建议》《关于开放体育场便民锻炼的建议》等，均受到县委、县政府的采纳和落实。

【民企助村】　年内，积极引导民企积极参与"民企帮村·企村共建"活动。成功牵线上思县益家仁坚果生态开发有限公司等20家企业，与在妙镇佛子村等20个贫困村签订帮扶协议，在基础设施建设、特色产业培育、项目对接等方面开展精准帮扶，力促脱贫攻坚工作。

【公益事业】　年内，引导和鼓励非公经济人士为全县扶贫事业作贡献。会同县委统战部举办"同心助力扶贫"专场文艺晚会，共募集扶贫爱心捐款3.93万元，所得的款项全部用于捐助南屏乡汪乐村、江坡村、枯叫村灯草教学点等物资。

法　制

政法工作

【机构及工作概况】 2015年,上思县委政法委机构人员不变,全年工作主要围绕县委、县政府中心工作,抓好平安、法治、队伍"三大建设",积极履行维护社会稳定、促进社会公平正义、保障人民安居乐业三大任务。社会政治稳定,治安形势持续好转,群众安全感明显提升。是年,被中宣部、司法部授予全国"六五"普法先进县,县人民法院荣获2015年"全区法院先进集体""全区思想政治建设先进集体""全市思想政治建设先进集体"等市级以上集体荣誉;县公安局获得2015年省级表彰奖励集体1个,得到市级表彰奖励集体2个;县司法局被授予防城港市依法行政示范点。

【社会治安综合治理】 县委、县政府高度重视社会治安综合治理和平安建设工作,把它上升为"一把手"工程,党委、政府统筹全局,协调各方,形成齐抓共管的良好局面。一是坚持"一岗双责",逐步完善领导干部综治实绩档案制度。把全县各乡镇、各单位责任人组织开展平安建设的情况及工作绩效纳入领导班子和领导干部考核体系、社会治安综合治理目标管理考核体系。二是深入推进平安上思建设,提高社会治理水平,努力营造平安建设人人参与、平安和谐人人共享的良好社会氛围。三是全面完成综治信息化建设任务。网格化管理有序推进,各级网格化服务管理中心(工作站)有序开展工作,不断收集、录入、上报的各类综治信息。四是拓展

"一村一警"工作制度,加强社区和农村警务建设,努力打造适合我县农村社会治安防控体系品牌。五是深入开展"模拟法庭进社区""法庭进乡村""一村一法官"和"法制课堂进校园"等活动,创新工作机制,积极推行"无诉村屯(社区)"创建。2015年,我县单项群众安全感全年得分为84.3%,全区排名为89位,各季度得分分别为85.67%、81.43%、86.80%、83.11%;全年综合得分81.84%,全区排名76位,各季度分别为83.15%、79.70%、83.52%、81.84%,在全区排名分别是第67位、92位、44位、98位,全市排名分别是第3位、第3位、第1位、第3位。

【社会稳定维护】 一是出色完成了一系列重大活动的安保和维稳工作任务。在重要敏感时期,启动影响社会稳定问题联合应急防范处置机制、网络舆情战时应对处置机制,顺利完成了各时期的安全保卫工作任务。二是科学评价社会稳定形势,加强源头预防,深入推进社会稳定风险评估工作和社会稳定指数评价工作,对全县18个重大决策项目进行了社会稳定风险评估,准予实施11个,暂缓实施7个,已实施7个,未实施4个。全县没有引发不稳定问题和群体性事件。三是强力推进情报信息工作和重点人物的稳控工作。坚持以情报信息工作为主导,全力抓好重点人员的稳控。搜集各种情报信息119条,对影响全县社会稳定的重点人员49人开展了教育疏导和稳控,牢牢地把握住维护稳定的主动权。四是以打促防,严厉惩处各类违法犯罪活动。充分发挥政法部门职能作用,狠抓对各类犯罪活动的打击工作,指导政法各部门适时组织开展了各专项斗争,以侦破命案为重点,侦破严重危害

人身安全和公共安全的刑事大要案,加大对各类犯罪的打击力度,各类案件得到有效控制,确保了全县社会稳定。五是重点部位整治见实效。开展了校园周边治安秩序整治、交通秩序整治、企业周边秩序整治、公共复杂场所整治、爆炸物品整治等专项斗争,及时消除了各种治安隐患。六是畅通信访渠道,信访态势比较平稳,建立的"信、访、电"三位一体的群众利益诉求渠道,认真组织开展领导干部接访活动,全面开展"下访"活动。县、乡镇、部门领导干部积极、主动"走下去",对包挂案件、分管范围内的信访案件预约接访或带案下访,与群众面对面解决问题。2015年全县未发生一起死亡3人以上的重大道路交通事故,没有发生影响重大的政治事件、暴力恐怖事件、非法聚集事件、大规模群体性事件和安全生产事故。

【治安防控体系建设】 一是加强重点单位内部治安保卫,督促重点单位建立完善防范措施,健全监控中心值班巡逻制度,严防因安全防范措施落实不到位引发案事件。二是加强城区治安巡逻防控,将固定警务站作为执勤民警的常态化管理的堡垒,采取"固定 + 移动"模式,通过巡防,主动开展先期处置警情,有情处情,无情巡逻,高峰守点,平峰巡线。三是扎实做好农村治安防控,以偏远农村和城乡结合部为重点,大力加强农村地区社会治安防控体系建设,组织基层治保力量开展日常巡逻防控,严防发生重大恶性治安问题。四是加强技术防范网络建设。继续加大社会管理视频监控系统建设力度,有效提高了上思县的治安防控能力。通过社会治安视频直接侦破28起案件,间接协助办案单位破案44起,协助办案单位抓获嫌疑人22人。社会治安视频逐渐成为公安机关破案利器。

【政法综治基层工作平台】 各乡镇、各部门单位进一步树立固本强基的意识,更加重视政法机关基层基础建设,把人力、财力、物力更多地投向基层,在充实基层力量、夯实基层组织、整合基层资源、强化基础工作等方面取得新的更大进展,不断推进政法综治工作、维护社会和谐稳定的"第一道防线"。全

县8个乡(镇)综治信访维稳中心、政务中心建设覆盖率达100%,综治信访维稳中心、政务中心机构健全,制度完善。积极推进人民法庭建设规范化,夯实司法根基。不断改善基层办公条件,完善诉讼服务中心建设,将诉讼服务中心打造成为人民法院各部门对外服务的重要平台。

【党的群众路线践行】 一是全县政法各部门认真贯彻落实中央八项规定以及自治区党委、市委、县委关于改进工作作风、密切联系群众有关规定,深入开展"三严三实"专题教育活动和"信息化水平提升年"主题活动。二是各政法部门结合各自实际创新活动载体,积极开展教育实践活动和自查自纠活动,以整治"四风"为主线,强化干部监督管理,严肃工作纪律,严格执法办案制度。三是强化能力训练,大力开展岗位练兵和业务竞赛活动,改进和完善政法干警教育培训制度,进一步提高政法队伍执法水平。四是坚持深入基层,服务群众,以务实的作风和深厚的感情维护人民群众的合法权益,树立政法机关和政法队伍的良好形象。五是加强机关工作管理,严格规范请示汇报、请销假、值班备勤等各项工作制度。

政府法制

【机构设置及工作概况】 2015年,上思县法制办公室(简称县法制办)核定编制4人,设主任1人。年内,县法制办深入贯彻落实中共十八大和十八届三中、四中、五中全会,以及中共中央总书记习近平系列重要讲话精神,围绕全面深化改革、推进依法治国战略决策,紧扣全县经济发展大局,大力推进依法行政,加快法治政府建设,各项工作取得新进展新成效,为全县发展创造了良好法治环境。

【执法人员执法资格考试】 6月份,县法制办组织全县232名行政执法人员参加全区行政执法人员资格(续职)统一考试,有172人取得行政执法资格证书,合格率74%。

【行政复议、审查案件及出庭应诉工作】 年内,县法制办共受理行政复议案件 14 件,给上级提供不服县政府行政决定的复议案件证据材料 14 份,审查土地、山林、水利"三大纠纷"案件 20 件,代表县人民政府出庭应诉案件 39 件。

【推行政府法律顾问制度】 年内,上思县人民政府办公室印发了《上思县人民政府办公室关于建立政府法律顾问制度的实施意见》(上政办发〔2015〕26 号),正式建立了我县政府法律顾问制度。同年 7 月份,县人民政府下发了《上思县人民政府关于设立县人民政府法律顾问室的通知》,聘请黄炳华、王粒冲、王锁、李阳春、黄培初等 5 位同志为县人民政府法律顾问。聘期为 3 年,从 2015 年 1 月起至 2017 年 12 月止。我县政府法律顾问制度的建立和推行,进一步加快了我县法治政府建设的进程。

【依法行政示范点建设】 年内,县法制办指导各乡镇、各单位扎实开展依法行政示范点建设各项工作,成效显著。县质监局、县食药监局等 2 个单位荣获"自治区依法行政示范点"称号,叫安镇政府、县司法局、县地税局等 3 个单位荣获"防城港市依法行政示范点"称号,在妙镇政府、县国土局、县交运局、县财政局、县卫计局等 5 个单位荣获"上思县依法行政示范点"称号。

【依法行政信息报送工作】 年内,县法制办高度重视全县法制宣传及依法行政信息报送工作,加强专人搜集信息、管理及上报,全年有 35 条依法行政信息被广西政府法制网采用和发表,较好地反映了全县依法行政工作的良好风貌。

审 判

【机构设置及工作概况】 2015 年,上思县人民法院内设办公室、政工科、监察室、行政审判庭、刑事审判庭、民事审判第一庭、民事审判第二庭、审判监督庭、执行局、立案庭、法警大队、思阳人民法庭、在妙人民法庭、后勤服务中心等 14 个职能部门,设院党组书记、院长 1 名,院党组成员、副院长 3 名,院党组成员、纪检组长 1 名。在编人员 66 人,其中:法官 26 人、法官助理 18 人、书记员 1 人、法警 7 人、司法行政人员 14 人。

2015 年,县人民法院深入开展以"三严三实"专题教育活动和"信息化水平提升年"主题活动,狠抓执法办案第一要务,稳步推进司法改革,进一步加强队伍建设,全面创新各项工作,为维护全县社会稳定,促进经济发展,建设广西生态经济强县提供强有力的司法保障。2015 年,县人民法院司法理论宣传工作获最高人民法院通报表扬,被自治区高级人民法院授予"全区法院先进集体""全区思想政治建设先进集体",被市中级人民法院授予"全市思想政治建设先进集体",获市级以上集体荣誉 19 个,20 人次获得市级以上个人荣誉称号,1 件案件入选最高人民法院全国环境侵权十大案件,1 份裁判文书被评为全区法院优秀裁判文书。

【刑事审判】 严厉打击刑事犯罪,维护社会稳定。全年受理刑事案件 196 件,审结 190 件,结案率 96.94%。其中审结故意伤害、两抢一盗等涉及人身财产安全案件 89 件、涉毒品案件 41 件、职务犯罪案件 4 件。规范撤销缓刑案件工作,对 2 名严重违反缓刑考验监管规定的罪犯依法撤销缓刑,及时收监执行。回访未成年罪犯,有针对性地开展帮教工作。

【民商事审判】 全年受理民商事案件 1481 件,同比上升 48.1%,审结 1396 件,结案率 94.26%。其中,涉及婚姻家庭纠纷案件 230 件;合同纠纷案件 946 件;侵权纠纷案件 218 件。调解方式结案 721 件,撤诉方式结案 244 件,民事案件调撤率为 69.13%,最大限度地实现案结事了。

【行政审判】 全年受理行政案件 45 件,审结 43 件,结案率 95.56%,审查非诉行政申请执行案件 7 件。发出司法建议 6 份,被行政机关采纳 5 条,进一步促进依法行政。积极主动与行政机关沟通协调,有效化解官民纠纷,构建和谐社会。行政机关负责人出庭应诉 5 件,开创行政机关首长出庭应诉新局面。

【案件执行】 全年受理执行案件 401 件,同比上升 45.82%,结案 361 件,结案率 90.02%,执行到位标的额 556.25 万元,有财产可供执行案件实际执行率 93.55%。办理诉前、诉讼财产保全案件 44 件,其他法院委托执行事项 22 项。强化被执行人财产申报制度、公布失信被执行人名单、采取罚款、拘留强制措施、召开新闻发布会等方式,通报拒不履行判决裁定典型案例,提高执行威慑力和公信力。通过媒体、微信平台等公布被执行人 144 人,促使 11 名失信被执行人自动履行义务,履行标的 26.43 万元;在全市首次对 2 名被执行人依法追究刑事责任。建成执行指挥中心,建立执行指挥中心快速反应机制,通过执行指挥中心查控系统查询 8097 次,查到银行存款 2030 人次,查到车辆 309 辆次。

【队伍素质建设】 加强政治思想建设,组织学习中共十八大和十八届三中、四中、五中全会精神以及中共中央总书记习近平系列重要讲话精神,学习邹碧华同志先进事迹,不断提高干警的政治理论水平。在全院中层以上领导干部中扎实开展"三严三实"教育实践活动,举办"百名共产党员百篇小传朗诵会""道德讲堂",开展以"弘扬伟大抗战精神 同心共筑强大国防"为主题的"五个一"国防教育周系列活动,受教育 321 人次。在全县首次采取公推直选方式,完成了党总支和 7 个党支部的换届选举工作。完成了工会、团支部换届选举工作,团支部被授予全市"红旗团支部",妇委会被授予全市"三八红旗集体"荣誉称号。大力加强司法能力建设,派员到浙江大学参加能力提升培训,到上级法院跟班学习,请上级法院专家来院授课。年内参加上级法院和县里组织的各类培训 201 人次,通过业务培训提高了干警的业务水平能力。大力加强作风建设,落实党风廉政建设"两个责任"。开展查处发生在群众身边的"四风"和腐败问题专项活动,开展改进司法作风建设活动,开展"执法不严、司法不公"自查自纠活动,通过司法巡查整改、集体约谈中层领导、开展审务督察等方式,加强纪律作风建设,整治慵懒散奢,改进司法工作作风。坚持廉政影片月月看、参观廉政书画展、上廉政党课,强化干警廉政教育,增强廉政意识。

【提高法院科技含量】 为院部审判庭和在妙、思阳 2 个人民法庭配备高清科技法庭,案件全部一键刻录、保存、直播、点播。建成集安保监控、车辆定位、远程接访、视频会议、庭审直播、审判管理、数据分析、执行指挥、教育培训等功能为一体的数据信息中心。全面推进网上办公、办案,实现所有案件网上全程留痕,行政审批事务和文件处理全部网上或手机办理,提升司法政务效率和管理水平。完善诉讼服务中心建设,推行网上立案、网上信访,法律援助、律师、人民调解员、心理辅导师入驻诉讼服务中心,实现诉前调解与诉讼的无缝对接,为群众提供便捷高效服务。推行案件材料数字化管理,案件材料同步扫描存储到审判管理系统,实现合议庭成员、审委会委员阅卷网络化。

【稳妥推进各项改革】 积极推行人民陪审员制度改革,增强人民陪审员队伍的生机和活力。年内,完成 115 名人民陪审员的选任和 124 名人民陪审员的培训、宣誓工作,96 名人民陪审员参与了 87 个案件的庭审,占人民陪审员的 77.41%,调解成功 12 件民事案件,参与 1 件案件的执行并顺利执结,充分体现了人民陪审员既是陪审员,又是调解员和宣传员的作用。人民陪审员制度研究课题获全区法院优秀调研成果二等奖。积极探索和实践大陪审机制,助推司法民主。上思县形成的县委、县政法委主抓,县人大、法院、司法局、财政局、乡镇人民政府等具体落实的人民陪审员制度改革试点工作经验,得到中央改革办督察组的高度肯定和自治区高级人民法院罗殿龙院长的批示肯定。积极推行立案改革,全面落实立案登记制。从 2015 年 5 月 1 日起实施立案登记制度,对符合立案条件的,全部当场立案;对不符合立案条件的,全部一次性告知。推行网上立案、圩日立案、上门立案、邮寄立案等新举措,方便群众诉讼。开通异地缴纳诉讼费服务,降低诉讼成本。根据上级法院的部署,积极开展法官职务套改相关工作。院领导回归审判第一线,强

12月30日,上思县人民法院瑶乡巡回法庭在上思县南屏瑶族乡正式挂牌成立,从此,广大瑶乡群众在自己的家门口就可以享受到法院优质高效的"一站式"司法服务。上思县人民法院党组成员、副院长吕德钦(右)和南屏瑶族乡副乡长蒙来山(左)共同为巡回法庭揭牌

化对审判工作的指导,发挥表率、示范、引领作用。推行"一村一法官一人民陪审员"工作机制,成立瑶乡巡回法庭,充分发挥人民调解、行政调解、司法调解和人民陪审员的作用,让瑶乡群众在家门口享受到优质高效的"一站式"司法服务。年内,到社区、学校开展模拟法庭活动、到乡村开庭65次,全县有66.16%的自然屯实现无诉讼,广西电视台对县人民法院"无诉村屯、社区"工作进行专题报道。

【接受各界监督】 县人民法院自觉接受县委的领导,将法院工作置于党委绝对领导之下。不定期向县人大代表、县政协委员和人民陪审员推送法院信息,主动向县人大报告工作,自觉接受县人大及其常委会的监督。虚心听取县政协委员的意见和建议,邀请县人民检察院检察长列席审委会,接受法律监督。以公开为原则、不公开为例外,继续推进"审判流程公开、裁判文书公开、执行信息公开"三大平台建设,公开审判、执行流程节点并通过手机向当事人推送。所有庭审、调解、信访全部同步录音录像并在内部网站公开,选择47件案件在阳光司法网对社会公布。开展"阳光评议",确保审判权、执行权在阳光下运行。年内,共邀请人大代表、政协委员旁听庭审2次,监督执行5次,

"阳光评议"1次,举行"公众开放日"2次,召开新闻发布会4次,在中国裁判文书网、广西裁判文书网公布裁判文书2251份。落实《领导干部干预司法活动、插手具体案件处理的记录、通报和责任追究规定》《司法机关内部人员过问案件的记录和责任追究规定》,全面推行过问案件全程留痕。借助门户网站、官方微信、官方微博等平台,发布法律知识、以案说法,官方微博发布信息3498条,微信公众号推送法院信息130期,在各类报刊、网络媒体发表文章1064篇。创新普法新模式,从经典的案例以及身边的优秀法官入手,创作"青少年普法漫画""妇女儿童维权常识""我们的青春在法院""人民陪审员制度改革"等系列漫画,让广大人民群众轻松学习法律知识,了解法院工作。由县人民法院青年法官主创的"平平"卡通普法项目,为全国地方法院首创,获全国青年志愿者服务大赛银奖。

检 察

【机构设置及工作概况】 2015年,上思县人民检察院内设办公室、政工科、侦监科、公诉科、反贪局等15个科室,有在妙检察室、华兰检察室、思阳检察室3个派出机构。共有检察干警38人,其中事业编制人员2人,检务辅助人员17人。设党组书记、检察长1人,党组成员、副检察长3人,党组成员、纪检组长1人。

年内,上思县人民检察院在上级检察机关和县委的正确领导下,在县人大及其常委会的有力监督和县政府、县政协及社会各界的大力支持下,紧紧围绕全县改革发展稳定大局,坚持以执法办案为中心,深入学习贯彻中共十八大和十八届三中、四中、五中全会精神以及中共中央总书记习近平系列重要讲话精神,深入开展"三严三实"专题教育和规

范司法行为专项整治活动,忠实履行宪法法律赋予的职责,各项检察工作取得了新的成绩。全市首个派驻公安派出所检察室在思阳派出所挂牌成立;创新职务犯罪预防和法治宣传模式,广泛设立"一村一栏"警示教育宣传专栏;反贪局办理的一起受贿案获评全区反贪污贿赂优质案件;两个部门获全市检察机关"先进集体",一名检察官获"首届全市刑事执行检察业务能手"称号,两名干警荣立全市检察机关"三等功",五名干警获嘉奖。

【发挥检察职能】 全面落实《全区检察机关开展危害民生刑事犯罪专项立案监督活动工作方案》,积极开展"破坏环境资源犯罪"和"危害食品药品安全犯罪"两个专项立案监督活动,重点打击破坏生态环境和危害食品药品安全犯罪。依法监督应当立案而不立案的滥伐林木案件1件1人,依法批捕盗伐、滥伐林木犯罪嫌疑人8人;起诉盗伐、滥伐林木犯罪嫌疑人32人;起诉失火犯罪嫌疑人3人。走访涉及食品药品、卫生、环境保护等重点领域的行政执法机关,摸排有关线索,会同县公安局、县法院、县司法,不断加大打击破坏生态环境和危害食品药品犯罪的力度,努力减少此类犯罪现象的发生。

坚持执法为民理念,注重延伸职能,妥善处理矛盾纠纷。年内,在思阳检察室所辖的四个社区和叫安镇设立检务工作站,并选聘当地一名干部作为联络员,及时解决群众诉求,化解矛盾纠纷。全年受理并妥善处理控告举报申诉案件53件,无一件因处理不当引发冲突或越级上访。同时,认真落实检察环节社会治安综合治理各项措施,开展"妇女儿童维权岗"活动,办理刑事司法救助案件4件13人,发放救助金2.6万元;落实一线工作法,采取"下访"等形式,把影响社会稳定的因素解决在基层,消灭在萌芽状态。

【依法查处职务犯罪】 加强查办职务犯罪工作力度。坚持有案必查、有腐必反,严肃查办发生在群众身边的"四风"和贪污贿赂、玩忽职守等职务犯罪案件。全年立案查处11件11人,其中查处发生在审计、水利、文体广电、市政等领域贿赂犯罪案件9件9人,全部为大案;首次查办了县处级干部贿赂犯罪案件2件2人,查办正科级干部2件2人,侦查突破能力进一步提高;围绕"为官不为"问题,查处重大安全生产事故责任背后的渎职犯罪案件2件2人。通过办案为国家挽回直接经济损失110多万元。

【积极预防职务犯罪】 贯彻落实"标本兼治、综合治理、惩防并举、注重预防"的方针,全方位、多层面开展预防工作。全年深入4个单位、8个乡镇25个村屯开展警示教育40多次,受教育干部职工1200多人。组织干警深入县财政局、住建局、水利电业公司等单位开展预防调查6次,结合反贪、反渎办案,深刻剖析职务犯罪发案原因、特点和规律,形成预防职务犯罪年度综合调查报告,为上级和有关部门提供预防对策建议。协助县委、县人大开展预防职务犯罪警示教育2次。组织开展送法下乡、进企业、进学校活动12次,发放宣传资料3800多份;举办法治宣传文艺晚会巡演2场。为有关企业提供职务犯罪行贿档案查询420次,有效遏制工程建设领域贿赂犯罪,规范工程建设市场,促进了公平竞争。

【严惩各类刑事犯罪】 加强批捕、起诉工作,依法打击各类刑事犯罪。始终把打击严重刑事犯罪作为维护社会治安稳定的重要工作来抓。全年审查批捕犯罪嫌疑人147人,提起公诉186人。重点打击严重暴力犯罪、侵财犯罪和毒品犯罪等,积极参与"打黑除恶"和"缉枪治爆"专项行动,依法批捕故意杀人、伤害、抢劫等暴力犯罪嫌疑人32人,已起诉18人;批捕抢夺、盗窃、诈骗等侵财犯罪嫌疑人30人,起诉34人;批捕毒品犯罪案件嫌疑人50人,已起诉44人。介入重大案件引导侦查取证5件,依法快捕快诉,确保办案质量和效率。

在严厉打击发生在群众身边的各类重大刑事案件和涉及民生民利犯罪案件的同时,深入贯彻宽严相济刑事司法政策和刑事和解政策,对社会危害性不大的14名犯罪嫌疑人作出不批捕决定;对犯罪情节轻微的6件7人作出相对不起诉决定,对未成年人犯罪做出附条件不起诉1件2人。引导轻微刑事犯罪案件当事人化解矛盾,达成和解2件2

人;在促成案件当事人谅解和补偿、落实帮教和稳控措施的前提下,注重对未成年犯罪嫌疑人进行教育挽救,对5名无逮捕必要或不起诉的未成年人进行帮教,促使其正常回归学校和社会,收到良好社会效果。

【强化诉讼活动法律监督】 加强侦查监督工作,要求侦查机关说明不立案理由4件,监督侦查机关撤案2件2人,监督立案4件4人,纠正漏捕5人,纠正漏罪1件,纠正漏犯1人,不批捕13件21人,向侦查机关口头提出纠正意见15次,发出纠正违法通知书3份;加强审判活动监督,依法提请抗诉1件3人,并获市检察院支持,出庭支持公诉并履行监督职责205件次,确保诉讼活动依法正常进行。

对监管场所混管混押、交付刑罚执行违法、使用禁闭违法等问题发出纠正违法通知书8份,对存在的安全隐患发出检察建议书3份。监督纠正1件有违法问题的刑罚执行案件,向司法行政部门发出撤销缓刑收监执行建议2件2人。开展捕后羁押必要性审查8人,发出对在押人员变更强制措施建议函6份;对165名监外执行罪犯开展监外执行全面检察11次,发现有2人脱管、4名未成年人外出读书没有与学校所在地的社区矫正机构办理相关监管手续,发出书面《检察建议》6份。对报请特赦的8名社区服刑人员进行逐案审查,保障了特赦活动的顺利完成。加强民事行政检察,审查民事行政案件2件,办结2件。

【检察改革与检务保障】 不断深化检察改革,激发检察工作活力。一是扎实推进信访工作制度改革,大力推进综合检务服务平台建设,完成并启用远程视频接访系统;积极探索引入律师等第三方参与化解信访案件,提升处理信访案件透明度。二是深化检务公开制度改革,提高司法公信力。开通官方微博、微信公众信息平台,今日头条新闻客户端和检察外网,发布检察信息100多条,发布案件信息678条,发表检察调研论文16篇。三是支持并做好人民监督员改革相关工作,提请人民监督员监督案件7件7人。四是主动适应以审判为中心的诉讼制度改革,充分发挥检察机关审前主导和过滤作用,确保提起的公诉案件经得起法律检验。

加强基础设施建设和检察技术保障。进一步规范派驻乡镇检察室工作,全市首个标准化乡镇检察室——驻在妙检察室办案业务用房建成使用。按照最高人民检察院信息网络和电脑设备分级保护的要求,完成总投资85万元的涉密信息系统分级保护工程建设,提高了网络和信息系统安全保密水平,保障了办公办案安全。加快电子检务建设步伐,投资20多万元在全市率先建成电子卷宗制作室,实现了无纸化及异地阅卷,有效解决律师阅卷难问题,降低了司法成本,确保了诉讼卷宗安全。

【检察队伍建设】 坚持从严治检,全面加强检察队伍建设。坚持把思想政治、纪律作风和职业道德建设作为队伍建设的重中之重来抓,深化群众路线教育实践活动,认真开展"三严三实"专题教育、"反四风"和规范司法行为专项整治等活动。层层签订党风廉政建设责任状,落实党风廉政建设责任制,院领导带头上廉政党课,开展廉政谈话教育,组织干警观看廉政警示教育片,每天在院一楼大厅电子影屏放映廉政警句。严格落实中央八项规定,强化八小时之外的监督管理,重点督查检纪检风和办案安全防范措施的落实,确保队伍无违法违纪现象发生。

把业务学习培训和创建学习型检察院结合起来,不断提高干警综合素质和执法办案能力。采取外出学习培训、组织干警集中学习、岗位练兵和自学等形式,先后组织干警59人次参加了上级检察机关组织的领导素能和各项业务培训。组织干警集中学习修改的各种法律、法规14次;鼓励干警自学,支持参加国家统一司法考试,年内有17名干警顺利通过司法考试取得了证书。

发挥党、团、工会作用。党支部注重抓好党的建设,举办了重温入党誓词、"送温暖、献爱心""三会一课"等活动;党团两支部联合举办了"从严做人、从实做事——争做一名好检察人员"主题演讲比赛;团支部立足检察工作实际,带领青年干警在做好检察业务的同时,深入学校、乡村慰问留守儿童,举办法律讲座等。由于成效显著,院团支部被共青团防城港市委授予"防城港市五四红旗团支部"称号。院工会积极为会员服务,登门慰问困难干警,举行职工座谈会,开展体育比赛、文艺晚会等。通过党、团、工会的各类活动,进一步增强了组织凝聚力和队伍战斗力。

【接受各界监督】 依法接受人大监督、自觉接受政协民主监督。主动向人大及其常委会报告工作,认真落实有关决议决定;主动邀请人大代表、政协委员、人民监督员及社会各界人士视察、调研和评议检察工作4次;院领导带头组织干警深入各乡镇调查研究,登门走访人大代表和政协委员,面对面地通报检察工作情况,虔诚征求意见建议,对征求到的30多条意见建议进行了梳理和研究落实;向人大代表、政协委员、人民监督员赠阅《检察日报》《公诉人》杂志200多份;认真处理人大代表来信来访,并在规定时间内及时办结和反馈。

自觉接受社会各界监督。深入开展检察开放日、检察长接待日、举报宣传周、"民行检察与民同行"等活动,畅通人民群众有序参与和监督检察工作渠道。积极构建与律师良性互动新型关系,依法保障律师执业权利。对社会各界反映的问题认真核查、及时回应,人民群众对检察机关满意度不断提高。

公 安

【机构及工作概况】 2015年,上思县公安局内设机构及人员与上年不变,在各级党委、政府以及上级业务部门的领导下,落实中共十八届三中、四中、五中全会精神,积极推进党的群众路线教育实践活动和"三严三实"专题教育活动,认真查处发生在群众身边的"四风"和腐败问题,扎实开展"四项建设",不断增强民警的政治信念和服务意识,攻坚克难,为建设和谐上思和营造稳定的社会治安环境作出了积极贡献。第三季度群众安全感和满意度排在广西区第44位。

【刑事案件侦查】 2015年,共立各类刑事案件

1020起,比2014年上升2.72%,侦破274起,比2014年下降30.63%。抓获犯罪嫌疑人281人(其中抓获网上逃犯29人),与上年同期相比上升11.95%。刑事拘留207人,比上年下降19.65%。逮捕141人,比上年下降16.57%。移送起诉192人,比上年下降13.12%。打掉犯罪团伙18个、成员69人(其中黑恶犯罪团伙7个、成员27人)。其中,立命案5起(比上年减少1起),破案5起,破案率100%,另破历年命案积案1起。立拐卖妇女、儿童案件3起,侦破1起,抓获犯罪嫌疑人4人,打掉犯罪团伙1个、成员4人,解救被拐卖儿童1人;立"两抢一盗"(抢劫、抢夺、盗窃)等侵财犯罪案件752起,侦破137起,抓获犯罪嫌疑人74名,缴获被盗抢摩托车14辆、电动车35辆,其他赃款赃物一批。

【治安管理】 年内,共发现受理治安案件2315起,查处2315起;处理违法嫌疑人1421人(其中治安拘留352人),比上年分别下降4.06%、4.87%、上升7.31%。查处赌博案件275起,处理违法犯罪嫌疑人825人;查处卖淫嫖娼等涉黄案件14起,处理违法犯罪嫌疑人24人;立涉枪涉爆案件4起,破案4起,抓获违法犯罪嫌疑人7人,缴获各种枪支45支、子弹396发、炸药0.845千克。调解治安案件72起。

【户政管理】 2015年,全县常住人口总户数66327户,比上年增加616户,增长率0.94%;总人口244074人,比上年增加2361人,人口自然增长率万分之976.78,其中壮族等少数民族人口220011人;辖区内登记流动人口1924人,比上年减少1279人,负增长万分之44057.87;审批各类户口准迁手续624人;办理居民户口簿4841本;办理户口准迁证224张、户口迁移证253张;办理第二代居民身份证13886张,临时居民身份证2371张;办理流动人口居住证352张;办理出生登记5029人,死亡注销登记870人;登记出租房屋89户、109间;钉挂门(楼)牌100块。

【交通管理】 年内,辖区共发生道路交通事故1497起,死亡9人,受伤90人,直接经济损失382030元,比上年分别上升1.35%、下降10%、下降2.2%、上升

2.4%；查处交通违法行为 53398 起，教育处罚行人和非机动车交通违法行为 1360 起，暂扣各类违法车辆 2639 辆，行政拘留违法人员 4 人；立道路交通肇事逃逸案件 3 起，侦破 3 起。

2015 年，全县挂牌入户的机动车共 37558 辆（其中汽车 7366 辆、摩托车 29661 辆、电动自行车 29635 辆、其他车辆 533 辆），比上年增加机动车 1921 辆（其中汽车 704 辆、摩托车 1217 辆、电动自行车 6116 辆）；机动车驾驶员 53962 人（其中汽车驾驶员 18262 人、摩托车驾驶员 35700 人、电动自行车驾驶员 29365 人），比上年增加机动车驾驶员 2754 人（其中汽车驾驶员 2285 人、摩托车驾驶员 469 人、电动自行车驾驶员 2103 人）。

2015 年，辖区共有流动车管服务站 2 个、摩托车带牌销售服务点 7 个。年内，办理摩托车入户 224 辆，办理摩托车驾驶员考试 135 人，办理摩托车年检 369 辆，办理摩托车带牌销售 128 辆，方便群众。同时，在辖区重点路段中小学、幼儿园周边持续设有护学岗 2 个，护学女警队 1 个，配备护学警力（含协警）9 人，维护学校周边交通安全，保障学生平安上学、平安回家。

【禁毒工作】 2015 年，全县发生毒品案件 61 起，立案 61 起，破案 61 起（其中特大案件 4 起、一般案件 3 起；查处毒品治安案件 348 起）；缴获各类毒品 17.88722 千克（其中海洛因 0.43042 千克、冰毒 15.52 千克、氯胺酮（K 粉）1.9368 千克）；抓获毒品违法犯罪嫌疑人 73 人，逮捕 49 人；抓获吸毒人员 430 人，强制隔离戒毒 176 人，社区戒毒 32 人，社区康复 28 人，有美沙酮治疗门诊 1 个，有社区戒毒、社区康复人员安置就业基地和安置点 1 个，吸毒人员管控率 36.85%。

【110 警务】 2015 年，上思县公安局 110 报警服务台共接到报警 31316 次，比上年上升 1.11%（警情类报警 2979 次，其中抢劫、抢夺警情报警 22 次；警情类报警次数比上年下降 0.83%）；受理求助 84 次，提供咨询 30 次、骚扰电话 9842 次、其他无效报警 18495 次，无效报警率为 90.49%）；接警后，处警 2979 次，出动警力 17874 人次，比上年分别下

降 0.83%、下降 0.83%；通过 110 接处警，抓获各类违法犯罪嫌疑人 281 人，侦破刑事案件 274 起，查处治安案件 2315 起，救助群众 60 人次，受理警务监督投诉 3 起，比上年分别下降 7.87%、30.63%、4.06%、上升 5.26%、下降 25%，110 警务服务平台在社会中树立良好的形象。

【队伍建设】 年内，全县公安机关结合"三严三实"活动，加强对民警的廉政教育，认真查处发生在群众身边的"四风"和腐败问题，严格遵守中央八项规定，牢固树立法纪观念和服务意识，自觉抵制不良风气。加强纪律作风建设，严抓"执法不严、司法不分"自查自纠"回头看"活动。有效促进队伍建设健康发展。先后有 3 个集体 3 名民警受到自治区表彰奖励；2 个集体、8 名民警受到市级表彰奖励，其中 2 人获得全市优秀人民警察，4 人荣立个人三等功，2 人受到嘉奖。

司法行政

【机构设置及工作概况】 2015 年，县司法局内设秘书股、法宣股、基层股、调处办等 4 个业务部门，在编人员 34 人。设局党组书记、局长 1 人，局党组成员、副局长 1 人，局党组成员、纪检组长 1 人。下辖 8 个乡镇司法所；法律援助机构 1 个，从业人员 4 人；法律服务中心 1 个，法律服务工作者 12 人，律师事务所 2 家，执业律师 12 人。

年内，县司法局坚持以服务全县经济社会发展为中心，主动服务大局，充分发挥职能优势，提供优质高效的法律服务和保障，全力维护社会和谐稳定，为经济社会发展创造了良好的法治环境。

【人民调解工作】 年内，进一步健全完善行业性、专业性人民调解组织，加强县交通事故人民调解委员会规范化建设，着力推进医患纠纷人民调解委员会建设，形成覆盖全县人民调解组织网络。积极开展矛盾纠纷精准排查精细化解工作，充分发挥人民调解在化解矛盾纠纷中的基础性、源头性和"第一

道防线"作用。全县排查民间纠纷案件226起,调解226起,调解率100%;调解成功226起,成功率100%。7月,叫安司法所李加仁同志参加全市首届人民调解案件评比荣获二等奖。

【"三大纠纷"调处】 2015年,县司法局充分发挥组织协调督促指导职能作用,组织召开了全县"三大纠纷"调处工作会议及各类调处协调会3次,督促各职能部门调处"三大纠纷"工作。重点对历史积案、重点工程和重点项目建设涉及的纠纷案件,有可能激化的恶性纠纷案件、在较大城镇和人员密集的地方发生的重大纠纷案件、国有农林场与周边群众的重大纠纷案件,确定目标,把握难点,本着急案急办、大案先办的原则,集中力量,化解了一批重大疑难案件。2015年,全县共受理"三大纠纷"案件64起,年内调结60起,调结率93.7%,其中:土地纠纷14起,山林纠纷33起,项目征地纠纷17起。

【律师工作】 县司法局持续开展"五个一"活动,深入开展社会主义法治理念教育。加强律师党建工作,建立了心田律师事务所党支部,发展1名律师党员。贯彻落实两院三部联合印发的《关于依法保障律师执业权利的规定》,强化对律师执业行为的监管,加强律师教育。律师执业保障、惩戒和诚信执业机制正在逐步健全完善。与县检察院联动,组织律师积极参与维稳信访处置,引导涉法涉诉问题进入法治化解轨道。积极为项目建设、征地拆迁等经济发展提供法律服务。发动全县律师、法律工作者参与法律顾问工作,全县有22家单位建立了法律顾问制度。全年办理各类案件161件,其中民事诉讼代理110件;刑事诉讼辩护案件37件;非诉讼案件6件;行政诉讼代理案件8件。年内有3名律师受到防城港市律师协会的表彰,全县律师执业水平,服务能力进一步增强。

【公证工作】 年内,县司法局推进公证服务项目建设和便民服务,公证员参与强制拆除违法占地、违法建筑行为、处置非法采砂、采矿等执法活动现场证据保全公证5次,共办理各类公证196件,其中,合同公证14件、继承140件、委托公证12件、声明10件、遗嘱2件、亲属关系2、保全证据9件、文本相符6件、其他1件。

【普法依法治理工作】 年内,县司法局以"六五"普法检查验收工作为契机,围绕"法律六进"活动,在全县创建了12个示范点和3个法治文化阵地,为普法检查验收工作树立标杆。严格按照检查标准,强化软件资料,做到软件资料内容丰富,分类准确,装订规范。制作"六五"普法工作开展情况展板10块,宣传专栏32个,重点展示全县在组织保障、法律六进、法治示范创建、法治文化等方面的工作成果。制作以"'六五'普法结硕果,依法治县谱新篇"为主题的普法专题片。在县城东西南三条进城大道路口设有"六五"普法宣传大型固定标语和流动宣传标语,在全县形成浓厚的法治宣传氛围。深入推进依法治理工作,持续深化法治县、法治乡镇、民主法治示范村(社区)、法治校园等创建活动,顺利通过了自治区"六五"普法检查验收。普法依法治理工作经验、做法得到自治区普法办的充分肯定。上思县那琴乡龙楼村被司法部、民政部评为"第六批全国民主法治示范村(社区)",县司法局被授予防城港市依法行政示范点。

【法律援助工作】 年内,成立上思县交警大队法律援助工作站。四级工作网络不断完善,行政村级法律援助联络员实现全覆盖。深化法律援助便民、利民、为民主题活动,落实"点援制",由受援群众自主选择援助律师,形成"点援制"和指派援助相结合的援助模式,法律援助的公信力进一步提升。全年共受理法律援助案件130件,其中:刑事案件31件,民事非诉讼案件56件,民事诉讼案件41件,其他案件2件,援助对象涉及未成年人、精神病人、老年人、妇女农民工,取得了良好的社会效果。

【社区矫正工作】 深入开展"社区矫正质量提升年"活动,依法加强监督管理,强化教育矫治,切实做好社会适应性帮扶工作,提高社区矫正工作制度化、规范化水平。认真开展审前社会调查评估,在规定的期限内提交调查评估意见书,为相关部门适用非监禁提供参考依据。全年共收到县人民法院、公安、监狱等部门的委托调查 76 例,其中县法院委托调查 71 例,采纳建议 66 例,采纳率为 97%;公安机关委托调查 2 例,采纳 2 例,采纳率为 100%;监狱机关委托调查 2 例,采纳 2 例,采纳率为 100%;检察机关委托调查 1 例,采纳 1 例,采纳率为 100%。建立上下联动监管机制,每月到各司法所进行督促检查,对社区服刑人员开展教育管理,形成齐抓共管局面。完成了全县社区矫正人员的电子档案建设工作,将全县社区服刑人员档案信息规范录入系统,全县在矫 139 名社区服刑人员纳入手机定位管理。强化执法,严厉打击违法违规行为,对违反规定构成收监条件和暂予监外执行条件消失的社区服刑人员进行收监执行,提请撤销缓刑 3 起,县人民法院均裁定撤销缓刑;协调公安机关对 1 名罪犯进行收监。全年管理社区服刑人员有 245 人,其中本年度接收社区服刑人员 83 人,都是缓刑犯,解除矫正 106 人,终止社区矫正 2 人,变更居住地 1 人,中止社区矫正 4 人。至年底,全县在册社区服刑人员有 145 人,其中缓刑 138 人,暂予监外执行 5 人,假释 2 人。

【基层基础工作】　县司法局业务用房建设于 5 月建成投入使用,县司法局办公条件明显改善,服务群众能力进一步提升。加强对基层司法所的硬件设施建设,为各司法所配发一批装备。组建公共法律服务轻骑队,为公共法律服务轻骑队配发 8 辆摩托车,司法行政工作整体水平明显提高。

【队伍建设工作】　围绕建设过硬队伍目标,加强干部职工的学习培训。组织干部参加自治区司法厅和市委、市政府举办的各种培训班,增长知识,开拓视野。组织业务骨干到凭祥、扶绥、来宾、钦州等地学习考察社区矫正、公证律师管理等先进工作经验。全面贯彻落实党风廉政建设责任制,严格落实党组主体责任和纪检监督责任,深入开展学习《中国共产党廉洁自律准则》《中国共产党纪律处分条例》活动,广泛开展警示教育,引导广大党员干部严守党的纪律,讲政治讲规矩,真正把纪律挺在前面。加强项目、资金、采购和执法等重点领域监督,抓好专项治理,规范权力运行。全面落实中央八项规定,坚决纠正"四风",营造风清气正的工作环境。

上思县打击走私综合治理领导小组办公室

【机构设置】　上思县打击走私综合治理领导小组办公室成立于 2011 年 3 月,是上思县人民政府办公室的下属机构。2015 年,在职在编 1 人,办公室主任由县人民政府办公室副主任兼任。

【扎实履行职能】　认真贯彻国家和自治区、市有关打击走私综合治理的方针、政策、法规;组织、指导、检查、协调、监督各部门反走私联合行动、综合治理;处理群众有关反走私的来信来访和举报,组织协调有关部门调查重大走私问题的线索,督促、指导案发地有关部门查处举报的走私贩私案件;组织协调有关执法部门处理暴力抗拒缉私、阻挠缉私的突发事件;调研、收集有关走私、反走私情报资料,分析、研究和掌握走私、贩私活动的特点、规律,并将有关情况报告县人民政府及通报有关部门;承担县打击走私综合治理领导小组的日常工作。

【打击走私综合治理】　2015 年,查获涉嫌非法经营废旧轮胎 22.5 吨、全新轮胎 217 个;查获涉嫌非法经营大米 35 吨;查获涉嫌非法经营白糖 56.45 吨;查获涉嫌非法经营冻品 300 多吨,销毁无主冻品 31.5 吨。

国防建设事业

消防武警

【机构与工作概况】 防城港市上思县公安消防大队下辖一个消防中队,全队有官兵及合同制消防员(含文职人员)共32人,是一支集灭火救援和防火监督于一身的现役部队。

2015年,大队紧紧围绕年度消防工作目标和总体思路,以中共十八大和十八届三中、四中、五中全会精神以及中共中央总书记习近平系列重要讲话精神为指针,坚持政治建警、从严治警、依法治火、综合治理,全面提升部队正规化建设水平和灭火救援能力,遏制了群死群伤恶性火灾发生,最大限度地增强了全社会火灾防控能力,为全县经济社会发展创造了良好的消防安全环境。

【综合保障能力】 2015年,上级和县政府拨给大队消防经费588.2万元并按时全部到位。年内,投入100多万元完成车库扩建和饭堂搬迁工程,上思消防站由二级站升级为一级站;新建成1栋2层的官兵食堂,官兵生活保障能力进一步提高。

【监督执法工作】 全年共开展夏季消防安全专项检查、冬春火灾防控工作、劳动密集型企业消防安全整治等专项行动10次。联合县住建、安监、工商、民政、教育、卫生等部门,开展在建工地、学校、医院、敬老院等场所专项消防安全大检查12次。全年共检查单位1452家,发现火灾隐患或违法行为1315处,督促整改火灾隐患1310处,发送责令整改通知书982份,拆除广告牌90平方米,拆除彩钢板临时建筑面积600平方米,临时查封1家医院临时用房,提请市政府挂牌督办重大火灾隐患单位1家。

【消防宣传工作】 年内,大队继续贯彻《全民消防安全宣传教育纲要》,广泛开展消防宣传"五进"(进企业、进学校、进社区、进农村、进家庭)活动,联合上思县青少年活动中心举办"119"消防安全演讲比赛和消防宣传文艺晚会,组织消防宣传200场次,开展消防应急疏散演练80次,开放消防站55次,发放宣传资料30000余份,悬挂宣传横幅、标语150多条,拍摄"119"宣传专题片并在广西电视台新闻频道《八桂新风采》栏目播出,大队组建的"上思县瑶族消防志愿队"在广西首届消防音乐节暨消防科普展活动中被评为"全区热心公益事业先进集体"。

【思想政治建设】 大队党委始终把思想政治教育工作摆在各项工作的首位,以全军和公安现役部队政治工作会议精神作为指导实践工作的理论基础,扎实开展"三严三实"和"学习践行强军目标,做新一代革命军人"专题教育等一系列专项教育工作,推出合同制消防员"十万大山顶上一棵松——李有嗣"先进典型。

【执勤战备工作】 全年大队共接警144起,出动消防车307辆次,消防人员1356人次,抢救被困人员16人,疏散65人,抢救财产价值90.1万元,灭火和抢险救援成功率达到了100%,共有32人次因在各类抢险救援行动中表现突出,荣获上级表彰奖励。

人民防空

【**机构及工作概况**】 2015年，县人民防空办公室有干部职工4人（其中在职在编2人），设主任1人。

年内，县人防办深入学习贯彻落实中共十八大和十八届三中、四中、五中全会以及中共中央总书记习近平系列重要讲话精神，重点抓好理论学习、业务培训、工程防护、行政审批、学校和社区人防宣传教育、经济目标防护、疏散基地建设、人防指挥通信业务建设，全面积极推进全县的人防工作，为全县人民群众安居乐业创造了一个安全的环境。

【**人防教育**】 年内，切实抓好人防宣传教育工作，普及人防知识。一是把学生作为重点教育对象，组织人员深入中小学校，开展人防宣传教育，全年接受人防教育的学生3500人；二是在社区组建了人防志愿者队伍，开展社区人防教育，组织群众开展自救互救；三是开展紧急疏散演练，以9月18日防空警报试鸣日为切入点，在全县中学开展紧急疏散演练活动。

【**行政执法**】 年内，在人防行政执法过程中，严格规范执法行为，严格规范执法程序，严格规范征收标准。全年共征收人防易地建设费200万元。

【**队伍建设**】 年内，加强对执法人员政治理论和业务知识培训，学习人防法律法规，全面增强执法人员依法行政意识，促使每位执法人员明确执法程序和执法依据，在执法工作中做到规范有序，公正透明，坚持勤政廉政，建立限时办结制度，规范办事程序，承诺办理时限，工作中做到廉洁高效。

【**通信警报**】 9月18日上午十时三十分，在县城区10个防空点实施防空警报试鸣，县城警报覆盖率达100%，鸣响率达100%。

【**疏散地域建设**】 年内，认真落实疏散基地建设有关要求，制定《战时人口疏散接收计划表》，制定《接收人口疏散住房方案》。健全疏散点的有关组织机构、制度。县人防办对疏散点投入5万元完善基础设施建设。加强与疏散点群的关系，经常深入走访，为疏散基地群众办成一系列好事实事。

经济管理

发展和改革

【机构设置和工作概况】 2015年,上思县发展和改革局内设秘书股、国民经济综合股、投资股、规划股4个股,实有人员12人,其中公务员9人,工勤事业编制人员1人,事业编制人员2人。下设县医药卫生体制改革办公室、县项目策划研究中心2个二层事业机构。

2015年,县发展和改革局面对经济下行压力持续加大的严峻形势,全面贯彻落实县委、县政府的决策部署,坚持稳中求进工作总基调,积极适应经济发展新常态,依托资源优势和生态优势,大力实施"生态立县、工业强县、农业兴县、扶贫稳县、旅游旺县"发展战略,认真做好"生态、资源、特色"三篇文章,主动融入全市边海经济带建设,加快构建"广西生态经济强县",全县经济社会发展总体呈现较好的态势。

【干部队伍建设】 以开展共产党员先进性教育活动为契机,以创建政治素质好、团结协作好、用人导向好、作风形象好、工作实绩好的"五好"班子为目标,进一步加强干部队伍建设。通过组织党员干部重温《中国共产党章程》和入党誓言,不忘初心,奋力前行,在开展业务、理论学习、转变作风、为民办实事等方面,充分发挥共产党员的先锋模范作用,有效地带动全体干部职工扎实履行职责,尽心尽力为加快发展服务。经过努力,年内,县发改局干部队伍建设在精神文明、业务能力、干部队伍建设和党风廉政建设等方面均取得了一定成效,有力地推进了上思改革发展事业迈上新台阶。

【国民经济和社会发展】 年内,科学加强全县经济社会发展的宏观指导,主要指标运行良好。全年实现生产总值69.55亿元,增长5.4%。农林牧渔业总产值完成30.4亿元,增长0.45%。全部工业总产值完成114.07亿元,增长11.7%,完成预期目标100.15%;规模以上工业总产值完成110.08亿元,增长11.8%,完成预期目标102.02%;财政收入8.21亿元,增长8.1%,完成预期目标100.98%;固定资产投资56.78亿元,增长11.2%,完成预期目标103.6%;全社会消费品零售总额完成18.25亿元,增长10.3%,完成预期目标100.92%;城镇居民人均可支配收入18347元,增长7.2%,完成预期目标97.45%;农民人均纯收入8486元,增长9.0%,完成预期目标99.1%;城镇登记失业率控制在2.3%的目标内;人口自然增长率控制在9.1‰以内;万元地区生产总值能耗、主要污染物排放量控制在自治区、市规定的范围内。

产业结构调整进一步优化。全县第一产业增加值18.52亿元,增长0.5%;第二产业增加值32.75亿元,增长12.70%;第三产业增加值18.29亿元,增长13.72%。三次产业比例由2014年的28.8∶45.3∶25.9调整为2015年的26.6∶47.1∶26.3,三次产业结构更趋合理。

【农业农村经济】 大力稳定粮食、糖料蔗种植面积,全县农业农村经济稳步发展。全年粮食种植面积17.5万亩,粮食总产量达4.5万吨;组织实施自治区下达的糖料蔗"双高"示范基地建设2.5万亩,通过加强政策扶持和服务,保护和调动群众种蔗积极性,全县糖料蔗种植面积43.8万亩。积极发展特色农业,加快建设上思县现代特色农业(核心)示范区,整合资金对示范区基础设施进行建设。在全县范围内重点发展了澳洲坚果、食用菌、中草药、上思香糯、双季葡萄、火龙果、茂谷柑、种桑养蚕、淮山等产业。科学发展林业生产,严格控制速生桉种植面积,大力开展植树造林,全年完成7.2万亩的植树造林任务。继续扩大林下养鸡、林下养牛养羊规模示范场建设,促进林下经济快速发展。累计完成林下经济面积65万亩,年总产值8亿元。渔牧业稳步发展,水产健康养殖、标准化建设步伐加快,畜禽规模养殖不断扩大,肉牛等草食动物养殖发展加快。2015年上思县被国家农业部纳入草牧业发展试验试点县之一。

【工业经济】 年内,工业规模不断扩大,全县工业总产值达到114.07亿元,增长11.7%。工业对国内生产总值贡献继续提升,实现工业增加值38.1亿元,增长11.46%,占GDP比重达到48.8%,对全县GDP增长贡献率达72.5%。强优企业不断发展壮大,全县规模以上工业企业22家,产值超亿元企业13家,超10亿元企业3家。工业发展后劲继续增强,完成更新改造投资额12.5亿元,同比增长14%。工业能耗逐渐下降,规模以上万元工业增加值能耗下降10.95%,规模以上工业综合能源消费增速较去年同期降低3.38%。

【现代服务业】 年内,全县现代服务业蓬勃发展。皇袍山景区、百鸟乐园等一批景区景点建设加快,一批酒店、农家乐等基础设施和接待能力得到进一步提高。百香湖、思阳镇广元村、叫安镇平江村等乡村农家乐相继兴办,乡村旅游呈现喜人新局面。香江国际酒店、龙源假日养生园被评为三星级旅游酒店,百香湖被评为广西四星级农家乐,百鸟乐园被评为国家4A级旅游景区。2015年全县接待游客达141.72万人,实现旅游收入10亿元,分别同比增长8.47%和15.01%。金融、房地产、物流、电商等第三产业也得到了进一步发展,农村、集镇农贸市场进一步完善,商贸、餐饮产业稳步发展。积极

培育电商发展,思甜土特产贸易有限公司成功通过淘宝应用平台进行在线销售;多家电商平台落户我县,开启了上思县特色产品网络化营销格局。

【重点项目工程建设】 年内,集中全县力量,强力推进重点项目工程建设。年内,全县共实施"十百千"项目59项,动工建设了昌菱1×25MW生物质热电联供项目、上思县第一初级中学、明江水利综合整治工程等重大项目,永福大道全线完成征地拆迁贯通施工并实现通车,工业大道施工进度进一步加快,农村公路改扩建、水库除险加固、农村危房改造、农村饮水工程、土地治理与开发等一批项目竣工或投入使用。扶贫开发产业、生态移民搬迁工程、教育攻坚工程、卫生攻坚工程等一批民生项目加快推进。防洪大道、县城至森林公园二级公路、南岸江滨路、布透温泉、矿泉水开发、肉牛加工等一批项目前期工作加快推进。固定资产投资继续保持较快增长,全县固定资产投资达到53.24亿元,比上年增长11.9%。

【项目保障措施】 年内,制定推行县(处)级领导干部联系推进重大、重点项目责任制,实施"项目推进在一线",明确重大、重点项目进度目标和责任分工,强化责任单位、配合单位及项目业主之间的协同配合。建立项目用地保障机制,多方式、多途径争取增量指标,采取"征地拆迁在一线"工作法,全年完成土地征收700亩,落实项目用地指标950亩,收储土地200亩。创新融资机制,开展多渠道融资工作,全年政府投资项目完成融资1.7亿元。继续加大招商引资力度,新引进中草药种植加工、十万大山矿泉水、明江源畜禽养殖加工、木材加工等一批项目,全年内资到位31.27亿元,增长9.4%。

【市政建设】 年内,进一步加大县城建设力度,市容市貌明显改善。两大进城大道加快推进,月亮景观桥建成通车。投资2000万元,完成了城南小区、彩元小区和老城区共50条街巷道路的硬化。深入实施县城美化亮化工程,投入200多万元,在小街小巷新安装路灯250杆;投入400多万元对主要道路(街道)新种、改种各种绿化树木1375棵、花卉

4500 株。城市污水处理能力进一步增强,投资 400 万元,完成县城污水管网建设 5.5 公里。实施县城团结路风貌改造,完成了首批 19 个示范户改造工程。新动工建设了瀚江花园、名凯御景、汇金国际等一批房地产项目。城管执法力度得到加强,城市环境更加清洁、整齐、优美。

【乡村基础设施建设】 年内,加大资金投入,加强规划建设,农村基础设施进一步完善。全年实施农村危房改造 3000 户,共发放农户危改补助资金 5760 万元。"美丽广西"乡村建设成效显著,"三化"各项工程取得了实质性突破,农村的生产生活环境明显改善。"村屯绿化"方面,完成了 52 个示范村屯的绿化工作,完成了主要交通干道 35 公里的绿化带种植。"饮水净化"方面,完成了 80 个农村饮水安全工程建设,解决了 2.28 万群众饮水不安全问题。"道路硬化"方面,整合项目资金,完成投资 5939 万元,开工建设通村(屯)硬化水泥路项目 111 个,当年竣工 108 个,完成道路硬化 132.785 公里、桥梁 165 延米,极大地改善了群众的出行条件。抓好自然屯屯内巷道硬化,发动群众投工投劳,累计投入 400 多万元,免费发放水泥 2 万多吨,完成 120 个自然屯 300 公里的巷道硬化。完成土地整治 982 公顷,新增耕地 110 公顷。小型水库除险加固、小型农田水利、耕地提质改造(旱改水)工程、河道整治、水库移民新村建设等一批农村基础设施项目顺利实施。

【社会事业】 年内,社会事业得到全面协调发展。教育攻坚工程深入实施,一批教育项目先后开工建设或顺利实施。普通高中教育得到长足的发展,办学规模由 2012 年的 1800 人上升到 2015 年的 2600 人。县、乡(镇)、村(社区)三级卫生网络和服务体系进一步健全,县妇幼保健院公共卫生服务楼开工建设,县卫生监督所业务楼竣工验收交付使用。社会保障覆盖面不断扩大,全年累计发放城乡低保补助金 6156 万元;提供城镇医疗保险与农村合作医疗保险补助金 177.8 万元,对患病住院的城乡困难群众给予医疗救助金 688.58 万元;全县实现城镇新增就业 6256 人,农民劳动力新增转移就业 5637 人,

失业人员再就业 195 人,城镇登记失业率为 2.3%。深入实施十万大山扶贫攻坚工程,12 项扶贫工程共投入 5.95 亿元,实现 7 个贫困村、5690 贫困人口脱贫。文化、体育事业繁荣进步,各类文体活动有声有色,上思籍运动员在全国、全区各类比赛中,获得 9 金、6 银、9 铜。

【深化改革工作】 年内,经济体制改革加快推进。一是深入推进行政审批制度改革,取消非行政许可 74 项,调整为内部审批和其他权力事项的 226 项。二是加快推进机构改革,县工商局、县质监局划转县人民政府管理,乡镇"四所合一"工作基本完成。三是加快推进商事制度改革,实施注册资本、先照后证、经营场所"宽进"改革,全面实施"三证合一、一照一码"登记制度。四是启动公务用车制度改革,制定了《上思县公务用车制度改革工作方案》,为下一步全县公车改革全面铺开创造条件。五是开展农村产权制度改革,华兰镇、在妙镇农村土地确权登记颁证试点工作基本完成。六是加快构建新型农业经营体系,全年累计成立农民专业合作社 160 多个。七是推动农业综合改革,加快现代特色农业核心示范区创建,完成了整体规划编制,成功吸引一批企业落户示范区。八是实施农村金融改革,研究制定了《上思县农村金融改革工作实施方案》。九是有序推进民主法制领域和社会体制改革,完成 10 个试点单位先行建立政府法律顾问制度工作。上思法院陪审员制度改革成为全国 50 个试点之一。深化"一村一警"和"无诉村屯"创建工作,乡镇综治信访维稳中心实现全覆盖,87 个村(社区)平安达标率 100%。探索建立重大决策项目社会稳定风险评估机制,对 18 个重大决策项目进行风险评估,有效预防群体性事件发生。十是扎实推进教育卫生体制改革,研究制定了《上思县实行十二年义务教育工作方案》,在全市各区(县市)率先推行十二年义务教育工作。制定了《上思县县级中等职业学校综合改革实施方案》,县职校全面启动五年制"2+3"职业教育人才培养模式。十一是加快推进县级公立医院综合改革,新农合参合率 99.03%,居广西前列。组织实施全科医生定向培养,基层医疗卫生服务水平进一步提高。

物价管理

【机构设置及工作概况】 上思县物价局2015年行政编制3名，领导职数1名，内设价格和收费综合股1个。下辖县价格监督检查分局和县价格认证中心。其中：县价格监督检查分局参照公务员法管理人员3名，县价格认证中心参照公务员法管理人员2名。

2015年，县物价局认真贯彻稳定消费价格总水平，落实价格调控目标，加强价格总水平调控，着力提升价格监管和服务水平，为上思县域经济和社会事业发展提供优质高效服务。

【市场价格监测】 加强对农资、粮油、液化气、猪肉、蔬菜、药品等重要商品价格的监测。认真开展市场价格监督测报工作，对监测品种实行一周一报，并及时将价格动态报送县委、县政府和相关部门。在元旦、春节、清明等节假日期间，安排监测人员对县城明江市场、城中市场、百汇超市、盛万佳超市的食品类价格进行监测，形成每日一报，严控节日市场食品类价格。全县节日期间市场食品类价格均没有出现较大的波动。

【价格收费管理】 年内，对县级部门的行政事业性收费、经营服务性收费进行全面清理，共清理842个收费项目。其中：取消的行政性收费项目12项，暂停征收的行政性收费项目7项，降低的行政事业性收费项目25项，保留的行政事业性收费项目574项；取消的经营服务性收费项目5项，放开市场调节的经营服务性收费项目2项，降低的经营服务性收费项目11项，保留的经营服务性收费项目206项。同时，根据《国家发展改革委、财政部关于取消收费许可证制度加强事中事后监管的通知》（发改价格〔2015〕36号）文件精神，全面停止了《收费许可证》的核发和年度审验工作。

【价格监督检查】 年内，对涉农、涉企收费进行专项检查，重点对农资、化肥、农机服务、学校收费、农民建房、城建、供电、医疗收费等进行专项检查，发现问题依法依规严肃查处。同时，对人民群众关心的焦点、热点价格问题进行专项整治，主要对"春运"期间的客运票价、液化气价格、工业用电价格、农资价格、医药价格、幼儿园收费、旅游收费等进行整治，进一步规范了价费行为。

【价格认证】 扎实抓好征地拆迁的价格认证工作，全年共完成征地价格认证15宗，评估金额人民币42万元；接受税务部门委托，完成应税物价格认证32宗，案值2188万元；配合公、检、法等部门完成价格评估认证案件790宗，案值1301万元。同时，配合县清房办完成全县干部职工违规多占住房清退专项整治工作，完成25宗房屋价格认定。

【价格举报投诉】 1月20日，正式开通上思县12358价格举报信息管理系统，标志着上思县价格举报工作进入一个新阶段。该系统建立了国内领先的投诉管理平台，实现了国家、自治区、市、县（区）四级信息资源共享。群众通过电话、上网投诉的价格违法案件办理情况通过系统查询一目了然，极大地提高了价格举报工作的信息化水平和透明度。

12月，物价局向群众宣传价格政策

审 计

【机构设置和工作概况】 2015 年,上思县审计局内设办公室、财政金融审计股、经济责任审计股、企业审计股 4 个股室,编制 10 人。设局长 1 人,副局长 2 人。下属事业单位有上思县政府投资审计中心,编制 3 人。

2015 年全年完成审计项目 198 个。其中,财政预算执行审计 1 个,政府投资项目 194 个,经济责任审计 2 个,其他专项审计调查 1 个。共查处违规资金 957.41 万元,管理不规范资金 11045.21 万元。

【财政审计】 2015 年,上思县审计局对县本级 2014 年度预算执行及其他财政收支情况及乡镇财政所、卫生院、学校等单位进行延伸审计,审计发现的主要问题是:1. 部门、单位应缴未缴预算收入 1464000 元;2. 部分政府性基金支出不合规 5977900 元;3. 县级财政尚未处理专户挂账资金 60845400 元;4. 思阳镇政府、在妙镇政府会计核算未能真实反映单位收入 12642308 元;5. 思阳镇政府、在妙镇政府资金使用不规范 2581600 元;6. 部门、单位现金管理存在安全隐患 735000 元;7. 乡镇财政所(核算部)未能严格执行政府投资工程资金支付前置审核把关 1167200 元。上述审计发现的问题县审计局均提出处理意见,并在向县政府工作报告中提出了整改要求,从而不断地提高了审计的公信力。

【固定资产投资审计】 为规范投资工程资金使用效益,年内,组织精干得力人员对上思县在妙镇联合村七门屯清洁乡村综合项目等 194 项工程实施了结算审计,合计审计工程资金 24226.41 万元,审计后纠正和处理资金 3213.26 万元,有效促进被审计单位合理使用建设资金,不断提高单位财务管理水平,在规范投资领域和遏制腐败行为中较好地发挥了审计监督作用。

【经济责任审计】 年内,完成了上思县粮食局原局长梁亮卿同志、上思县交通局原局长冯钧同志任职期间经济责任审计。审计查出违纪违规资金 13000 元、管理不规范资金 348005.53 元,审计后向委托单位出具了结果报告并提出处理意见,较好地完成了审计任务,并将审计有关情况与上思县经济责任审计联席会议领导小组成员进行通报和沟通,全面规范领导干部财务管理行为。

【专项资金审计(调查)】 年内,完成了上思县林业局 2011—2013 年度农村用户沼气建设项目审计。查出主要问题涉及金额 2119186.72 元。审计发现的主要问题是:1. 未完成实施沼气项目,造成资金结余 1145786.72 元;2. 以白条支付沼气建设技工工资 973400 元。审计后决定将结余资金 1145786.72 元收缴入库,避免资金闲置,提高资金使用效益。

统 计

【机构设置】 上思县统计局为县政府组成部门,2015 年设有综合股、产业统计股 2 个内设机构,编制 8 人。下属有上思县普查中心,编制 8 人,实有 7 人。实有人员中公务员 15 人(含参公人员),工勤 1 人,设局长 1 人,副局长 2 人。

【经济社会发展主要指标完成情况】 2015 年,全县实现地区生产总值 695525 万元,增长 5.4%。其中,第一产业增加值 185172 万元,同比增长 0.5%;第二产业增加值 327498 万元,同比增长 6.8%;第三产业增加值 182855 万元,同比增长 13.72%。三次产业结构由 2014 年同期的 28.8:45.3:25.9 调整为 26.6:47.1:26.3,一产比重下降 2.2 个百分点,二产比重上升 1.8 个百分点,三产比重上升 0.4 个百分点。

农林牧渔总产值完成 304046 万元,同比增长 0.45%。

全部工业总产值完成 1140673 万元,同比增长 11.7%。全部工业增加值 307695 万元,同比增长 8.4%。其中,规上工业完成产值 1100757 万元,同比增长 11.8%；规上工业增加值完成 292527 万元，同比增长 8.5%。

全社会固定资产投资完成 567755 万元，同比增长 11.2%。

全社会消费品零售总额实现 182513 万元，同比增长 10.3%。

居民收入有所增长，城镇居民人均可支配收入完成 18347 元，比上年增长 7.2%；农民人均纯收入 8486 元，比上年增长 9.0%。

财政收入完成 82083 万元，同比增长 8.1%。

年末全部金融机构存款余额 490628 万元，同比增长 8.1%；全部金融机构贷款余额 288918 万元，同比增长 24.1%。

2015 年年末，上思县户籍人口为 244074 人。其中，男性为 136604 人，女性为 107470 人。

全年完成全社会客货运周转量 79645 万吨公里（不含铁路、水上、航空），增长 3.4%。

全县全社会用电量 23737 万千瓦时，同比增长 5.2%。

教育和科学技术进一步发展，在校小学生数 19490 人，小学专任教师数 1103 人；在校普通中学生数 11604 人，中学专任教师数 646 人；学龄儿童入学率 99.6%。

工商行政管理

【**机构设置及工作概况**】 2015 年，上思县工商局是防城港市工商局直属单位，内设办公室、法制股、反不正当竞争执法与商标广告监督管理股、消费者权益保护股、市场与合同规范管理股、企业与个体私营经济登记注册股（行政审批办公室）、企业与个体私营经济监督管理股、信息与网络商品交易监督管理股、人事股、财务股等 10 个股室，下设经济检查大队和"12315"消费者申诉举报中心 2 个直属机构，下辖思阳工商行政管理所、叫安工商行政管理所、在妙工商行政管理所、华兰工商行政管理所、公正工商行政管理所、那琴工商行政管理所、南屏工商行政管理所、平福工商行政管理所等 8 个基层工

商所。2015 年，全县工商系统在编人数 43 人，其中县局机关在编人员 18 人，基层工商所在编人员 25 人。设局党组书记、局长 1 人，党组成员、副局长 4 人、党组成员、纪检组长 1 人。

2015 年，县工商局深入贯彻落实中共十八大和十八届三中、四中、五中全会精神及全国、全区、全市工商工作会议精神，强化措施，狠抓工商体制改革、非公有制经济、红盾护农、行政执法等工作，并取得了很好的成效。

【**工商体制改革**】 2015 年是工商体制调整改革的关键之年，县工商局党组成立了以局长任组长的工商体制改革工作领导小组，精心部署安排，稳妥推进工商体制调整工作。召开专题会，就工商体制调整期间的干部队伍、福利待遇、思想动态、市场监管等问题进行了专门研讨，做好政策解读，切实做好工商体制调整稳定风险评估及防范工作。严格工作纪律，做好移交准备工作。严格执行机构编制、干部人事、财经工作等纪律，安排专人对人事档案、工资档案、固定资产材料进行核实，全力开展本系统人、财、物的清查统计工作。4 月 23 日，防城港市人民政府举行上思县、东兴市工商行政管理局人事档案移交仪式，上思县工商系统整体顺利完成由垂直管理到分级管理工作。

【**非公有制经济**】 "注册资本认缴制""先照后证""三证合一、一照一码"登记制度的实施，为"大众创业，万众创新"提供良好的市场准入环境。注册资本"宽进"改革实施以来，"宽进严管"改革红利显现，市场获利全面激发，民间创业热情高涨。截至 10 月底，全县内资企业登记注册的户数为 267 户，注册资本（金）57453.45 万元。其中：国有企业 60 户，集体企业 106 户，股份合作企业 13 户，公司 88 户。年内内资企业新发展 8 户，注册资金 904.5 万元；个体工商户已发展到 7017 户，从业人员 13430 人，注册资金 29615.95 万元；个体工商户新发展 870 户，从业人员 2105 人，注册资本金 5411.5 万元；私营企业共有 882 户，投资人员 1683 人，雇工 11131 人，注册资本（金）150087.5 万元；私营企业新发展 164 户，投资人员 252 人，从业人员

1670 人,注册资本 67169 万元;农民专业合作社共有 162 户,成员总数 1675 人,出资总额 18816.28 万元;农民专业合作社新发展 46 户,成员总数 360 人,出资总额 3502.4 万元;共微型企业发展到 188 户,注册资本 1866 万元,带动就业 1169 人。2015 年新发展微型企业户数 11 户,注册资金 110 万元,从业人员 69 人。其中新发展个体工商户 870 户,从业人员 2105 人,注册资金 5411.5 万元,同比增长 62.32%、25.3%、71.22%;新注册登记的企业 172 户,雇工人数 1670 人,注册资金 68073 万元,同比增长 107.6%、35.34%、130.07%;农民专业合作社新发展 46 户,注册资金 3502.4 万元,同比增长 170.59%、下降 45.18%。

此外,还选送 2 家企业和 12 户个体工商户共 16 人参加了市政府组织的电子商务培训学习,动员发展了 2 户注册登记电子商务经营业务,实现了上思电子商务注册零的突破。

【年报工作】 认真落实企业年报工作,着力推进社会企业信用建设。截至 2015 年 6 月底,全县 2013 年度应年报企业 857 户,已年报企业 725 户,年报率为 84.6%;2014 年度应年报企业 982 户,已年报企业 841 户,年报率为 85.6%。2013 年度应年报个体工商户 5234 户,已年报个体工商户 3906 户,年报率为 74.6%;2014 年度应年报个体工商户 6025 户,已年报个体工商户 4563 户,年报率为 75.7%;2014 年度应年报农民专业合作社 119 户,已年报农民专业合作社 117 户,年报率为 98.3%。

【非公党建】 认真开展调查摸底,通过注册登记、市场调查、企业走访等工作途径,进一步摸清非公有制经济组织,并登记造册建档。扎实开展“两新”组织党组织组建百日攻坚大行动,全力推进,力求实现党组织应建尽建,成效凸显。至 2015 年底,全县共组建非公企业“小个专”党组织 13 个,覆盖非公企业党组织数 20 个,完成目标任务 130%,全县“两新”组织党组织和工作覆盖不断扩大,强有力地促进了全县非公经济健康发展。

【红盾护农工作】 一是召开农村经纪人培训会,为农民送上致富技术。年内共投入经费 16000 元,举办 4 期农村经纪人培训班,参培人员 160 人次,聘请了外地专家进行授课,采取“集中授课 + 现场互动问答”的方式,以政策法规、市场经济、经纪人管理、农资打假、农村消费维权等为重点培训内容,进一步提高了农村经纪人的整体素质,增强了农村经纪人准确把握市场规律、开拓市场的能力。二是开展春耕、夏种、秋播三个时节的农资专项整治。重点放在较大的乡镇所在地和县城区,检查了 65 户农资经营户,发现 9 户无照经营,下发了 3 份行政告诫通知书,立案 6 起,处罚 1600 元。三是认真开展“放心农资示范店”创建工作。按上级标准要求,在思阳辖区建成 5 个“放心农资示范店”,占市下达任务的 125%。通过落实“放心农资示范店”,以点代面,进一步规范农资经营户的守法和诚信经营,有效地维护农民消费权益。四是通过“3·15”宣传活动、宣传月以及在在妙镇开展“2015 年放心农资下乡进村”宣传活动,共发放《肥料打假维权》《农药打假维权》手册 350 本,宣传资料单 1000 份,制作宣传栏 2 期,上思有线电视专题宣传 2 期,在防城港市电视新闻播放 1 期。

【查处取缔无照经营】 按照“宽进严管、放管并重”和“谁主管、谁审批、谁监管、谁负责”的原则,扎扎实实做好查处无照经营各项工作。配合协同安监、环保、公安消防、住建、质监、工信等部门对全县范围内高危、重点监管行业的企业进行安全生产检查,年内共出动执法人员 520 人次,车辆 200 车次,检查各类交易市场 12 个,市场主体 1922 户次。查处取缔黑网吧 2 起,查处 30 个无照案件。

【整治流通领域商品】 开展元旦春节期间以及流通领域儿童用品质量市场、汽车市场、非法销售卫星电视接收设施、农村市场重点商品质量、服务领域预付卡消费等一系列专项整治行动,严格重点商品质量监管,依法监督流通领域商品经营者落实商品质量安全管理责任,坚持日常监管与专项整治相结合、集中整治与长效机制建设相结合、监管执法与经营者自律相结合,突出重点、依法整治,维护良好的市场秩序,切实保护广大农村消费者的合法权益。年内,共出动执法人员 290 人次,出动执法车辆 54 车次,检查经营户、企业 671 户次,检查市场 12 个,检查超市 11 个。

【广告商标监管服务】 进一步打击虚假违法广告,净化广告市场秩序。一是加强对户外广告的管理力度,对新媒体时代、雄基广告、上思电视台金苹果 LED 广告灯固定形式印刷品广告进行监测,有效地控制了违法媒介广告。二是根据国家工商总局、卫生部、国家中医药管理局的文件精神,开展

3 月,工商局执法人员依法查扣卫星电视接收器

了违法医疗广告专项整治工作,明确了医疗广告整治的目标和内容,年内责令停止发布违法医疗广告一条。三是根据自治区工商局的要求,开展了违法药品广告整治工作,对全县药品广告进行了一次整治,检查广告经营单位和广告主 12 家、检查药品广告 18 条。四是开展保健品、房地产广告专项整治,于 3 月至 6 月对保健品、房地产广告进行了整治,共抽查广告 10 条,其中保健品 2 条,房地产 6 条,限期整改 1 条,行政告诫 1 条。通过整治有效遏制了医疗、药品、保健品、房地产广告中存在的问题,全县广告市场得到了进一步规范。

此外,还利用集市、圩日大力宣传《商标法》和《广告法》。年内共挂横幅 6 条,发放各类宣传资料 1000 余份。同时还加强日常监管,开展主要节庆商品的商标专用权整治,保护本土商品注册商标专用权。主动与"睡宝"等厂家协作,严厉打击制售假冒商标侵权行为。加强商标注册服务工作,积极为企业和个人服务,为他们讲解商标申请的有关商标注册方面的知识,引导企业、个体工商户和农户等市场主体申请注册商标,扶持地方经济的发展。

【消费维权工作】 以消费领域经营者为主要对象,开展企业大约谈、大规范活动。在"3·15"前后,针对打折商品存在的侵害消费者合法权益的行为,集中约谈了县城 7 家超市企业和经营者。按照市工商局、消委会有关文件精神,继续在八类商品销售商中推行"消费维权联系卡"工作,进一步严格执行进货查验制度,杜绝问题商品,把好商品质量的第一道防线,营造了安全、放心的消费环境。

在县工商局、工商所设立 6 个"学雷锋消费维权岗",开展"学雷锋走进'消费维权服务站'"活动。从 5 月份开始,县工商局、工商所开展 12315 工作人员走进商场、超市、市场、企业、景区等"五进"活动,走进消费维权服务站 4 个 16 人次,培训消费服务站工作人员 4 人次,指导办理投诉 2 件。

【队伍建设】 年内,切实加强工商干部职工队伍建设,内强素质、外树形象。县工商局先后举办 12 次党组中心组理论学习,有 63 人次参加;举办全员政治理论学习 12 期,参学人员 416 人次。全年组织干部参加区局、市局、县级举办的各类业务培训班、网络培训班等 42 期,参训人员 608 人次;组织开展业务培训班 22 期,参训人员 640 人次。通过理论学习和业务培训,干部职工整体素质得到了很大提高。

质量技术监督

【质量技术监督局机构】 上思县质量技术监督局成立于 1972 年;2014 年由自治区垂直管理调整为县人民政府管理,在县人民政府办公室挂牌;2015 年印发了部门"三定"方案,局编制 9 人(含机关后

勤服务聘用人员控制数 1 人),设局长 1 人,副局长 3 人,内设办公室、综合管理股、法规监督股、特种设备安全监察室、食品相关产品生产监管股等 5 个职能股室。2015 年,在县委、县政府的正确领导下,上思县质监局认真履行质量、计量、标准化和特种设备安全监察职能,为整顿和规范市场经济秩序、维护消费者的合法权益、促进经济发展做出积极的贡献。

【质量管理】 品牌创建工作取得积极进展,华润水泥(上思)有限公司获得"广西名牌产品"称号。积极与学校协作配合,在广西上思华林林产工业有限公司成功创建"广西中小学生质量教育社会实践基地",组织中小学校学生参加中小学质量教育社会实践基地"开放日"活动,促进了质量精神和理念在广大中小学生中的传播。邀请区内外专家到上思举办卓越绩效管理模式暨县长质量奖培训班,全县各大中型企业约 50 人参加培训,不断提升全县企业质量管理水平。

【计量管理】 开展"5·20 世界计量日"宣传活动,发放法律法规宣传资料,向群众讲解计量常识,使群众了解计量、关心计量、支持计量;与 12 家重点商家签订了计量诚信承诺书。深入开展计量检查,核查商家所用计量器具是否经过定期检验和定期检验是否在有效期内,保障广大人民群众的切身利益。指导县明江市场服务中心积极创建计量诚信市场。

5 月,上思县质量技术监督局执法人员对超市扶梯进行检查

【标准化工作】 指导中科纳达控股股份有限公司上思分公司完成企业产品标准备案工作。指导广西上上糖业有限公司、广西上思华林林产工业有限公司完成标准化良好行为企业确认续评工作,推动广西农垦集团昌菱制糖有限公司申报标准化良好行为企业,推动百鸟乐园创 4A 景区及服务业标准化示范区建设。

【执法打假】 认真开展液化石油气充装安全、产品质量安全等专项整治,整顿规范市场经济秩序,全年共出动执法人员 425 人次,检查生产、经销企业 135 家(次),立案查处案件 8 件,涉及农资肥料 5 件,液化气计量 1 件,包装产品 1 件,其他产品 1 件,罚没款共计 7.82 万元。接受业务咨询信息 34 件,协助企业办理生产许可证 2 家。深入推进依法行政工作,被自治区全面推进依法行政工作领导小组授予"自治区第四批依法行政示范单位"荣誉称号。

【特种设备安全监察工作】 开展春节、两会期间特种设备安全大检查,检查辖区内食糖、危化品、林板材生产企业、超市商场等特种设备使用单位 15 家,出动人员 45 人次,发现安全隐患 7 处,下达安全监察指令书 2 份,督促企业完成隐患整改,确保全县春节、两会期间特种设备安全运行。部署开展电梯安全监管大会战,针对电梯安全管理制度的落实情况、管理人员的持证培训情况、电梯的定期检验和使用登记情况、电梯的维保情况等方面进行检查,共出动检查人员 93 人次,检查电梯 56 台次,发现安全隐患 28 处并督促使用单位和维保单位完成整改,保障电梯安全运行。开展学校锅炉安全检查活动,出动检查人员 21 人次,检查锅炉 6 台,确保学校锅炉安全。组织对全县石油液化气库进行了安全大检查,针对企业执行法律法规、内部管理、充装资质及人员持证等情况共计 12 项内容进行了细致的检查,确保气库安全运行。

【质量强县工作】 县政府印发《上思

9月，质量月晚会

县质量与品牌奖励资金管理办法》《2015 年上思县"质量月"活动方案的通知》等文件，召开了 2015 年质量强县联席会议，推动各部门积极参与，形成各行各业合力创建质量强县的良好氛围。成功举办了 2015 年防城港市"质量月"活动启动仪式暨广场文艺晚会，展示了各级党委、政府对质量工作的高度重视，增进了社会各界对质量工作的理解和支持，拉近了质量与群众之间的距离。

安全生产监督管理

【安全生产监督管理机构】 2015 年，上思县安全生产监督管理局内设办公室、矿山安全监察股、安全监察管理综合股等 3 个股室，行政编制 8 人、工勤 1 人，设局长 1 人、副局长 2 人。

【建立安全生产责任制度】 深入学习贯彻中共十八大和十八届三中、四中、五中全会精神及中共中央总书记习近平、国务院总理李克强关于安全生产的系列指示、批示和讲话精神，把思想和行动统一到中央关于安全生产工作的方针政策上来，不断增强坚守"红线"的能力，不断增强乡镇、部门谋划

安全发展理念和管理安全生产工作的能力。同时，组织学习自治区和防城港市安全生产"党政同责、一岗双责"暂行规定，并结合上思实际，制定并印发《上思县安全生产"党政同责、一岗双责"暂行规定》。同时，指导乡镇建立和落实本级安全生产相对应责任制度，实现安全生产"五级五覆盖"。

【安全生产大检查】 年初，县安委办印发了《关于做好我县 2015 年度五级隐患项目立项工作的通知》，明确要求各乡镇、各成员单位摸清重大安全事故隐患，切实做好隐患的整改监控工作，遏制和减少安全生产事故的发生。县安委办对各乡镇、各部门上报的安全隐患情况进行了梳理，确定了 53 项（其中市级 2 项、县级 10 项、乡镇级 31 项、村级 10 项）作为本年度上思县"五级"隐患，并逐项落实了整治责任，力促加快整改进度。年内，全县 53 项"五级"隐患完成整改 53 项（其中市级 2 项、县级 10 项、乡级 31 项、村级 10 项），整改率为 100%。

【开展"六打六治"打非治违专项行动】 加大重点地区、重点行业（领域）、重点单位的隐患排查治理和打非治违的力度，通过开展督查、联合执法、

8 月 24 日，县委书记张惠强（左二）到红光烟花爆竹批发公司检查指导安全生产工作

暗察暗访、"四不两直"等方式,及时发现、挂牌督办并集中整治一批重大安全隐患。对在隐患大排查中,未将隐患排查治理情况向从业人员通报的企业、负有安全生产监管职责的部门,严肃依据《安全生产法》第九十四条进行处理。同时,依法处罚一批、停产一批、取缔一批典型非法违法企业,并在新闻媒体公开曝光,形成强大社会震慑力。

【重点行业安全生产专项整治】 年内,对道路交通、非煤矿山、危险化学品、烟花爆竹、人员密集场所、消防、建筑施工、水上交通、校园周边道路交通、特种设备和农机运输等行业领域进行了安全生产专项整治。年内,全县危险化学品、烟花爆竹、建筑施工、水上交通、农机运输和特种设备等重点行业领域保持无事故状态。

【开展重点时段事故隐患排查整治】 年内,组织开展元旦春节、"两会"、清明节、"五一"节、中秋节、国庆节和自治区"两会一节"期间的安全生产大检查。成立督查组进行暗访督查,督促落实各项安全防范措施。年内,全县安全生产形势稳定。

8月24日,县委书记张惠强(中)深入危险化学品生产企业及易燃易爆物品仓库检查指导安全生产工作。副县长马瑞及安监、工信、公安、质监、消防、思阳镇等单位领导参加了当天的检查活动

上思县食品药品监督管理局

【概况】 上思县食品药品监督管理局成立于2011年3月,机关行政编制13名,其中科级领导职数4名(局长1名,副局长3名),机关后勤服务聘用人员控制数2名;下属事业单位上思县食品药品稽查执法大队核定事业编制数10名,稽查执法大队派出机构每所核定事业编制数3名,全县8个乡镇所共24名。2015年实有人数为:机关行政人数12名,机关后勤人员2名;稽查执法大队4名,各乡镇所5名。

【加强领导,提升队伍建设水平】 2015年,组织干部深入学习领会十八届三中、四中和五中全会精神以及中共中央总书记习近平关于食品安全的重要讲话精神,按照"四个最严"要求推动食品药品安全监管工作的开展。同时,积极落实党风廉政责任制,制定出台了《上思县食品药品监督管理局行政人员问责办法》,明确问责的情形、方式、程序,按照"一岗双责"的要求和"谁主管、谁负责"的原则,明确各级领导的责任,以加大责任追究促进工作落实,将风险管理理论引入惩治和预防腐败体系建设,着力抓好要害部位关键环节廉政风险的防范,最大限度地降低腐败发生的风险,营造风清气正的良好环境。加强监管企业党建工作,在上思县金辉煌餐饮娱乐有限公司成立党支部,非公党建工作逐步推进。

【食品药品监管工作】 年内,开展专项整治,不断规范"四品一械"生产经营秩序。2015年,按照市局部署,积极开展食品安全社会共治行动、"鹊鹰行动"专项整治、学校食堂和校园周边食品安全整治、含特殊药品复方制剂经营管理专项检查、药品经营店保健食品专项整治、宾馆酒店化妆品专项工作、体外诊断试剂质量评估和综合治理专项、开展农村食品市场专项整治等执法行动。全年专项整治共出动执法人员 3500 人次，出动执法车辆 880 车次，检查食品生产企业、小作坊 32 家，食品流通经营户 500 家，餐饮服务单位 300 多家，与各学校（幼儿园）签订食品安全责任书，签订率达 100%，明确了食品安全目标和责任。保健品、化妆品环节检查药店 15 家、宾馆酒店 10 家，下达监督检查意见书 10 份。药品环节检查药品经营企业 32 家，其中违反药品分类管理销售含特殊药品复方制剂零售企业数 13 家，下发《责令整改通知书》13 家，对 2 家违法药店进行立案查处。

开展了食用植物油专项整治行动，检查了 1 家食用植物油生产经营企业，19 家小油坊（县城内 11 家，乡镇 8 家），责令改正 19 家次，停产停业 19 家次。对所有食用植物油企业和小油坊开展普查登记和建档工作，做到"一坊一档"。

【强化快检和监督抽检工作】 切实加强食品快检能力，进一步强化食品安全监管的技术支撑。按照市局的工作部署，全局每月均出动执法人员对餐饮单位、食品流通单位进行食品安全快速检验。其中：食品生产环节快速检测食品 102 个批次，合格率为 100%。食品流通环节，共抽检食品 550 批次，涉及粮食及粮食制品、食用油、蔬菜、水果、畜禽肉、水产品、豆制品、熟肉制品、水果干制品、水产品加工品等 15 个大类品种，抽样合格率为 100%。餐饮服务环节共抽检餐饮单位 86 家，检测样品 415 批次，合格率 100%。为加强重点部位食品安全管理，2015 年 9 月，全局还为县内 24 所学生人数较多的重点学校配备了农药残留检测设备，并对管理人员进行培训，指导学校开展蔬菜农药检测，不断提升学校食堂科学化管理水平。

【打击食品药品违法违规行为】 认真完成市局下达的年度食品抽检任务，其中食品生产环节年内完成自治区级食品生产企业抽检任务 30 批次，风险监测 1 批次，合格食品 29 个批次，不合格食品 1 个批次，抽样合格率为 96.67%。在食用植物油专项

整治行动中，对辖区内小油坊每户一检，共监督抽检食用油 19 批次，12 批次合格，7 批次不合格（都为黄曲霉毒素 B1 超标）。对监督抽检不合格的 7 个油坊立案处理，并责令其整改，提升食用油安全管理水平。餐饮环节共完成抽检 55 批次，不合格食品 6 个批次，合格率 89.1%，对经营不符合食品安全标准的 6 家餐饮服务单位进行立案查处。

药品环节。强化基本药物抽检，对辖区内实施国家基本药物制度的基层医疗卫生机构试点单位配送、使用的标示外省生产 520 种国家基本药物进行抽检，抽检基本药物 12 个批次，抽样范围覆盖全县 16 个乡镇卫生院、分院及卫生所。加强重点品种领域抽检，对药品流通环节容易出现非法添加化学物质的中成药品种；违法发布广告多、群众举报多、价格异常等具有潜在质量隐患的品种；上一年度抽验不合格频率高的品种以及有经营和使用假劣药品被处罚的单位等重点品种、重点区域的进行监督抽检，抽检药品 15 个批次，抽样范围 2 家药品经营企业，16 家医疗机构，完成市局下达的抽检任务。

保健食品化妆品环节。抽样送检保健食品 13 个批次，不合格 1 个批次，不合格项目主要为：总皂苷、水分。抽样送检化妆品 16 个批次，其中对宾馆酒店的洗发水抽检 3 个批次，流通环节抽检洗发水 4 个批次，化妆品专项抽检 9 批次，不合格共 1 批次，涉及非法添加甲硝唑、氯霉素、糖皮质激素。针对不合格产品均立案进行调查处理。

2015 年，全局在食品案件稽查工作中采取说服教育与行政处罚相结合的方式，对 36 家药店、餐饮、食品流通等单位依法进行了行政处罚，结案 36 起，罚没款共计 17.76 万元，有效震慑了辖区内食品经营单位的违法违规行为，促进了食品经营市场秩序的进一步规范。

【严格餐饮服务行政许可审批管理工作】 严格行政许可审批，推进分类分级综合评估管理工作及餐饮单位"明厨亮灶"工作。在餐饮服务许可过程中，严格按照《餐饮服务行政许可审查规范》进行现场验收，对符合标准的及时许可发证。同时，加强网上审批管理，食品生产、流通和餐饮许可管理均已

接入自治区局网上审批系统,逐步提升行政审批信息化管理水平。

【积极推进检验检测资源整合项目】 2015年,积极争取到自治区"县级食品安全检验检测资源整合项目"资金400万元,建设上思县食品检验检测所。该项目预计总投入约800万元,年内,已经落实场地,完成了实验室功能设计、环评报告、可行性研究报告评审、装修建设招标、设备采购招标等工作,实验室装修工作正按计划实施中。项目建成后,将为全县进一步实施食品日常监督抽检、应对突发事件等提供强有力的技术支撑。

上思县旅游局

【机构设置及工作概况】 2015年2月,上思县旅游局升格为县人民政府工作部门,核定行政编制4名,设局长1名、副局长2名。下设上思县旅游质量监督所,核定事业编制4名。

2015年,上思县旅游局深入学习贯彻落实中共十八大和十八届三、四、五中全会精神,积极组织实施县委、县政府提出的"旅游旺县"战略,紧扣"休闲养生"主题,加大力度,着力打造"中国氧都""中国老年人宜居宜游县"旅游品牌,全县旅游基础设施与服务功能建设明显加快,为"十三五"

2015年12月,香江国际酒店

旅游发展奠定良好基础。全年,接待游客141.72万人次,旅游收入97920万元,分别比2014年增长8.48%和15.06%。

【旅游项目建设】 坚持把项目建设作为推动旅游业持续发展的主抓手和突破口,扎实稳步推进旅游项目建设。年内,先后组织召开了十万大山国家森林公园经营权调整、皇袍山森林乐园用地指标、祥龙国际生态城规划调整、县城至十万大山国家森林公园二级路前期工作和百鸟乐园土地使用权证问题研讨会。邀请了多批大客商来上思实地考察、洽谈派江那溶洞群、布透温泉等旅游投资项目,并达成投资开发建设的意向。对照创建"广西特色旅游名县"各项指标要求,重新修订了上思县旅游业发展总体规划,为下一步全县旅游产业健康发展指明方向。2015年底,百鸟乐园荣获国家4A级旅游景区。全年组织实施8个旅游项目建设,项目总投资额16.46亿元。年内实际完成投资3.66亿元,占计划投资的100%。

【旅游酒店建设】 在全县原有2家星级酒店的基础上,加快推进旅游酒店设施建设,进一步提升旅游接待服务能力和水平。年内,江滨度假酒店和立都国际大酒店酒店顺利竣工,并按星级标准进行装修。香江国际大酒店和龙源假日养生园饭店被评为三星级旅游饭店,进一步扩增接待容量,服务品质大幅提升。

【乡村旅游建设】 高度重视和大力发展乡村旅游建设,打造休闲养生区,丰富提升旅游产品档次。以壮乡农庄、百香湖、汪门瑶寨为主体,深入挖掘当地民俗文化,通过特色包装,打造以田园乡村、民俗体验为主的乡村旅游体验;推进汪门瑶寨新农村建设基础设施项目建设;协调解决寺蒙壮香农庄经营权的转换,加快了壮香农庄的正常开发建设;进一步完善农家乐服务基础设施,百香湖农家乐成功建成广西四星级农家乐。

12月,百鸟乐园获4A级旅游景区、百香湖获四星级农家乐、龙源香江酒店获三星级旅游饭店授匾仪式

【旅游推介与管理】 积极推进区域旅游协作,大力推介上思旅游产品,与周边县(市、区)共同开辟环十万大山旅游线路和旅游市场,构建十万大山"特色旅游圈"。加强旅游行政管理人员、旅游企业经营者和旅游服务人员队伍建设,制定优惠政策,吸引旅游优秀人才,提高旅游从业人员素质。健全和完善全县旅游安全责任体系,定期或不定期组织力量,深入景区、酒店,开展安全和卫生大排查大整治,及时消除安全隐患,确保游客人身财产安全。全年旅游市场秩序良好,旅游服务水平和质量有新的提高。

农业·水利

政府管理

【机构设置和工作概况】 上思县农业局内设人秘股、科教股、生产救灾股、计财股、农业法规管理股等5个股,下辖县农业技术推广站、县种子管理站、县植物保护工作站、县土壤肥料工作站、县农业环境保护监测站、县农村合作经济经营管理指导站、县农业行政综合执法大队、县农业科学技术研究所等8个股级事业单位。2015年在编人员43人,其中行政编制12人、事业编制33人。事业编制中,推广站8人,种子管理站4人,植保站5人,土肥站5人,环保站2人,农经站5人,执法大队4人。设局党组书记、局长1人,局党组副书记、副局长1人,局党组成员、副局长3人、局党组成员、纪检组长1人。

2015年,上思县农业局认真贯彻落实中共十八大和十八届三中、四中、五中全会和中央、自治区、市、县农业农村工作精神,围绕发展现代农业这个中心,以农业增效、农民增收、农村发展为根本目标,以稳定粮食播种面积、加快推广适用技术、发展山区特色规模经营与标准化生产、加强农产品质量安全、提升农村经营管理水平、推进项目建设等为抓手,进一步调整农业结构,优化农业产业布局,推进农业产业化经营,强化措施,科学管理,农业各项工作取得良好成效。全县完成农林牧渔业总产值30.4亿元,同比增长0.45%;其中农业总产值15.8亿元,同比增长8.6%;农民人均年纯收入8486元,同比增长9.0%。

【粮食生产】 年内,继续实施农作物良种补贴项目,全年补贴金额310万元,进一步提高农民种粮积极性,稳定粮食作物种植面积。全县完成粮食种植面积17.55万亩,其中水稻面积10.7万亩,玉米播种面积4.55万亩;全年粮食总产量4.5万吨。严格按照良田标准,建设1万亩水稻高产创建示范区,强化农田基础设施建设,通过统一供应农资、集成高产技术、病虫害综合防治等技术措施,使示范区双季稻亩产达1000公斤以上。继续推广甘蔗间套种农作物技术,全县甘蔗间套种玉米、西瓜、大豆、花生等面积达到18万亩,折合粮食产量2万吨,实现粮、钱、蔗三丰收。

【"菜篮子"工程】 年内,大力抓好"菜篮子"工程建设,建设的主要蔬菜基地有:思阳镇江平村农丰公司蔬菜基地、在妙镇在妙村在妙后垌蔬菜基地、红玉大棚农作物种植基地、农鲜蔬菜产销专业合作社种植基地、金源蔬菜无土栽培基地、群龙蔬菜种植基地等。重点推进思阳镇明哲村玉学屯新建500亩的高效特色果蔬大棚蔬菜基地,年内顺利完成基地第一期工程建设,建成250亩钢架结构大棚,种植德国尖椒、香瓜、姜苗等菜类;叫安平江现代农业示范园建成35亩大棚特色果蔬,主要种植香瓜、水果黄瓜及时令蔬菜等。全年共建成1000亩左右的蔬菜标准化示范基地,辐射和带动全县蔬菜生产。全县蔬菜播种面积4.85万亩,占计划种植任务的100%,极大丰富了城乡市场,满足了人民群众生活需求。

【农业项目建设】 年内积极组织实施在建项目,重点抓好农作物测土配方施肥项目、全国基层农技推广体系改革与建设补助项目、新农村示范点建设项目、农户万元增收工程、农产品质量安全综合检测体系建设、农业有害生物预警与控制区域站建设项目、粮食高产创建、糖料蔗高产创建、甘蔗脱毒健康种苗推广示范项目等，严格按照项目标准和技术要求，认真开展项目各个阶段工作，加强项目资金的监管，做到专款专用，确保各实施项目有序推进并按时按质按量完成。

【农技培训】 2015 年自治区农业厅在上思县建设"农民田间学校"项目，建设经费 100 万元，主要对青年农民、返乡农民工进行农业生产技能培训。以农家课堂等农民培训载体，采取专题培训、以会代训、办培训班、资料、板报宣传等措施，农业部门组织农技人员对农民就高产高效栽培技术、地膜覆盖、抗旱播种、病虫防治、蔬菜生产、绿肥施用等技术进行了大范围培训。截至 2015 年底，共举办各类培训班 28 期，培训农民 3000 多人次，发放各类培训资料、技术宣传纸等 5000 余份。

【农资产品执法监管】 年内加强对农资产品流通领域的管理，特别对农资产品集散地进行全面检查，督促农资产品经营者严格按照有关规定，建立健全种子、肥料、农药等农产品销售档案，做好农资产品经营进出账、产品流向、出具销售发票等工作，对未经审定、登记、批准使用的农资产品一律不准在市场上销售、不准进入农业生产领域。进一步加大农业执法力度，严厉打击违法违规行为。以种子、肥料、农药为重点，坚持"五不放过"原则，严厉打击在农产品标签、产品质量、肥料登记、制假销售等方面的违法违规行为，以案件查处为突破口，推进农资打假和监管工作向纵深发展，2015 年，共出动执法人员 320 人次，车辆 75 台次，整顿农资市场 34 个次，检查生产企业、农资销售摊点 205 个次，立案 13 起，年内结案 8 起，罚没款 64800 元，挽回农民经济损失 350 万元。

【核心示范区建设】 上思县十万大山生态农业(核心)示范区位于上思县西部，主要选址于思阳镇的明哲村，距离县城 5 公里，区位优势明显，交通便利。示范区规划面积达到 3 万亩(其中核心区面积 7700 亩)，计划建设总投资 11923 万元。"核心"示范区内主要规划建设澳洲坚果标准化种植示范基地、高效果蔬基地、双高甘蔗基地、中草药基地、生态养殖基地、生态休闲基地、特色水果种植基地、新品种新技术展示基地、现代农产品加工物流中心、幸福乡村示范点等十大产业，辐射周边 10 多个村屯，覆盖人口数达 2 万多人。截至 2015 年底，已整合县水利、林业、发改、财政等各相关单位项目资金对园区基础设施进行建设，计划投入 1033.6 万元，主要建设屯内水塘加固改造提升、示范区绿化、示范区公路、水渠建设等，示范区各项工作正在有条不紊地推进。

【土地承包经营权】 2015 年上思县选择在妙镇作为土地确权登记颁证试点，该镇辖 11 个行政村 242 个村民小组，涉及农户 6133 户，耕地 41168 亩。5 月 20 日召开在妙动员会及培训会，印发宣传资料 7200 份，《确权登记问题解答》工作手册 6000 多册，横幅 30 多条。从 5 月 26 日开始出动宣传车在在妙、七门圩场进行土地确权登记宣传，共出动宣传车 12 车次，现场接待群众咨询 1800 多人次，发放宣传单及工作手册 3160 多份。据 10 月 28 日统计，测量面积 46960 亩，地块 63310 块，农户 6987 户，工作重点迅即转入室内整理外业调查资料即整理第一轮公示材料阶段，11 月中、下旬进行第一、第二轮公示。全县土地确权信息系统及数据库建立启动招投标程序，整个确权工作正在按照有关程序有序进行，年内已完成华兰和在妙两个镇的土地确权项目工作。

【清洁田园】 把开展"清洁田园"作为"美丽乡村工程"的工作重点，科学制定全县"清洁田园"工作的考核指标，向农户和农业生产经营者发放、张贴农业清洁生产技术资料，在重点村屯举办农业清洁生产技术培训班，督促引导广大农民群众全面清捡田间地头农药瓶、化肥包装袋、废弃农用膜等农业生产垃圾。全年共组织开展清捡田间生产废弃物 12 万人次，清理农田面积 55 万亩，清理农业生产废弃物数量 250 吨，在全县范围内初步建立农业生产废弃物回收机制。

水果生产

【机构设置】 上思县人民政府发展水果生产办公室(以下简称县水果办)是县人民政府直属事业单位,级别正科级,2012年10月参照公务员法管理。2015年核定人员编制4人,实有在职在编人员4人,其中,主任1人、副主任1人。

【水果生产】 2015年,上思县新种水果0.4万亩(不含澳洲坚果),总面积6.16万亩,比2014年的5.8万亩增长6.0%;水果总产量1.4万吨,比2014年增21%;水果总产值5112万元,比2014年的4800万元增长7%。

2014年12月,县政府办出台《上思县2015年澳洲坚果产业发展实施方案》[上政办发〔2014〕53号文件],成立上思县澳洲坚果产业发展领导小组,由县长彭景东任组长,办公室设在县水果办,由县水果办主任黄可华任主任,提出2015年种植1.7万亩澳洲坚果的目标任务,掀起了澳洲坚果的种植热潮,当年完成种植1.2万亩,全县澳洲坚果面积达到2.2万亩。有昊良农业科技有限公司、怡诚农业科技有限公司、汉森农业开发有限公司等多家企业参与产业开发。

【水果产业发展特点】 2015年,各级党委、政府高度重视,业务部门的指导和支持,促进了水果生产发展。澳洲坚果产业推进工作进展顺利,全年完成种植1.2万亩;全县新开发名特优水果3500亩,创近几年来的新高。连片300亩以上就有5个点,分别为:桂洁公司华兰种植基地850亩,公正乡公正村叫含种植点450亩(蜜柚、澳洲坚果),公正乡信良村那何脐橙种植点500亩,那琴乡联惠村寺造种植点470亩(沃柑、澳洲坚果),叫安镇提高村那审柑橘种植点300亩,全县50亩以上水果种植大户达到42家;新建水果育苗场,填补了上思县无水果种苗繁育的空白。全县柑橘苗圃6个,育苗量

68万株;澳洲坚果苗圃4个,育苗量75万株。火龙果苗圃1个,育苗8万株。

糖业生产

【机构和工作概况】 上思县糖业局是上思县政府直属的参照公务员法管理的事业单位,主要承担全县蔗糖生产的发展规划、组织实施、科技培训、技术推广和协调服务等职责。2015年,局内设秘书股、技术股、综合股等3个股,定编9名,实有在编人员9人。设局党组书记、局长1人,局党组副书记、副局长1人,局党组成员、副局长1人。

2015年,县糖业局紧紧围绕全县蔗糖生产发展目标,全力抓好甘蔗种植、甘蔗田间管理、榨季生产等各项工作,全面落实科技兴蔗措施,促使全县蔗糖生产在遭受特大自然灾害的情况下仍获取较好收成。2015—2016年榨季,全县累计进厂原料蔗192.6348万吨(其中上上糖业有限公司蔗区进厂原料蔗109.5747万吨、昌菱制糖有限公司蔗区进厂原料蔗83.0601万吨),农民种蔗经济收入8.86亿多元。在国际国内糖市持续低迷的困境下,仍取得了较好的综合效益。

【稳定甘蔗种植规模】 年内,县糖业局结合糖料蔗"双高"基地建设,一手抓原料蔗砍运榨,一手抓甘蔗种植,深入发动群众充分挖掘潜力,做好甘蔗复荒扩种和更新种植工作。经全县上下共同努力,全年累计完成复荒扩种面积8526亩,更新面积162028万亩,使全县甘蔗种植面积稳定在438093亩(其中上上公司蔗区260150亩,昌菱公司蔗区177943亩),为当年甘蔗稳产增产奠定了面积基础。

【推广甘蔗优良新品种】 整合资金,组织力量对县内的桂糖40号、42号、43号等优良品种进行统一收购调剂,总量为2230吨,全部供应给农户特别是参与糖料蔗"双高"基地建设的农户种植,满足了全县蔗农新植用种的需要,进一步调整优化了甘蔗

品种结构。

【甘蔗田间管理】 从4月初起,在全县甘蔗种植进入扫尾阶段后,及时将甘蔗生产的工作重心转移到甘蔗田间管理上来,督促指导蔗农群众严格按照标准化管理的要求,及时抓好破垄松蔸、施重肥大培土、防除杂草、防虫灭病等田间管理工作,特别是扎实抓好甘蔗病虫害预测预报工作,组织指导蔗农群众迅速掀起扑灭甘蔗病虫害高潮。全年累计完成宿根蔗破垄松蔸322053亩,防治甘蔗病虫害面积8.25万亩,有效促进了甘蔗正常生长。

【糖料蔗"双高"基地建设】 2015年,全县组织实施糖料蔗"双高"示范基地面积2.5万亩,任务艰巨繁重。县糖业局密切会同县水利、国土、农机等部门,扎实有序地推进"双高"基地建设,在积极宣传糖料蔗"双高"基地政策,发动项目区农户踊跃参与"双高"基地建设的同时,积极发动项目区的蔗农自留适合的蔗种,并及时组织力量在县内调剂2230吨良种蔗,全部免费供应给参与示范基地建设的农户种植,满足了示范基地的用种需求。同时,组织力量,积极配合项目乡镇政府与农户签订蔗地"小块并大块"协议书,做好土地整治后重新分配,组织大马力拖拉机进行深耕深松、开行和标准化种植,对基地水利设施、道路等进行测量、规划和建设,按时完成了2015年度全县糖料蔗"双高"基地建设的各项工作任务。

【甘蔗生产服务】 主动协调制糖企业和乡镇,在机耕、肥料、种苗、道路、地膜、农药等方面给予蔗农更多更大的扶持。进一步强化机械代耕服务,协同各乡镇和制糖企业组织县内400多台大马力拖拉机投入旱坡地开垦和宿根蔗地的耕作,加快进度,提高质量,顺利在3月底前完成机械代耕任务。抓好预拨肥发放,督促指导两家制糖企业采取全免息的办法,全年肥料预拨量达5.56万吨。进一步强化地膜、农药供应服务,督促制糖企业及时组织购进地膜、农药,无偿供应给蔗农覆盖蔗地、及时扑灭甘蔗病虫害,促进了全县甘蔗正常旺盛生长。

【甘蔗实用技术培训】 年内,县糖业局在大力宣传县委、县政府扶持甘蔗生产优惠政策的同时,进一步加大甘蔗生产技术培训力度,派出由3名技术人员组成的技术培训小组,长年巡回蔗区各乡镇、圩场、重点村屯和田间地头,通过举办培训班、现场讲解、街头咨询、发放资料等多种形式,大力开展甘蔗栽培管理技术培训,实现甘蔗技术培训常态化。县糖业局全年累计举办甘蔗技术培训62期,培训人员7150人次,编印、分发甘蔗栽培管理技术资料8000份,进一步增强了全县蔗农群众科学种蔗能力。

【榨季生产】 2015年,县糖业局密切会同各乡镇和两家制糖企业扎实抓好2014—2015年榨季中后期和2015—2016年榨季前期砍运管工作。对2014—2015年榨季,严格按照《县人民政府关于印发上思县2014—2015年榨季砍运榨实施细则的通知》的各项规定,组织力量深入蔗区生产第一线,指导蔗农科学砍收甘蔗,提高甘蔗砍收质量和新鲜度;督促检查制糖企业规范发放砍运票证,及时安排车辆调运入厂压榨;加强对进厂原料蔗扣杂的监督管理,维护蔗农利益;牵头组建县、乡镇(制糖企业)两级原料蔗稽查队伍,采取固定卡站检查和流动检查相结合的方式,加强原料蔗稽查管理工作,有效地杜绝了原料蔗外流,全县榨季生产砍运榨运行正常。2014—2015年榨季生产顺利于2015年4月27日一次性成功收榨,榨季生产取得较好成绩。从10月中旬起,集中力量抓好原料蔗估产、蔗区道路建设维修以及各项相关工作,扎实推进2015—2016年榨季前期各项工作,促使2015—2016年榨季于2015年12月12日顺利开榨,蔗区砍运榨管秩序井然。

水产 畜牧

【机构设置和工作概况】 上思县水产畜牧兽医局内设机构有办公室、兽医管理股、渔牧生产股等3个职能股室,下设机构有县动物卫生监督所、县动物疫病预防控制中心、县畜牧站、县渔业技术推广站、县渔政管理站、县鱼苗场、县水产供销公司7个二层机构以及8个乡镇水产畜牧兽医站。乡镇水产畜牧兽医站实行县水产畜牧兽医行政管理部门和乡镇政府双重领导、以县为主的管理体制。2015年局机关人员编制7人,设局党组书记、局长1人,局党组副书记、副局长1人,局党组成员、副局长1名。

2015年,县水产畜牧兽医局紧紧围绕农民增收倍增计划这一中心,以肉牛养殖为重点,大力发展草牧业,进一步推动林下养殖,加强动物疫病防控,通过示范建设,辐射带动特色养殖,有力地保障水产畜牧业健康发展和产品质量安全,实现养殖业持续稳定发展,在促进全县农业增效、农民增收进程中发挥了重要作用。全县肉类总产11860吨,同比增长4.41%;水产品产量17850吨,增长5.04%;渔牧总产值4.54亿元,同比增长5.1%;水产畜牧业实现农民人均现金收入2360元。

【草牧业发展】 2015年上思县被国家农业部列为草牧业发展试验试点县后,迅速制定下发《上思县人民政府办公室关于印发上思县推进肉牛产业发展实施方案的通知》,积极推进草牧业试验试点工作,大力发展肉牛、肉羊等草食养殖。在全县8个乡镇建立草牧业试点15个,通过试验试点的建设带动,促进了全县草牧业迅猛发展。年内,全县新建、在建肉牛饲养量50头以上养殖场71家,新建规模牛舍33448平方米,新种植饲料作物、牧草8350亩,完成牛杂交配4210头,新增牛犊4120头,其中:杂交牛735头,新引进杂交牛1800头。

【项目建设】 积极实施农民养殖增收项目,全年项目扶持资金93.0431万元,扶持78户发展林下肉鸡、肉牛、肉羊养殖。通过农民增收项目的实施,促进林下养殖产业发展,实现养殖增收。以“包村联户”为主要形式的工作机制和“专家+试验示范基地+农技指导员+科技示范户+辐射带动户”的技术服务模式,在全县建立林下养鸡、那琴香鸭示范户200个。采取1个示范户带动5户的“一带五”

的方式,带动辐射周边农户发展高产高效的水产畜牧养殖,促使农民增产增收。抓好绿源农业开发养猪场扩建项目、合兴元肉牛养殖基地等项目建设,年内绿源农业开发养猪场扩建完成投资2875万元,合兴元肉牛养殖基地建设完成投资650万元,养殖规模进一步扩大。

【招商引资】 积极做好水产畜牧业招商引资工作,年内,成功引进广西防城港誉盛投资有限公司、广西明江源种养业有限公司、防城港市宏飞农贸有限公司等养殖企业,建设规模养牛场。誉盛投资有限公司完成牛栏建设1500平方米,种植牧草120亩,购进优质良种牛175头;宏飞农贸有限公司在那琴乡排柳村建设肉牛场,完成栏舍建设5000多平方米,种植牧草150亩,并建设青贮、氨化池等配套设施。通过引进具有一定经济实力和技术能力的企业,采取“公司+基地+农户”或“合作社+基地+农户”形式,扶持带动一批农户开展肉牛、肉羊规模养殖,大大增加经济收入。

【强农惠农政策】 全面落实国家强农惠农各项政策,加大肉牛产业扶持力度,对全县259个肉牛养殖户进行栏舍建设、牧草种植、品种改良、品种引进等补助,全年补助金额412.02万元。实行肉牛养殖贴息贷款,县财政拿出100万元作为2015年肉牛产业发展贴息资金。积极实施农民增收项目,争取到防城港市项目扶持资金93.0431万元,扶持78户开展林下肉鸡、肉牛、肉羊养殖。对2014年受“威马逊”等台风影响的养殖户进行专项救灾补助,补助金额50万元,帮助受灾养殖户恢复生产。

【规模养殖场污染减排】 年内,组织开展全县畜牧养殖业污染综合治理,做到规模养殖企业(场)达标排放或实现资源综合利用,推进生态养殖、健康养殖、标准化养殖、清洁养殖,广大养殖业者环境保护意识有极大提升,促进水产畜牧业生产与生态环境保护全面协调发展。组织实施上思县旺达畜牧水产养殖场、吉山养猪场、上思县龙活养殖有限公司、上思祥猪家庭农场等4家规模化畜禽养殖场的污染减排项目,顺利完成各项治污减排任务。

【动物疫病防控】 以抓好重大动物疫病免疫为重点,全力做好动物疫病的防控工作。在春季重大动物疫病防控中,全县牛、羊口蹄疫免疫密度达100%,猪口蹄疫、猪瘟、蓝耳病免疫密度达100%,高致病性禽流感免疫密度100%,全面完成春季重大动物疫病防控任务,高致病性禽流感、口蹄疫、猪瘟、高致病性猪蓝耳病应免畜禽免疫密度达100%,顺利通过自治区、防城港市的检查验收。2015年全县没有重大动物疫情。积极开展畜禽产品质量安全生产工作,全县水产品、畜牧产品质量安全检查合格率100%,安全生产隐患排查率100%,整改率100%,全年没有产品质量安全和安全生产事故发生。

林业管理

【机构设置和工作概况】 2015年,上思县林业局内设人秘股、营林产业股、林政法规股、森林防火办公室(对外挂"上思县森林防火指挥部办公室的牌子"),行政审批办公室等5个股室,下属有县营林站、县林政资源管理站、县森林病虫害防治检疫站、县农村能源站等4个事业单位,并按规定管理上思县森林公安局。2015年,局机关人员编制11人(不含下属单位),设局长1人、副局长4人。

2015年,上思县林业局深入贯彻落实党的十八大精神,围绕法治建设工作目标,广泛开展《森林法》《森林法实施条例》等法律法规的宣传教育,狠抓依法行政,切实解决人民群众反映的突出问题,积极推动林业管理和服务法治化进程,有力促进了全县林业建设持续健康发展,圆满地实现了全年林业经济发展的预期目标。全年实现林业产业总产值67亿元,比上年60亿元增加7亿元,同比增长11.7%,其中:第一产业产值20.8亿元,第二产业产值33.5亿元,第三产业产值12.7亿元。

【造林绿化】 年内,全县实际完成造林面积8.82万亩,占市下达造林任务7.2万亩的122.5%,超额完成全年造林绿化任务。其中:完成荒山荒地人工造林1.9万亩,占市下达任务1.9万亩的100%;完成采伐迹地人工更新造林、低效林改造造林、桉树萌芽更新造林面积6.12万亩,占市下达任务4.5万亩的136%;完成海防林工程、退耕还林工程项目人工造林面积2.1万亩,占市下达任务2.1万亩的100%;完成319个村屯绿化任务,占市下达任务的100%,累计种植绿化大苗17088株,绿化果树37400多株,全县村屯绿化面积合计830多亩;完成义务植树造林90万株,占市下达任务的100%。

【木材生产】 年内,全县完成木材生产46.8万立方米,比上年减少23万立方米;全县完成原木销售41万立方米(含上年库存材),比上年的66万立方米下降37.9%。木材减产原因是受上年强台风影响,风倒木多,木材采伐量集中在上年,导致全年的木材采伐量相应减少,加上木材市场价格低迷,大部分业主都暂缓生产木材。

【森林资源保护】 强化措施,切实抓好森林资源保护工作。一是抓好森林防火,进一步完善和强化森林消防行政领导负责制和各项工作责任制度,做好指导督查,压实责任,确保各项措施落实到位,使全县森林火灾受害面积和受害率均控制在市下达的指标内。全年仅发生1起森林火灾,过火面积48亩,受害面积36.6亩,没有发生重大森林火灾和人员伤亡事故。二是抓好森林病虫害情况调查监测、预测、预报、防治等工作,及时采取相应防治措施,全年共向群众发放宣传资料2000份,免费发放灭虫农药5.75吨,有效消灭越冬代松毛虫害,使全县林业有害生物成灾率、松毛虫成灾率控制在上级规定指标4.5‰以内。三是抓好森林资源管理,充分发挥各级森林资源监督机构职能作用,严格按规定程序审核审批林木采伐作业设计,认真开展伐区检查,加大森林资源监督和天然林保护力度,严格执行森林采伐限额的规定。全年共审批采伐商品林蓄积132.26万立方米,消耗森林蓄积58.96万立方米,占年度采伐计划指标的44.58%,控制在上级下达的采伐计划指标内,有效地控制了采伐量,森林资源得到更加合理地利用;四是严厉查处林业案件,确保林区社会稳定和森林资源的安全。年内,在全县范围组织开展严厉打击破坏森林资源违法犯罪行为专项行动，有效遏止了盗伐滥伐林木、非法收购运输木材、毁林开垦侵占林地等违法犯罪为。

【林下经济】 年内，制定全县发展林下经济实施方案，通过宣传发动、产业引导、技术指导等途径，组织全县群众根据当地自然条件，大力发展林下经济，因时、因地、因气候、因市场，采取独资、合股、联营等方式，科学合理地选择适合于山区资源和市场的林下经济项目和经营模式，大力开展林下种菇、林下养蜂、林下养羊、林下养牛等，使林下经济成为林区群众增收致富的一大新来源。

水利管理

上思县水利局内设办公室、计财股水政水资源股（行政审批办公室）等3个股室，行政编制7人，后勤服务事业编制1人。下辖县水利工程管理站、机电站、水利站、水政水资源管理站、防汛抗旱指挥部办公室等5个事业单位。同时，在8个乡镇分别设有水利站，受当地乡镇政府和县水利局双重领导。

2015年，全县牢牢把握稳中求进工作总基调，紧紧围绕"稳增长、促改革、调结构、惠民生、防风险"工作总要求，立足水利"补欠账，强基础"这个实际，深入推进水利改革发展，水利工作取得显著成效，全年共争取到中央、自治区、市补助资金6164万元，为我县水利建设提供了资金保证。

【病险水库除险加固】 2015年完成枯楼、六蒙、那审、雷崩、角吞、六张、那则、大溢等8座一般小(2)型病险水库除险加固建设，完成投资1255万元。截至2015年底，全县46座水库已完成除险加固建设。

【中小河流治理】 2015年4月，开工建设上思县公正乡公正小学、公正圩河段整治工程，项目总投资1668.08万元，计划综合整治河道总长6.59公里，新建护岸总长8.64公里，年底完成建设任务；6月份开工建设平福乡公安河枯改河段防洪整治

工程，项目总投资532.24万元，计划综合整治河长1.59公里，新建护岸总长1.29公里，年底完成工程量80%以上。11月12日开工建设那巴河段整治工程，项目总投资530.18万元，计划综合整治河长2.4公里，新建护岸总长3.23公里，年底完成工程量30%以上。12月上旬开工建设驮林河平福圩、南屏乡河段整治工程，项目总投资1369.49万元，计划综合整治河长4.4公里，新建护岸总长5.7公里，年底完成工程量20%以上。同时抓好明江思阳镇上思中学防洪整治工程、明江思阳镇实验小学防洪整治工程征地工作。

【农村饮水安全工程】 2015年完成农村饮水安全工程80处，项目总投资1459.89万元，解决农村居民饮水不安全人口22368人、学校师生468人。同时，加快农村饮水安全工程水质检测中心建设。为整合资源，发挥财政资金的最大效益，县农村饮水安全工程水质检测中心依托县疾病预防控制中心，当年采购检测设备89万元。

【水土保持综合治理】 2015年8月，完成2013年度汪门小流域水土保持综合治理项目建设。同时抓好上思县2014年度和2015年度国家水土保持重点建设工程，两项目投资分别为946万元和1039.21万元，项目批复治理水土流失面积分别为23.20平方公里和26.02平方公里。2015年12月完成2014年度项目工程量超过80%、2015年度项目工程量超过70%。

【面上水利项目建设】 2015年，完成百包河叫安段、那利段、百包段、百肯段河堤水毁修复工程、明江三华段河堤水毁修复工程、南屏乡渠坤河堤段水毁修复工程、那当段河堤水毁修复工程、2015年中央农田水利设施维修养护和2015年度自治区国有公益性水利工程维修养护工作任务，完成总投资723万元。同时，争取到项目资金155万元进行今冬明春水利建设，主要对全县"五小"水利工程进行维修、渠道清淤等。

【项目前期工作】 2015年完成小(2)型水库江那

水库勘测和可研工作,项目总投资 3300 万元;完成 2015 年度和 2016 年度国家水土保持重点建设工程项目前期工作,其中 2015 年度项目总投资 1039 万元,当年 11 月份开工建设;完成全县"五小水利工程维修加固"初步设计,项目规划投资 5.0 亿元;完成明江思阳镇县委党校段防洪整治工程、明江上上糖业有限公司段防洪整治工程和驮林河平福圩、南屏乡河段防洪整治护岸工程报批工作,项目总投资 6323 万元。

【防汛抗灾】 年初,全县气候较为异常。1—4 月全县平均降雨量仅为 93.9 毫米,与历年同期相比偏少 71 毫米,全县有 6000 亩大田缺水,甘蔗受旱面积达 40 万亩,其他农作物受旱面积 2.53 万亩,因旱出现临时饮水困难人口 1.63 万人,全县各类蓄水工程有效蓄水仅占有效库容 26.6%,比去年同期减少 34.4%。进入 5 月份后,上思县出现旱涝急转,先后遭受了 2 次致灾强降雨过程和 1 次台风影响。面对复杂严峻的防汛抗旱形势,全县上下共同努力,切实抓好防汛抗旱各项工作,有效地减轻了灾害损失。一是全力保人饮保春灌做好抗旱救灾工作。县水利局向县政府申请 10 万元抗旱经费并及时下拨到各乡镇,县抗旱服务队外借 57 台柴油抽水机到各乡镇投入抗旱,组织人员及时将思阳镇明哲上上糖业有限公司高效节水灌溉工程和在妙镇板龙片区高效节水灌溉工程投入运行,充分发挥高效节水灌溉工程作用,并做好电灌站维修工作。二是全力做好防汛抢险有效应对局部灾情。及时调整充实防汛抗旱指挥机构,加强防汛值班,强化会商分析,县政府先后组织 3 次防汛形势分析,县防汛抗旱指挥部启动了 9 次应急响应,发出防御通知 9 次,发出暴雨和台风预警警报 12 次,防汛预警短信 2540 条,及时完善各种防汛抗旱抢险预案,落实防汛物资储备和抢险队伍建设,共出动人员 135 人次深入各乡镇对水库、水电站进行汛前安全检查,及时完成水库安全隐患整改工作。加强防洪抢险应急演练工作,5 月 7 日,县人民政府与那板水库管理处在那板水库大坝、思阳镇联合组织防洪演练,进一步增强广大干部群众的防汛抗灾意识。由于措施得力,最大限度地减轻了灾害损失,全年无因灾死亡人员。

【水政和水土保持】 利用"世界水日""中国水周""安全生产月"进行水法律法规宣传,通过到各乡镇发放宣传资料,在水利局办公大楼 LED 显示屏滚动播放宣传标语,在电视台、报纸等媒体上播放、刊登标语等形式,加强水法律法规宣传,提高民众知法守法意识。严厉打击水事违法行为,全年累计下达责令停止水事违法行为通知书 20 份,从 2015 年 3 月 22 日至 5 月底开展为期 2 个月的集中严厉打击水事违法"春雷行动",由县委、县政府组织有县公安局、交运局、水利局、安监局、县综合执法大队等部门累计出动人员 162 人次,执法车辆 10 余台次,大型吊车 1 辆,拖车 1 辆,吊扣非法采砂船 1 艘。共取缔了 7 个非法采砂点,拆除简易工棚 5 间,销毁采砂机具一批,警告训诫非法采砂人员 3 名。同时,与崇左市宁明县开展联合打击明江在妙河段插花地非法采砂行为,捣毁工棚 1 座,销毁抽砂机具一批,清理囤砂场地。加强水资源管理工作,由县水利局牵头开展最严格水资源管理制度年度考核工作;配合钦州市水文局做好河流交界断面、辖区范围内入河排污口水质监测及在妙镇崇磨水文站、平福乡汪淋水文站、平福乡平福圩水文站、平福乡那派水文站、在妙镇那苗村崇布水文站建设工作。做好水资源费征收工作,全年征收到水资源费 14 万元。

【农村小水电建设】 2015 年是"十二五"水电新农村电气化建设达标年,根据上级部门要求,由县水利局牵头组织县水利电业有限公司等部门完成了"十二五"水电新农村电气化达标验收成就录像、台账资料整编等相关工作,同年 7 月通过自治区水利厅、发改委组织的专家验收。

【中央财政小型农田水利高效节水灌溉试点重点县项目和"双高"糖料蔗基地水利化建设】 2015 年完成第四批中央财政小型农田水利高效节水灌溉试点重点县 2014 年度项目建设,项目总投资 3794.92 万元,主要实施那苗灌片、明旺灌片、联合灌片的 3 个灌片,新增高效节水灌溉面积 2.15 万亩,新增节水能力 317.9 万立方米,受益人口 0.61 万人,受益农民年人均增收 1060.9 万元,项目在自治区财政厅、水利厅组织对第四、五、六批共 63 个中央财政小型农田水利重点县绩效考评中被评为优秀等级(全区只有 5 个县获得)。积极实施 2014 年和 2015 年"双高"糖料蔗基地水利化建设。通过整合小农水重点县、现代农业发展等资金,2014 年项目计划完成糖料蔗"双高"基地水利化建设 1 万亩,2015 年 12 月完成建设任务;2015 年项目计划完成糖料蔗"双高"基地水利化建设 1.5 万亩,年底完成工程量 60%。

昌菱农场

【机构设置和工作概况】 国有昌菱农场是广西农垦下属的农业生产企业,主要经营农业(甘蔗、水果、畜牧)、林业、旅游业开发等。

2015 年,昌菱农场认真学习贯彻落实中共十八届四中、五中全会和全国、全区农垦工作会议精神,紧紧围绕"12388"发展规划目标,结合"三严三实"专题教育,抓改革、促发展,各项工作进展顺利,综合经济实力明显增强。全年完成国民生产总值 36004 万元,比 2011 年的 23976 万元增长 12028 万元,增幅 50.2%;经营总收入 75013 万元,比 2011 年的 48137 万元增长 26876 万元,增幅 55.8%;从业人员人均收入 38000 元,比 2011 年的 23767 元增长 14233 元,增幅 59.9%;全年实现利润总额 20 万元,圆满地完成自治区农垦局下达的"双文明"任务指标。

【甘蔗栽培管理】 强化科技措施,甘蔗栽培和管理水平全面提升。一是全面落实甘蔗"三早四大"措施,积极推广甘蔗生产全程机械化、甘蔗良种良法、地膜覆盖、测土配方施肥等技术。年内,全场实现整地、犁耙、开行沟、破土松蔸、培土施肥等生产环节的机械化。同时,大力推行装蔗机械化,组织 16 台甘蔗装载机开展甘蔗装载服务。二是切实抓好"双高"基地建设,实行水、田、路综合治理,突出水利设施、土地整治重点项目建设,不断改善农业生产条件。2014 年和 2015 年自治区农垦局下达"双高"基地建设任务 3 万亩,通过努力,至 12 月底,土地整治项目完成 100%。总投资 3781 多万元的"双高"水利化项目于 2015 年 5 月 8 日正式开工,年内项目建设有序推进。三是全力抓好病虫害统防统治,连续第三年引进赤眼蜂生物防治害虫项目,年内共投入 200 万元在农场所有生产队分 6 次释放赤眼蜂,防治甘蔗面积达 2.85 万亩,取得良好的防治效果。由于科学管理措施到位,促进了甘蔗高产稳产。2015—2016 年榨季全场入厂原料蔗总量为 210000 吨,比上个榨季的 182603 吨增加 27397 吨,增幅 15%。

【基础设施建设】 年内,完成朗姆小镇西城区部分"三通一平"和东城区的排水排污工程;建成农场 1、6 队职工危旧房改造回建房;总投资 1650 万元的场部旧仓库片区危房改造安置区项目,经过二年多的建设,年内 1#、2# 公寓楼顺利竣工销售;投资 190 万元、总建筑面积 1320 平方米的 24 套职工周转房顺利竣工验收,进一步改善职工群众居住条件;投资 1493.5 万元、总长 49.7 公路的昌菱农场沥青(水泥)路建设项目 12 月底开标动工兴建;投资 81 万元的场部朗姆桥、道路扩建工程于 11 月开工,工程进展顺利;朗姆小镇道路路灯安装工程(昌菱制糖公司—上思县城段)签订了施工合同,并于年底开工;完成平江林业分场百岁街道路硬化和路灯安装工程,新挖的大型水井和新建的大型水塔,均投入使用,两条各宽 16 米的街道初显雏形。

【园区建设】 在《上思县昌菱农场工业集中区总体规划(2006—2020)》基础上,编制《广西农垦上思昌菱工业集中区启动区控制性详细规划》,于 2015 年 1 月 12 日获自治区农垦局批复实施(桂垦规建发〔2015〕1 号)。启动区占地面积 408.7 公顷,将建成一个以制糖为核心,集朗姆酒生产、新型材料、农产品加工、生物工程以及包装等产业为一体的糖业循环经济区。注册成立了广西南能昌菱清洁能源有限公司,承担昌菱蔗渣 1×25MW 热电联供项目的实施工作。组织开展投资 8500 万元的酒精废液蒸发浓缩干燥项目可行性研究,形成可研报告。

【社会事业】 一是积极推进农场职工家属医疗保险参保工作。年内参加城镇居民医疗保险职工3042人,参加新型农村合作医疗保险职工1646人。二是认真做好困难职工群众最低生活保障工作。组织力量,认真开展低保户调查摸底申报,做到不错不漏,张榜公示,应保尽保。全年农场困难职工群众获得最低生活保障费230万元。三是关心困难群体。年内组织慰问困难党员、困难职工、长期患病、孤寡老人和住院病人250多人次,发放慰问金6万多元;四是继续加大政策性农业保险工作力度。进一步加强与保险机构合作,共同建立政策性农业保险业务基层服务体系,完善农业巨灾风险保障和分散机制,降低职工群众在甘蔗生产方面所承担的风险。年内全场甘蔗参保面积29933亩,极大地提高了甘蔗生产的抗风险能力。

【党风建设】 一是抓好群众路线教育"回头看"工作。针对存在的形式主义、官僚主义、享乐主义、奢靡之风等39个问题,开展了整改落实及专项整治"回头看",做到经常抓、抓经常,防止"四风"问题的反弹。二是加强党建带群建工作,扎实推进企业文化建设。坚持把党建带群建作为党建责任制工作的重要内容,加强职工队伍建设,强化党委责任意识,深入倡导"认真做好每一件事"的企业核心价值观,弘扬真抓实干、务实求效、艰苦奋斗和厉行节约的工作作风,着力对全体员工进行个人品德、职业道德和社会公德基本素质教育,营造和谐健康、积极向上的企业文化氛围,利用《昌菱人》宣传栏、例会、支部会、文体活动等形式开展企业文化宣传教育,宣传企业的发展变化、好人好事,加大"昌菱正能量"宣传,较好地发挥了工会、共青团、妇联等组织作用。三是抓好"美丽广西·生态农垦"建设。坚持把生态建设工作作为基层党建工作目标责任制的重要内容,确定专门人员负责生态农垦的建设工作,常抓常管,促使环境卫生整治工作形成常态化、制度化,场部、生产队的环境面貌有了新的改善。

公路·交通

公路管理

【机构设置和工作概况】 广西壮族自治区上思公路管理局隶属广西壮族自治区沿海公路管理局,主要负责管养上思县境内的上(思)大(寺)线、上(思)扶(隆)线、叫(安)念(板)线等6条省道、县乡道干线,全长214.75公里。2015年在册职工163人,其中在职94人,离退休69人。内设办公室、养护与工程管理科、安全与国有资产管理科、财务科、政工科等5个科室,下设上思路政执法大队和龙楼、那琴、在妙、平福、三华、华兰、平江等7个公路养护站。

2015年,县公路局认真学习贯彻落实中共十八大和十八届三中、四中、五中全会精神以及习近平总书记系列重要讲话精神,以公路"建、养、管"工作为主抓手,以提升省道干线公路等级和路况为主攻方向,全面推进公路文明创建,着力保持公路稳定、和谐、发展大局,保障了公路安全畅通,有力地支持上思县域经济建设和各项社会事业发展。

【公路养护】 进一步强化措施,大力推进精细化养护管理,及时抢修水毁公路,干线公路养护水平稳步提高。全年修补路面152870平方米,清理水沟48100米,清除路肩草400800米,填补坑槽20480平方米,清理塌方6000平方米,路树刷白60.85公里;完成水毁修复项目总投资15万元,完成路产修复17.78万元,完成新增及修复公路标志标线投资19.92万元;完成水毁修复工程3个,投入资金43.65万元。2015年,该局辖管公路的优良路率为53.88%,差路率为7.43%,国省干线优良路率66.31%,全面超额完成了广西沿海公路管理局下达的2015年度公路养护任务指标。

【路政管理】 全面贯彻执行《中华人民共和国公路法》和《广西壮族自治区公路管理条例》,加强公路路政管理,加大路面巡查密度,规范工作程序,依法治路,有力维护路产路权。实现了公路执法无"三乱"工作目标。年内,组织开展治理运砂车辆抛洒污染路面及运输废水运输车辆专项整治行动各1次;全年辖区路段共发生路政案件425起,查处392起;路政许可项目发生1起;全年共清理非公路标志标牌86块、清理堆积物49处707平方米、清理临时搭棚26处125平方米、整治乱设摊点35个、清理人为堵塞水沟409米。进一步规范公路沿线公路设施,保障了辖管公路的安全畅通。

【队伍建设】 年内,切实加强政治理论和业务学习,引导职工牢固树立"内强素质,外树形象"的服务理念,爱岗敬业,当好"公路人",扎实抓好公路管养各项工作,不断提高公路管养质量和水平,保障全县公路安全畅通,使路政管理与服务社会相结合,提高公路服务形象。尤其是在抢修水毁工程中,局班子领导带领党员同志冲锋在前,保证了公路及时通车,彰显了公路人服务群众、服务社会的良好形象。

交通运输管理

【机构设置和工作概况】 上思县交通运输局是上

思县人民政府的工作部门，内设办公室、建设管理规划股、行政审批管理股等 3 个股室，下设县道路运输管理所、县乡公路管理所、航务管理所、公路工程施工队、规费征收办、货运服务站等 6 个二层机构，另设加挂牌子机构县国防交通战备办公室。2015 年，局机关行政编制 7 人，后勤事业编制 1 人，设局党组书记、局长 1 人，局党组成员、副局长 2 人。

2015 年，上思县交通运输局牢固树立"经济发展、交通先行"的理念，紧扣民生交通这一主线，超前谋划，主动作为，进一步加大交通基础设施建设力度，狠抓公路交通建、管、养，规范水陆运输市场经营秩序，强化水陆交通运输安全管理，不断提升行风和精神文明建设水平，实现了交通各项工作整体推进，圆满完成了各项工作任务，有力地推动了全县交通运输事业的快速健康发展。

【农村公路项目建设】 积极整合资金，强力推进农村公路项目建设，全县农村公路建设步伐明显加快。年内，累计完成固定资产投资 3473.6 万元，上马建设交通项目 11 个，至年底完工 10 个。其中县交通运输局共实施公路、桥梁工程 7 个，完工 6 个；建成砼路面公路 45.6 公里、桥梁 165.04 延米，完成投资 2942 万元。县永丰公司完成蔗区道路主干道工程 4 个，建设里程 13.7 公里，完成计划总投资 531.6 万元的 100%。

【农村公路硬化建设】 加快推进上思县南屏瑶族乡丁朝至常隆公路工程建设，于 2015 年 6 月顺利竣工并通过验收交付使用。至此，上思县"十二五"行政村公路路面硬化工程建设全面完成，提前实现上思县在 2015 年底全县行政村村村通水泥路的目标。

【农村公路养护】 坚持把农村公路养护管理工作放到重要位置，加强领导，建立养护长效机制，加强大、中修工程管理，全县农村公路路况质量和路网服务功能有了新的提升。年内，上思县县乡公路管理所共筹备碎石料 5600 立方米，水沟路肩整治 56.4 公里，疏通堵塞涵洞 10 处，路面坑槽、车辙修补共 6600 平方米，清扫路面 68.50 公里，公路绿化种植树苗 18000 多株，种植里程约 34.3 公里。完成了 244 公里县、乡、村道公路的标准化养护，主要是整治路肩水沟、清除杂草等。同时，完成 3 个县乡公路路面大中修工程建设，投入资金 135.2 万元。圆满完成上级下达的 2015 年养护质量任务指标，顺利通过了自治区公路管理局和防城港市交通运输局的年终农村公路养护管理检查评比。上思县通达农村公路养护公司负责管养乡村道路里程 855.532 公里（含上思县交通运输局下放养护乡道里程 193.59 公里），年内完成公路维修总里程 570.7 公里，完成投资 333.6 万元。

【农村公路路政管理】 加强农村公路路政管理，有效保障了农村公路的完好畅通，维护了农村公路路产路权。2015 年，上思县交通运输局路政大队全年共立案查处损害路产路权案件 3 起，结案 3 起，收取路产补偿费 18260 元。坚持"政府主导、部门联动"的原则，由上思县人民政府主导，上思县交通运输局牵头，联合上思路政执法大队、上思县公安局交通管理大队等部门开展联合执法，年内共开展联合治理车辆超限超载专项行动 3 次，共查处超限超载运输案件 70 起，结案 70 起，收取罚没款 115000 元，有效打击和遏制了县境内超限运输车辆行驶公路的行为。

【春运工作】 组织力量，全面开展春运期间交通运输行业安全隐患排查治理工作，有效保障了群众安全出行和交通安全形势持续稳定。全县春运期间共投放班车 116 辆、公交 20 辆、出租车 32 辆。上思客运站春运累计发车 11597 个班次，运送旅客 23.19 万人次，完成旅客周转量 1612.32 万人公里，同比分别增长 4.4% 和 4%。其中发往广东省等务工地 238 个班次，运送外出务工农民 7725 人次，极大地方便外出务工人员的出行，保证农民工及时返岗。水路运输方面，投入乡镇客圩渡船 25 艘 800 个客座位，完成旅客运输 0.9 万人次，完成旅客周转量 16.2 万人公里。2015 年整个春运平稳度过，无旅客滞留现象，无安全行车责任事故发生，顺利实现"平安春运"目标。

【道路运输市场】 大力推进道路运输市场秩序精

细化管理,落实行政执法责任制,整治规范道路运输市场秩序,形成道路运输市场监管工作制度化、规范化的长效管理机制。2015年,全县拥有营运载货汽车2515台、营运载货拖拉机1361台,拥有客汽车111辆、出租车32辆、城乡公交车20辆;开通公交线路6条、客运班线33条,其中跨省线路3条,跨市线路10条,市内跨县线路2条,县内线路18条。乡镇通班车率达100%,行政村通班车率为65%。全年完成道路客运量151.6万人、道路客运周转量16292.3万人公里,同比分别减少4.4%、5.9%;完成货运量608万吨,货运周转量84718万吨公里,同比分别增长2.1%、3.5%。全年道路运输安全形势平稳,无一起交通运输责任事故发生。

【水运市场管理】 全县拥有水路客运船舶25艘,全年完成水路运输客运量3.2万人,客运周转量43.4万人公里;完成货运量3.9万吨,货运周转量37.44万吨公里。县交通运输局航务管理部门每逢圩日或在春运、重大节假日期间及人流高峰期,组织航务管理人员对那板、在妙等渡口和乡镇客圩渡船运转情况进行现场监督检查,维护渡运秩序。密切配合北海船检局对全县24艘乡镇客圩渡船进行年度检验,顺利完成了全县营运客船的年度检验工作。会同海事、安监部门联合执法,专门开展安全救生配备情况检查,严厉打击非法运输船舶的违法行为,有效地维护了全县水路运输安全稳定发展的局面。

【交通安全管理】 2015年,上思县交通运输系统扎实开展好"道路运输平安年"活动,加强公路工程建设和水路、道路运输领域安全生产管理,重点抓好春节、国庆节等传统节假日和重大活动期间的安全生产防范工作。在广泛开展交通安全生产宣传的同时,全面落实"三关一监督"工作制度,对全县道路运输市场进行安全专项整治,主要是排查整治乡镇渡口、船舶的安全隐患,加强对重点车辆、重点驾驶员、重点部位、重点时段的安全监管,加强水上运输安全监督检查,开展"打非治违"专项活动。年内全县交通运输系统没有发生安全生产责任事故,道路交通安全生产"四项指标"均为零,主干公路交通畅通有序。

工业·邮电

工业贸易和信息化

【机构及工作概况】 上思县工业贸易和信息化局（简称县工信局）是县人民政府组成部门，2015年新一轮政府机构改革，将原上思县中小企业局撤销，人员编制划入上思县工业贸易和信息化局。2015年，县工信局内设办公室、工业运行股、商务股、信息产业股、能源与规划投资股和中小企业股等6个股室，编制定员16名（其中机关行政编制15名、机关后勤服务聘用人员控制数1名），实有人员21名（其中公务员17人、事业编制人员3人、工勤人员1人）。局属二层机构有上思县流通执法大队和上思县节能监察中心，分别编制定员2名。

2015年，县工信局紧紧围绕县委、县政府年初制定的工作目标任务，制定措施，明确要求，强化责任，突出重点，狠抓落实，工业运行良好，商贸流通活跃，各项工作取得了较好的成绩。全县实现社会消费品零售总额182513万元，同比增长10.30%。其中：批发业151662.5万元，同比增长9.44%；零售业175736.3万元，同比增长19.50%；住宿业2802.3万元，同比增长15.84%；餐饮业28402.8万元，同比增长16.15%；全县外贸进出口目标任务1000万美元，由于当年外贸企业数少，企业经营异常，未能完成市下达的目标任务。

【工业经济】 2015年度，全县规模以上工业共实现工业总产值110.08亿元，同比增长11.79%。制糖、水泥建材、林板林化和制药等产业成为全县规模以上工业的主要支撑，全年分别实现工业总产值54.6亿元、28.63亿元、10.33亿元和7.13亿元，占本期规模以上工业总量的49.6%、26.01%、9.38%和6.48%。朗姆酒、水泥建材和林板林化是当年规模以上工业增长的主要动力。其中，朗姆酒实现工业总产值达35.46亿元，同比增长18.48%，拉动全县规上工业增长约5.62个百分点；水泥建材实现工业总产值28.63亿元，同比增长12.86%，拉动全县规上工业增长3.31个百分点；林板林化实现工业总产值10.33亿元，同比增长5.89%，拉动全县规上工业增长0.58个百分点；制药产业实现工业总产值7.13亿元，同比增长11.02%，拉动全县规上工业增长0.72个百分点。

【重大产业项目】 年内，全县重大产业项目建设进展顺利。广西恒拓集团仁盛制药有限公司GMP新生产基地项目完成厂房、仓库及配套设施、设备安装等，并于12月底竣工并通过GMP认证工作；广西华威木业有限公司在一期工程正式竣工投产销售的基础上，动工建设二期工程；广西农垦糖业集团昌菱制糖有限公司朗姆酒生产加工项目的朗姆酒精品观光生产线、朗姆酒灌装生产线、朗姆酒勾兑过滤生产线、朗姆酒产品检验检测中心等四大工程竣工，陈酿仓库完成初步设计图，罐群开始动工兴建。

供销管理

【机构设置及工作概况】 上思县供销社是参照公

务员法管理的县政府直属事业单位,负责对全县重要农业生产资料、日用消费品、废旧物资、农副产品的经营进行组织、协调和管理。内设机构有办公室、财会股2个股室,人员编制6人。下属有县土产公司、农业生产资料公司、果菜公司等3个社属企业和15个基层供销社。设理事会主任1人,理事会副主任1人,监事会主任1人。

2015年,县供销社认真学习贯彻落实《党中央、国务院关于深化供销合作社综合改革的决定》(中发〔2015〕11号)和自治区党委、政府关于加快供销合作社综合改革的各项政策规定,整合优化系统资源,着力抓好企业综合改革、项目建设、农资网络建设、民生工程和信访维稳等工作,圆满完成县委、县政府和上级联社下达的年度工作任务。全系统累计实现经营收入5723万元,比上年增长6.5%。其中农资商品经营销售额5176万元,同比增长6.1%;农资配送化肥2.5万吨,农药76吨,地膜58吨,分别比上年同期增长8%、7.8%、5.6%。为全县广大农民群众提供了便捷优质的服务,有力地支持了全县农业生产。

【推进供销综合改革】 2015年3月22日,党中央、国务院下发了《关于深化供销合作社综合改革的决定》,自治区党委、政府也下发了相关文件,对深化供销社综合改革提出总体要求、目标任务和指导原则。县供销社迅速组织全系统干部职工学习讨论,统一思想认识,并在广泛征求干部职工意见建议的基础上,草拟了《上思县供销合作社综合改革实施方案(草案)》,并及时报送县政府审定,对加快全县供销社改革发展提出了切实可行的目标任务和可操作性的政策措施,明确提出进一步拓展供销合作社经营服务领域,大幅提升为农服务能力和水平,把全县供销合作社打造成为服务农民生产生活的生力军和综合平台。与此同时,启动社属公司的改制工作,县生资公司、土产公司先后召开改制动员大会,着手做好职工档案核查、完善财务账簿、核实职工身份,配合县审计局开展财务审计,理清拖欠职工养老、医保等费用数额,并拟定了县生资公司、县土产公司《企业改制实施方案》,召开职工大会讨论通过后报县政府审定。

【企业危旧房改造】 通过招商引资方式,多方筹集资金410万元,对县土产公司危旧房进行改建,兴建了1栋综合大楼,规划第一层作为土产公司经营门面,2至7层的18套住房全部安排给职工居住。经多方努力,县土产公司危旧房改造项目建设进展顺利,并于12月底竣工交付使用,妥善解决了县土产公司经营服务平台和职工住房困难问题。同时,新规划2个危旧房改造项目。思阳镇供销社规划改造建设1栋11层的商住综合大楼,县农资公司规划在旧仓库地址(赛龙兴)规划改造建设1栋21层的职工住宅大楼。年内,完成了这2个危旧房改建项目的规划、立项、报批等前期工作,并于10月获相关部门的审批。

【民生工程】 继续全面调查核实供销系统职工困难,掌握动态,加强与县住建、民政、社保部门沟通联系,使全系统有125户住房困难职工家庭享受城镇住房保障租赁补贴或实物配租,有108户困难职工每月都能领取到低保金,有362户职工享受到城镇居民医疗保险,基本实现企业困难职工廉租房、低保和医保的全覆盖。

【企业土地确权】 抽调精干力量,加大工作力度,加强与县国土、住建部门的协作配合,逐一查阅档案资料,开展土地勘测、登记、报批等工作,本着"成熟一个办证一个"的原则,全力推进全系统企业的土地确权工作。经过多方努力,全县需要办理土地使用权证的12个供销企业,除了东屏供销社、公正供销社有部分土地存有纠纷待后调处外,其余的10个供销企业均于年内完成了土地确权工作,完成率83.33%,完成上级供销社下达的年度工作任务。

【召开县供销联社第六次代表大会】 7月10日,召开了上思县供销合作社联合社第六次代表大会,大会通过了《上思县供销合作社工作报告》和《上思县供销合作社联合社章程》《上思县供销合作社联合社第六次代表大会选举办法》,并根据相关规定,选举产生了由21人组成的上思县供销合作社联合社第二届理事会和由5人组成的上思县供销合作社联合社第二届监事会。通过完善理事会、监事会制度,进一步完善了供销合作社治理结构,强化供销社民主管理、民主监督,提高了干部职工在经营管理事务中的参与度和话语权,为供销社综合改革的全面铺开和顺利开展提供了坚强的组织保障。

【信访维稳工作】 针对全县供销系统困难多、富余人员多、矛盾多的特点,建立健全信访工作责任制度,采取县社主要领导负总责、班子成员具体负责、各企业领导包干负责的办法,变职工上访为干部下访,把做好职工思想政治工作与解决职工实际困难结合起来,尽可能在政策和条件允许范围内帮助职工解决

7月10日,县供销社"六代会"投票选举新一届理事会和监事会

问题。对年内发生的县生资公司集体上访案件和县生资公司职工黄绪琨上访案件,县社主要领导出面接访,耐心细致做好上访职工的思想疏导和政策解释工作,并采取超常规措施,及时解决了县生资公司职工提出的退休金问题和黄绪琨提出的住房问题,较好地把矛盾化解在基层或萌芽状态,促进了全县供销系统和谐稳定。

【党风廉政建设】 年内,县供销社班子多次对全系统党风廉政建设进行分析研究,健全完善内部管理制度,全面落实"两个责任"。班子3名成员坚持做到"一岗双责",既管好自身,又管好分管股室和企业的党风廉政建设,强化廉政风险防控,以严格的纪律和作风,推动党风廉政建设责任制的贯彻落实。从9月起,组织开展查处发生在群众身边的"四风"和腐败问题专项工作,聚焦重点岗位、重点问题,认真对照,全面排查,开展自查自纠,全年没有发生任何违反中央八项规定及其他违纪违法问题。

电 力

【机构设置和工作概况】 2015年,上思县水利电业有限公司内设经理工作部、财务部、人力资源管理

部、生产技术部、营销部、安全监察部、建设部、党群工作部等8个职能部门,辖区范围内有8个供电营业所、12个变电站,有客服中心、电能计量测试中心、行政事管室各1个。至年底,公司有正式在岗员工251人,其中中级职称5人,初级职称31人,技师11人,技术工人192人,公司总资产2亿多元。

【电网状况】 经过农网一二期、农网完善及无电地区建设、农网升级改造等大规模的电网改造,公司综合实力明显增强。至年底,公司拥有35千伏线路243.789公里、变电容量97650千伏安、10千伏线路2018.27公里、配电容量206776千伏安,形成以35千伏变电站为枢纽,以10千伏配电线路为骨架的县级电网,供电网络日臻完善,县城电网10千伏网络已形成手拉手供电,供电可靠性及供电质量大幅提高。

【电网建设】 2014年农网改造升级工程批复总投资2288.53万元,截至2015年12月底,已完成35千伏中心变电站改造工程、平福变至华兰变35千伏线路工程,3条10千伏线路35.41公里及44个配电台区的建设工程。2015年农网改造升级工程第一批项目批复总投资1381.99万元,10千伏及以下工程已于2015年底签订施工合同,各施工企业已进场施工。年内,自治区发改委新增上思县2015年农网改造升级工程项目工程批复总投资4752万

元,包括新建及改造 35 千伏变电站 8 座、10 千伏线路 94.066 公里、新建及更换配电变压器 105 台,容量 15060 千伏安,低压线路 229.85 公里,改造一户一表 12740 户。各项目均在年内按时间节点开工建设。

【供电经营效益】 2015 年,公司共完成供电量 2.37 亿千瓦时,同比增长 5.25%;综合线损率 7.87%,同比下降 1.25 个百分点;电费回收率 99.95%,同比提升 0.18 个百分点;营业总收入 1.32 亿元,同比增长 5.62%;实现利润 724.79 万元,同比上年增加 497.89 万元,获得广西水利电业集团有限公司年度经营管理工作特等奖。

中国电信股份有限公司上思分公司

【机构设置和工作概况】 中国电信股份有限公司上思分公司承担中国电信在上思县业务区的业务经营及向上思业务区用户提供各种电信业务服务。2015 年,公司内设综合办公室、客户销售服务部、网络部,下设渠道运营中心以及政企、城北、城东、昌菱、华兰、那琴等 6 个支局(所)。年末用工总量 66 人,其中在岗合同制员工 30 人;内退 4 人,离退休 32 人。在岗合同制员工中,研究生及以上学历 1 人,本科(含双学士)学历 7 人,大中专、技校 18 人。

2015 年,中国电信上思分公司围绕"以创新和服务双领先推动规模发展"这条主线,坚持以网络建设为主,施行规模经营和流量经营两大策略,联合代理商,大力开展移动和宽带业务,各项业务经营取得新的进展。由于种种原因,全年收入增长率为 -8.13%,用户增长率为 -6.97%。

【市场经营】 年内,中国电信上思分公司紧抓天翼、宽带、IPTV 三大核心业务,扎实做好"内强素质、外树形象"基础管理工作。中国电信上思分公司移动用户达到 13243 户,新增手机用户中,80% 以上用户为 4G 智能手机,天翼 4G 已经悄然改变着上思县人民的信息生活方式。全县电信宽带用户达 10792 户,继续保持电信宽带的市场主导地位;IPTV 电视用户新增 1918 户,用户应用、感知良好。此外,电子政务、综治 E 通、糖业 E 通、翼校通、农信宝、外勤助手等一批信息化应用新业务,已在全县党政机关、企业、学校、农户等越来越多的行业领域得到应用,通过信息化的手段为他们的生产和管理提高效益。

【通信网络建设】 按照中国电信"宽带中国、光网城市"的战略和建设目标,全年投入基础通信建设资金达 7000 万元。至年底,中国电信上思分公司有线互联网出口带宽达 30G,宽带接入端口容量 2.8 万,有线宽带服务能力领跑全行业。城区通过光网城市建设,FTTH 已覆盖各个新建小区和楼盘,实现 100M 高速宽带接入。农村实施"村村通",所有行政村均已实现光纤到户。3G/4G 电信 CDMA 基站 196 个,室外直放站 2 个,DV-DO 基站 84 个,LTE 基站 112 个。电信 4G 网络已经覆盖全县所有乡镇和规模较大的自然村以上区域,以及境内高速公路、国道和省道全程覆盖,是上思县内覆盖最广的移动 4G 网络。融合有线宽带、4G、WIFI 等多种接入方式,中国电信上思分公司已经实现宽带天地一体化的通信网络。

【精神文明建设】 坚持把精神文明建设贯穿于生产经营、企业管理各个方面。以创建文明单位活动为载体,狠抓职工队伍的思想道德建设和素质教育;加强作风建设,营造团结一心,积极进取的和谐氛围,增强凝聚力,为生产经营快速发展提供有力保障。以争创一流通信企业为目标,大力弘扬"全面创新,求真务实,以人为本,共创价值"的企业文化理念,引领广大员工与时俱进,开拓创新,圆满完成了全年生产经营目标任务。

中国移动通信集团广西有限公司上思分公司

【机构设置和工作概况】 中国移动通信集团广西有限公司上思分公司接受中国移动通信集团广西有

限公司防城港分公司直接领导,承担在上思县区域进行业务经营及向广西移动用户提供各种电信业务服务。2015年,上思县移动分公司内设综合部、市场部、政企客户中心、工程维护中心4个部(中心),年末员工总数58人,设总经理1人,副总经理1人。

2015年,中国移动上思分公司紧紧围绕全县发展战略目标,自觉服务大局,全力提供通信保障,不断提升窗口服务质量和网络运营能力,夯实基础管理,不断提升企业核心竞争力和执行力,圆满完成各项经营任务,为上思县域经济社会发展提供了良好的通信保障。

【经营业绩】 始终坚持"领先、创新、价值"的战略思想,以"质量、服务、创新"为抓手,突出抓好战略转型、改革创新、反腐倡廉等工作,较好地完成了各项经营任务。全年运营收入达6600万元,同比增长9.23%。客户规模近14万户,家庭宽带客户达6000户以上。

【信息化服务】 年内,制定实施了智慧城管、智慧路政、智慧林业、智能掌上水务、国税绩效管理平台、工商执法等6项具有本地特色的APP信息化项目工程,行业应用规模进一步拓展。

【网络建设】 年内,LTE新建122个站点及共址站,累计4G站点共计246个;2G站点在原来基础上新增22个;全县基本实现村屯覆盖4G信号,顺利解决了南屏瑶族乡常隆村百马屯常年无信号问题。

【营销活动】 继续采取多种方式,开展形式多样的营销工作。一是开展元旦促销活动。1月1日—2日,在县城和乡镇分别以大型路演和"中国移动元旦免费抽奖"等形式开展元旦促销活动,主推"买手机送话费"、存话费送话费、免费送流量三大优惠营销活动,并以榨季"100元"智能手机为营销卖点,推进分公司4G终端销售。活动期间共计销售4G手机304台,新增放号652户,各项业务均完成预定的销售目标,实现了年度4G终端营销的开门红。二是开展返乡促销活动。2月份,开展主题为"中国移动4G手机贺新春·回家就用和家团圆卡"返乡促销活动。截至2月13日,返乡客户入网2066户,返乡入网份额达87.65%。三是开展"关爱成长·校讯通"促销活动。3月1日,在县实验小学、县直属机关幼儿园等开展"关爱成长·校讯通"校园营销活动,现场签约109户校讯通,在学校注册处收集283户。四是开展"五一"大促销·尽享超值购机活动。5月1日,联合各大手机卖场,以"庆五一,全场手机直降500元,再送100元话费"为主题,在县城街心公园开展促销活动,发展新入网231户,4G终端销售131台(直降500方案39台),宽带发展15条;五是开展秋季"幼讯通"营销活动。8月29、30日,借助学校开学新生报名和家长会契机,向各家长发放校讯通业务宣传单以及讲解"幼讯通",新发展371户校讯通客户,开通占比为新生数的93%,老用户续签使用协议273户,续签率达到95%。

中国联通上思分公司

【机构设置和工作概况】 中国联合网络通信集团有限公司上思县分公司作为中国联通防城港市分公司在上思县的分支机构,接受中国联通防城港市分公司的直接领导,承担中国联通在上思县业务区的业务经营及向上思业务区用户提供各种电信业务服务。2015年,公司内设综合支撑中心、移网渠道中心、固网销售中心、集团客户拓展中心、乡镇拓展中心等5个中心。设副总经理1人,总经理助理2人。

2015年,中国联通上思分公司秉持"追求卓越,共创和谐"的企业文化,继续深化"三化一端""五包一清单"管理改革,以"快速响应市场"为中心,创新部门管理方式,优化乡镇机构,提升公司活力,促使规模效益再上台阶,支撑能力明显增强,客户体验大幅改善,员工待遇稳步提升。

【市场发展】 年内,切实加快经营模式转型,坚持移动宽带领先与一体化创新战略,以4G发展为引领,实施"客户经营"与"价值经营"双轮战略,加速实现营销模式转型。一是加快渠道模式转型，全力提升渠道运营效能，聚焦能力提升工程，实现渠道成本与效益、渠道规模与用户份额、渠道服务人员能力与渠道规模"三个匹配"的运营目标，提升有效渠道规模、渠道单厅产能。二是聚焦"智慧沃家"，通过线上、线下全渠道协同推进，实现"智慧沃家"规模发展；聚焦"互联网+"实现规模发展，完善激励机制促进发展转型，落实专业化客户开发体系、专业化产品开发体系、创建联盟机制、全力突破20个重点项目等四大举措，确保预算完成。聚焦渠道能力提升工程，以沃易购平台、挑战21天和渠道APP助手为抓手，通过星级评定、低效厅置换以及平台引流等措施，优化渠道结构，提升渠道运营效能。

【行业创新】 全力提升终端运营能力，以"沃易购"为依托，以全面提升整体终端市场份额为目标，以打造双4G全模终端为主线，快速提升终端市场销售份额及终端合约跟概率。加快推进电子渠道规模运营，依托电商互联网核心平台能力及大数据系统支撑，推动公司全业务电子化全渠道互联网化转型。行业应用项目有所突破，其中"电子学生证""班班通""移动OA""APN应用""舆情监控""关爱宝""E信通"等7个行业应用产品的成功推广及业务受理，在上思形成较大社会影响力，行业应用产品初步形成规模效益。在创新业务方面，深度运营流量变现，通过"流量神器"、流量保险，提升用户流量价值，以及开展短信变现，以微提醒导流，运用大数据为商家提供精准推送并配套物流、支付、电子商城等电商服务，形成"互联网+生活服务"的生态圈营销模式。

【网络建设】 一是加快建维模式转型，提升网络支撑能力。坚持宽带领先战略，提升网络竞争能力。坚持"战略、市场、效益、效率"四个导向，聚焦"移动网覆盖率、基站成环率、宽带小区覆盖率"三项重点指标，低成本、快速度、高质量地推进网络建设。坚持客户体验领先，创新网络维护措施，实现网络建设、维护、监控和优化等工作，由"面向网络"向"面向客户感知"转变；二是加快网络建设步伐，

围绕移动网、宽带网、传送网"三大专业"，聚焦"3G广覆盖、4G削峰分流、2G优化做薄、基站能力提升、传送网络优化、宽带改造提速"开展网络规划和建设；三是持续优化运维成本，进一步提升网络稳定性、健壮性和客户感知，同时通过技术创新和互联网+的应用提升网络维护和优化的效率；四是3G网络服务质量和覆盖持续提升，已成为县城区及乡镇覆盖完备、提供连续数据业务高速服务的承载力。4G网络实现对城区数据热点区域、品牌形象区、营业厅、校园的网络覆盖，为3G用户转4G流量经营提供有力的网络保障。完成村镇县乡光缆分组设备安装，U900基站的传输及乡镇直达光缆等传输网建设工作，为乡镇一级的业务发展提供了必要的传输带宽资源。

【服务理念】 坚持"以客户为中心、用服务促发展、以投诉促管理"的服务理念，全面提升联通的服务质量和水平。一是加快服务模式转型，提升客户体验水平。开展客户体验改善工程，围绕"网络体验、产品体验、服务体验"三大方面，组织客户、内部员工与合作伙伴，以场景化形式开展关键触点的客户体验改善工程，提升客户口碑，提高客户忠诚度。构建互联网化客服体系，根据客户行为习惯和使用条件，对服务渠道结构进行重新布局，逐步向互联网服务渠道和自助便利渠道迁移。提升存量客户保有水平，明确维系运营模式，维系外呼统一运营，加强维系渠道协同；二是围绕"承载力及效能"双提升目标，通过内部组织调整、强化业务管理、加强业务支撑三方面的工作，持续提升任务承载力与效能，加快服营维一体化的转型。改善服务短板，围绕4G与智慧沃家、网络投诉热点区域、计费收费焦点问题三大主题开展客户体验改善工程，促进计费、产品、流程和网络的优化。针对互联网增值业务和流量收费争议开展投申诉管控，建立"预防——监控——补救——改进——考核"的闭环管控机制；三是优化触点信息，提升客户感知。制订统一的用户消费提醒规范，以2G、3G、4G、固话、宽带、融合业务为基础，持续根据用户需求新增和优化用户消费提醒内容，真正做到让用户明明白白消费。

【党建工作】 加强企业党建工作,以党建引领和推动各项业务蓬勃开展。在组织建设方面,进一步健全完善党建工作制度,制定党建工作考核办法、党员激励关怀帮扶实施办法等制度,推进企业党建工作责任制的落实;结合开展"三严三实"专题教育活动,认真开好专题民主生活会,认真对照查摆出来的"不严不实"问题,限期抓好整改落实;落实"广西联通从严治党十条措施",开展党员系列主题教育活动,完善党员活动中心建设,增强企业党组织的凝聚力。在党风廉政建设方面,认真抓好巡视反馈问题的整改;抓好"两个责任"落实;优化机构配置,强化员工队伍建设。

上思县工业集中区管理委员会

【机构设置和工作概况】 上思县工业集中区管理委员会(简称县工管委)是上思县政府直属的正科级事业单位。2015年,人员编制5个,设主任1人,副主任1人。

2015年,县工管委认真按照县委、县政府的部署要求,大力抓好工业集中区的招商引资、建设、开发管理、协调、服务,加强对外经济技术合作、投资(建设)项目进行跟踪管理和服务,对落户工业集中区的企业进行政策引导和监督,并提供咨询服务,有力地推动各项工作跃上新的台阶。

【工业经济】 2015年,上思县工业集中区按照"统筹兼顾、集约利用、产城融合"的工作思路和全面提升集中区服务功能的规划理念,不断完善集中区基础设施建设,积极引导各类产业向集中区聚集,各项工作进展顺利。全年工业经济保持良好发展态势。全年完成工业总产值90.4亿元,占年度目标任务68亿元的132%;工业增加值21.7亿元,占年度目标任务20亿元的108%;工业项目投资5.1亿元,占年度目标任务5亿元的102%;基础设施投资0.58亿元,占年度目标任务0.5亿元的116%;实现税收2.51亿元,占年度目标任务2.5亿元的100.4%。

【工业项目及基础设施】 完成集中区"十三五"规划的制定并上报。集中区主干道——工业大道顺利推进,至年底已完成大部分路面硬化。十三五"三区合园"的规划与实施工作开始启动。利用集中区总体规划修编和产城互动规划的机遇,将昌菱集中区纳入城西工业集中区范围内,同时将城西集中区的农产品加工功能区移到城南,规划成一个城南特色农产品加工业集中区,和原来城西工业集中区构成三区合园的大格局。城西工业集中区重点抓好1888亩的木材产业园建设,逐步构建木材高端产业。城南工业集中区主要抓好中国壮医药健康产业园和十万大山健康食品加工园。

国土·城建·环保

国土资源

【机构设置和工作概况】 2015年，上思县国土资源局隶属防城港市国土资源局管理，内设8个股室（办公室、土地规划耕保股、地籍管理股、国土资源执法监察股、矿产资源管理股、行政审批办公室、国土资源权属调处股、不动产登记股），直属7个事业单位（1个参照公务员管理单位即上思国土资源执法监察大队，3个财政全额拨款单位即上思县不动产登记中心、上思县土地储备中心、上思县土地整理中心，3个自收自支单位即上思县国土资源交易中心、上思县土地市场管理所、上思县国土资源勘测规划所）。设党组书记、局长1人，党组成员、副局长1人，党组成员、纪检组长1人，副局长1人。

2015年，上思县国土资源局严格按照上级国土资源部门和县委、县政府的决策部署，全面贯彻落实中共十八大和十八届三中、四中、五中全会精神，切实按照保护资源和合理利用资源服务发展、维护权益的总体要求，以开展"三严三实"专题教育活动为契机，切实履行好党风廉政建设主体责任和"一岗双责"制，狠刹"四风"转作风，积极推进法治国土建设，进一步加强队伍建设，为全县稳增长和社会进步做出积极贡献。2015年，上思县国土资源局被自治区人力资源和社会保障厅、自治区国土厅联合授予"在国土资源管理工作中成绩突出记集体二等功"荣誉称号。

【耕地保护】 通过常态化执法监察动态巡查和联合执法，有效制止和打击了各类破坏耕地和基本农田违法行为，耕地和基本农田保护成果进一步得到巩固。据年度土地变更调查数据显示，2015年全县耕地面积为5.80298万公顷，超额完成市下达年度耕地任务量5.589499万公顷的103.82%；全县基本农田保护面积4.9146万公顷，超额完成市下达年度保护任务量4.88万公顷的100.71%。全县耕地和基本农田保护完成率连续15年突破100%以上。

【耕地占补平衡】 积极组织实施耕地开垦项目，进一步加强耕地占补平衡工作。一是抓好叫安镇那工村基本农田整治项目建设，实施规模为982.21公顷，总投资2611.21万元，新增耕地110.4049公顷，项目于12月10日竣工初验。二是加快推进"占优补优"耕地提质改造（"旱改水"）项目建设。2015年在建的思阳镇高加村项目和在妙镇平良村"旱改水"项目实施面积71.7397公顷（共1076.0955亩），年内完成工程量95%，其中高加村项目竣工初验，平良村项目完成工程量90%。三是"旱改水"项目获批7000亩，年内，完成思阳镇玉学村和昌菱农场A、B片区"旱改水"等5个项目面积3046.035亩的招投标，其中思阳镇玉学村面积424.05亩的"旱改水"项目于12月25日开工。四是加快推进59个获批立项耕地开垦项目的实施，实施总面积4664.1708公顷（6.9963万亩），投资9175.9462万元，新增耕地4434.5889公顷（6.6519万亩）。年内完成了平福乡六改村、明旺村、伟华村3个开垦项目（实施面积395.2355公顷、预增耕地375.4737公顷）施工设计和投资预算审核，为2016年全面实施创造条件。促使上思县连续十三年保持耕地"占补"平衡,顺利解决了防城港市钢铁、核电、金川和东兴试验区等一大批重大项目占用耕地的"先补后占"和"占优补优"问题,为防城港市未来15年的项目建设占用耕地的"占补"平衡提供了保障。

【项目建设用地保障】 加大力度,切实保障全县建设项目用地,扎实做好稳增长工作。一是年内实际争取和落实新增建设用地指标949.35亩,超额完成防城港市下达上思县年度新增建设用地405亩的计划指标。二是年内完成昌菱生物质发电、四方岭风力发电、皇袍山旅游、看守所搬迁等17个项目用地预审,面积1071.531亩。三是年内成功争取自治区、市批准使用2014年用地指标的有康贝特板材、汽车站、宏驰仓储物流、朗姆酒罐群、祥龙生态城、在妙污水处理厂、高速路处理违章和事故车辆停车场、昌菱生物质发电等8个项目,面积共564.0555亩。四是年内完成了南屏瑶族乡渠坤圩、思阳镇明哲村明加屯(原县砖厂)、叫安镇松柏村平葛屯、那琴乡那逢屯等4个扶贫生态移民安置点18.39公顷(275.85亩)建设用地的规划调整和上报工作。五是加快已批土地的批后实施。对2015年已获得批复的8个项目用地,均按法定程序完成了批后"两公告"等工作。六是盘活和增加用地存量,全年共完成了200.92亩土地储备,选定并筹备了万山大道、棚户区改造和防洪大道等全县重点建设项目280亩用地收储工作。七是深入开展国土资源节约集约模范县创建活动和低效工业用地清查、土地管理领域专项整治等活动,全年处置闲置土地19.66亩,盘活存量建设用地62.455公顷,占当年盘活存量任务12.455公顷的5.01倍。八是抓好"十百千"重点项目和进城大道及配套项目、工业大道、南屏瑶族乡异地扶贫搬迁工程、上思县第一初级中学、上思县中小河流整治项目、工业园区、城建等重点项目用地征拆工作,全年完成以上项目用地征拆820.02亩;九是年内通过招拍挂出让土地54.58公顷(818.69亩)、划拨出让11.8926公顷(178.389亩)、协议出让0.0237公顷(0.35625亩),实现土地收入6.898亿元。为全县项目用地、城建资金提供了保障。

【项目建设用矿保障】 深入开展矿产资源领域专项整治活动,全面整改矿产资源管理存在的问题,进一步规范矿产资源开发管理秩序,为全县建设项目用矿提供保障。全年挂牌出让采矿权1个,出让价款约125万元,收取矿产资源补偿费79.36万元,采矿权价款7.6584万元,收缴矿山地质环境恢复保证金达100%,矿山年检率100%。同时,圆满完成新一轮矿产资源规划修编工作。

【土地利用总体规划和基本农田划定】 年内,进一步调整优化全县土地利用结构,确定各类用地规模和布局,如期完成全县新一轮土地利用总体规划和县城周边基本农田划定工作,编制成果顺利通过自治区人民政府审批,为全县"十三五"期间更科学合理地利用土地资源,更严格地保护耕地及基本农田奠定了坚实的基础。

【土地执法监察】 借鉴福建莆田经验,推行"手机执法",强化执法监察动态巡查常态化,严厉打击违法违规用地用矿行为,土地、矿产违法行为得到有效遏制。2015年,通过动态巡查和联合执法,发现违法用地案件229宗,面积636亩(耕地132亩),依法及时制止229宗,立案查处13宗,结案12宗。组成联合执法队依法拆除违法占地地上建(构)筑物约3万平方米,收缴罚金6万余元。发现非法采矿14宗(其中立案查处6宗),没收非法采矿产品1142吨,收缴罚款41万元。全县土地、矿产卫片执法检查工作顺利通过自治区政府和国家国土部核验,卫片执法检查工作连续实现六年"零"问责和"零"约谈。

【国土改革】 加快推进国土改革力度,并取得明显成效。网上无纸化办公形成常态,班子成员和各股室以及直属单位间实现OA系统网上无纸化办文,办公效率成倍提高。行政审批实行"管""审"分离,成立了审批办公室,全权负责国土资源办事窗口各项工作,实现了行政审批权和日常业务管理权真正剥离。对行政审批事项等权力清单进行清理,将原17项行政许可审批事项合并成9项,非行政许可取消1项,转变管理方式15项,大幅度减少行政审批事项设定,精简率达 50%。审批环节由原来的"多环节"审批层级变为三级管理及审批办内部会审模式,实现"一站式"审批,提速率达 80%。稳步推进不动产登记和乡镇国土所"五所合一"工作,乡镇国土所"五所合一"改革和不动产登记职责机构整合及人员编制划转全部完成。

【地质灾害防治】 高度重视地质灾害防治和安全生产工作,建设完善全县地质灾害群测群防体系,38 个地质灾害隐患点和易发区均落实监测预警预报,汛期落实 24 小时地质灾害防治和安全生产领导带班值班制,形成县、乡、村、屯四级监测网监测管理机制。积极抓好重点地质灾害点治理,共申请到自治区级财政拨款地质灾害治理专项资金 150万元,对叫安镇提高村枯亚屯滑坡、平福乡那明村那萦屯不稳定斜坡、华兰镇华兰村萦留屯崩塌等 3个地灾点进行综合治理。由于地质灾害防治措施得力,全县连续 10 年无因地质灾害造成人员伤亡和重大财产损失事故发生。

【干部队伍建设】 认真贯彻落实"一岗双责"制,始终坚持在党风廉政建设和反腐倡廉中"抓早抓小抓常",组织干部职工观看警示教育专题纪录片,制定出台一整套行政审批、土地规划、土地出让、土地整治、矿业权出让、执法监察、财务管理等重要环节、重点岗位、重点领域等防控风险措施和制度,扎紧制约权力笼子,严防"四风"反弹,促进全县国土系统廉政教育常态化以及干部作风的转变,营造了风清气正的廉政氛围。严格按照县委的部署和要求,扎实开展"三严三实"专题教育活动,从正反典型事例和"不严不实"两方面,开展批评与自我批评,剖析班子和个人存在的问题,并在规定时限内全部整改。组织干部职工参加了"中共十八届三中、四中、五中全会精神和中共中央总书记习近平一系列重要讲话精神解读"网络培训班,进一步提高干部职工队伍理论素质和思想水平。选派业务骨干参加自治区国土资源厅举办的相关业务培训班培训或到防城港市国土资源局跟班学习,全系统干部职工综合素质明显提升,工作实践能力明显增强。

城乡建设与管理

【机构设置和工作概况】 上思县住房和城乡建设局(简称县住建局)是县政府的组成部门。2015 年,局内设机构有:秘书股、建设工程管理股、城乡规划股。机关行政编制 10 名,设局长 1 人,副局长 2 人。下属企事业单位有:县建设工程招标投标管理站、县建设工程服务中心、县城镇建设办公室、县城市建设管理监察大队、县园林管理所、县环境卫生管理站、县房地产管理所、县白蚁防治中心、县建设工程质量监督站、县建筑设计室等 10 个事业单位及上思县自来水公司、上思县建筑工程公司、上思县三华污水处理厂、上思县昌盛生活垃圾卫生填埋场等 4 个企业单位。

2015 年,县住建局坚持以中共十八大和十八届三中、四中、五中全会精神为指导,紧紧围绕县委、县政府提出的"城建优先"发展战略,着力推进城乡建设各项工作,促使全县城乡面貌发生了新的变化。

【市政基础设施建设】 全年组织实施城建项目 40项,续建项目 18 项,新开工 22 项。开展县城城南小区、安居小区、彩元小区和老城区的部分道路建设。投资约 1920 万元的月亮景观桥在国庆期间建成通车。

【污水处理设施建设】 年内,上思县三华污水处理厂污水处理设施运行状况良好,各项指标基本达到要求,全年累计处理污水 438.3791 万立方米,污泥无害化处置 497 吨,累计 COD 削减量 468.75 吨,氨氮削减量 82.265 吨,污水处理率 83.35%,城市污水处理能力进一步增强。8 月 21 日,在妙镇污水处理厂投入试运行,完成污水管网建设 10.23 千米。

【垃圾处理设施建设】 年内,上思县昌盛生活垃圾卫生填埋场完成垃圾处理量 37488.96 吨,垃圾处理率为 97.28%。上思县垃圾处理厂、上思县平福垃坂中转站项目建设顺利完工。

【城市供水】 上思县自来水公司全年供水 688 万吨,销售 550 万吨,管网漏损率 25%,县城供水普及率达 98%;全年改造供水管道 14587 米,新增铺设 DN100 毫米以上的供水管道 4625 米、DN100 毫米以下的管道 9862 米。

【城市照明】 年内,投入 50 多万元,在县城部分小街巷道新安装路灯 100 杆,并对县城区的路灯进行全面维修和维护。

【园林绿化】 年内,投入 150 多万元对县城区各主要道路(街道)新种、改种各种绿化树木 650 棵、花卉 1200 棵。

【城市环境卫生】 进一步加强城区环境卫生保护工作,着重抓好城区服务范围内的公路主干道、街道、集市、单位庭院的清洁和保洁,遏制和消除城区"脏、乱、差"现象。切实抓好社区、单位、居民小区的垃圾收集点工作,建立街巷、圩场的日常保洁及垃圾转运体系,做到垃圾日产日清。全县每天产生的生活垃圾量约为 80 吨,全部运往生活垃圾填埋场进行无害化处理。坚持巡查督办制度,及时处理投诉事项,对存在的问题限期整改。

【市容市貌管理】 年内,在实施"美丽上思·清洁乡村"之"美丽街道"工程创建活动中,加大对市容市貌的执法力度,整治规范城区内乱停乱放车辆 1500 余辆(次),整治规范"滴、洒、漏"等现象严重的施工运输车辆 200 余辆(次);对违章建筑下达停工责令限期拆除通知 150 份,处理建筑材料占道堆放 100 余起;规范城区流动占道经营摊点 800 余个、固定摊点 120 余个;开展强制拆除违法违章建筑集中行动 5 次,拆违面积 31940 平方米。依法整治规范户外广告牌匾 100 余幅(张),有效地维护了市容市貌秩序。

【建筑质量管理及安全生产】 进一步规范工程项目管理,严格履行法定建设程序,规范工程报建、施工许可、竣工验收备案工作。全年新开工工程项目 62 项,总投资 33065.51 万元,建筑面积 230657.6 平方米。同时,扎实抓好建筑安全生产工作,全年举行安全生产集中宣传教育活动 2 次,在施工工地张贴宣传标语 200 余张,悬挂条幅 20 多条,竖立安全警示牌 300 余块。进一步加大建筑安全生产检查力度,县住建局会同县质监局等相关部门对全县在建工程开展安全大检查 16 次,检查工程项目 62 项,查出安全隐患和问题 400 多个,下发《停工整改通知书》15 份《建筑工程安全隐患整改通知书》56 份、《建筑工程质量安全隐患整改通知书》8 份。

【房地产市场管理】 加强房地产市场管理,促进市场健康发展。2015 年共受理商品房预售项目 1 个,发放预售许可证 1 份,预售楼房 3 栋 360 套,房地产开发预售面积 3.2 万平方米,商品房买卖合同备案 394 宗,备案面积 4.6 万平方米。共办理各类房屋登记 1468 件,登记建筑面积 35 万平方米。其中,初始登记 91 件;转移登记 344 件;他项权利登记 698 件;预告登记 335 件。提供房屋权属登记信息查询 2200 份;整理产权产籍档案 600 份。

【农村危房改造】 全年组织实施农村危房改造 3000 户,补助农户危改资金 5760 万元。

【城镇住房保障】 年内,全县保障性住房工作深入推进,新增发放租赁住房补贴 30 户,实际完成 121 户,完成率 403%;建成公共租赁住房共 560 套,完成率为 140%;完成公共租赁住房分配入住 680 套(廉租住房配租 347 套、公共租赁住房配租 333 套),总完成率为 113%。

环境保护

【环境保护机构概况】 上思县环境保护局为县政府工作部门,内设办公室、综合管理股等 2 个股室,直属事业单位有上思县环境监察大队、上思县环境监测站。2015 年,有在职在编干部职工 15 人,其中局机关 4 人、监察大队 5 人、监测站 6 人。设局长 1 人、副局长 1 人。

【水环境】 全县地表水水质总体较好。年内,明江各河段监测断面水质均达到各功能区划保护标准,集中式饮用水源地那板水库饮用水源取水口水质达标率为 100%。

【大气环境】 县城区大气环境质量监测分析结果表明,2015 年县城区日平均浓度值达到《环境空气质量标准》二级标准。全年县境内无酸雨现象。

【声环境】 2015 年,县城区区域环境噪声、道路交通干线噪声昼间平均值为 68.5 分贝,夜间噪声平均值为 54.21 分贝。县城区区域环境噪声、道路交通干线噪声均达标。

【固体废物处置】 2015 年,全县工业固体废物产生量 64.09 万吨,综合利用量为 64.09 万吨,综合利用率 100%。县城区 2015 年产生生活垃圾约 2.6 万吨,全部进行卫生填埋。

【环境综合整治】 2015 年,农村环境整治工作主要是对 2013、2014 年农村整治项目进行日常管理工作。2013 年农村环境连片整治示范项目于 2015 年年初完成工程竣工验收工作,25 个集中式污水治理设施全部投入运行;叫安镇垃圾中转站也于 9 月份投入运行;垃圾收运设备均按要求配送到了各项目乡镇或指定的村并投入使用,直接服务于清洁乡村活动。2014 年上思县农村环境综合整治项目在思阳镇易和村 4 个自然屯实施,4 个项目点的集中式生活污水处理的主体设施于 2015 年内基本完成建设,分散式污水处理设施进入项目选址工作。完成了 2015 年农村环境综合整治项目入库报备工作,为争取 2015 年农村环境综合整治项目做好基础性工作。

【饮用水源保护】 2015 年 1 月,完成了县城区、乡镇饮用水水源保护区内的界标、宣传牌等的建立工作。对农村集中式饮用水水源地进行调查,符合划分的水源地有 10 个。委托南宁市龙翔环境监测有限公司对符合划分的水源地进行保护区划分编制工作,确保了农村集中式饮用水源地能有效地保护。组织农业、水利等部门组成污染源排查整治工作组,对影响水源清洁的农业面源、工业污染源、河面作业船只和渡船污染源的环境整治工作。县财政安排资金用于县城饮用水源地及县域内的地表水的日常监测,在强化县城饮用水水源保护区保护基础上,不断加强乡镇集中式饮用水源保护工作。

【污染物减排项目】 年内,加强对广西上上糖业有限公司、广西农垦糖业集团昌菱制糖有限公司 2 家制糖企业酒精废液生产液态生物肥、华润水泥(上思)有限公司脱硝等减排工程项目的监督检查。3 月,国家环保部对液态生物有机肥项目进行减排核查,昌菱制糖有限公司通过了减排核查,为上思县和全市减排任务的完成奠定了基础。

【建设项目环境管理】 2015 年,向自治区环保厅、市环保局出具 3 个项目初审意见。全年共受理建设项目审批事项 57 项,办结 57 项,其中办结环境影响报告表 24 项、登记表 33 项。所有项目均在规定期限内提前办结。

【污染物减排】 根据防城港市人民政府下达的减排任务,编制了《2015 年上思县主要污染物总量减排实施方案》,分解减排任务,明确减排责任和工作措施,全力组织推进,加强对 4 家规模化禽畜养殖减排项目进行现场督查,责成减排单位对存在问题及时整改,全面推进减排重点工程建设。要求国控企业和重点排污单位严格污染治理设施运行管理,确保设施正常运行,巩固减排成果。通过采取有效措施,全年减排化学需氧量 978 吨、氨氮 19.9 吨、氮氧化物 3699 吨,全部控制在排放总量指标内。

【生态示范点创建】 年内,狠抓生态县建设和生态环境保护工作,着力提高生态文明建设水平,"生态村"创建活动取得成绩。2015 年 12 月,公正乡公正村、思阳镇易和村、叫安镇那布村 3 村荣获"自治区级生态村"称号。

【环境监测】 委托防城港市环境监测站进行监测，继续做好城区大气环境质量监测 1 个点位、3 个主要项目，监测频次为每季度 1 次，全年 4 次；地表水于明江设 2 个点位，25 个项目，监测频次为每月监测 1 次，全年共 12 次；集中式生活饮用水源地水质监测，设那板水库 1 个点位，61 个主要项目，监测频次为每季度监测 1 次，全年共 4 次。整个常规监测工作做到了定点准确、操作规范、数据可靠、监测结果达标。被自治区环保厅列入 2015 年环境监测站通过计量认证县。此外，还在原有的专用实验用房上增建一层实验楼，对实验室按照标准化建设进行装修改造；派员参加自治区环保厅监测人员持证上岗考试，并于 3—4 月份派送监测人员到市监测站跟班学习。11 月份通过了自治区监测人员执证上岗考试现场考核；12 月顺利通过了自治区质量认证专家评审组的现场考核，圆满地完成了年度认证考核任务，不断夯实环境监测基础，进一步提高环境监测质量，构建了独立开展环境监测体系。

【环保专项资金】 年内，全县共争取到各级财政环保专项资金 421.6 万元。其中生态广西建设引导项目资金 40 万元，环境监测能力建设项目 80 万元；2015 年农村环境连片整治示范项目专项资金 157.1 万元，其中县本级配套专项资金 107.1 万元，2015 年农村饮用水源保护区划分技术报告咨询经费 30 万元，环境监测站实验室建设及装修经费 50 万元，新增购置环境监测仪器 64.5 万元。

【环境监察】 年内，牵头组织各乡镇、各相关部门开展了环境保护大检查排查整治工作，完成了涉重金属行业企业环境风险、排污单位污染排放状况、各类资源开发利用活动对生态环境影响情况、违法违规建设项目情况的排查整治工作。全县共出动检查人员 425 人次，检查工业企业 35 家，工业园区 1 个，集中式饮用水水源地 8 处。检查发现存在环境问题企业 8 家，其中对违法露天堆放滤泥的广西农垦长兴生物有机肥有限公司和氮氧化物排放浓度超标的华润水泥（上思）有限公司进行立案查处，共罚款 3 万元。单独开展及联合市环保局开展春节前环境安全专项检查，出动 7 车次 32 人次，检查企业 17 家。坚持严格按照规范程序实施，依法、全面、足额、及时征收排污费，做到及时开征、及时收缴，对拖欠排污费的排污单位申请法院强制执行。全年共征收排污费 348 万元，为污染源治理积累了资金。

【环境宣传教育】 围绕新《中华人民共和国环境保护法》实施，开展了系列宣传活动。分别在 1 月、6 月举办了一台环保专题宣传文艺晚会，在县城龙江桥头液晶显示屏滚动宣传环保标语，通过县委宣传部信息平台编制发送"六五"环境日宣传信息。4 月、6 月在街心公园设点分别开展 1 次集中宣传和咨询服务活动。12 月 4 日，配合县委宣传部、县依法治县办、县司法局等单位开展了"12·4"国家宪法日暨全国法制宣传日系列活动，深入学校、企业、社区及公共场所发放宣传册子、资料约 16000 多册（份）。

商　业

粮食流通

【机构设置和工作概况】　上思县粮食局是县政府工作部门,负责组织实施全县粮食流通监管和粮食流通体制改革。2015年,局机关人员行政编制7人,设局党组书记、局长1人,局党组副书记、副局长1人,局党组成员、副局长1人,局党组成员、纪检组长1人;实有人员10人。内设综合股、调控与监督检查股。下属企事业单位有:县储备粮管理中心、县城镇粮油供应中心、县粮油购销有限责任公司。

2015年,县粮食局认真学习贯彻中共十八大和十八届三、四、五中全会和习近平总书记系列讲话精神,严格按照全区粮食工作会议和县委、县政府对粮食工作的部署和要求,着力打造地方储备粮管理、政策性粮食收购和供应、粮食应急预案、社会粮食流通监管等四大粮食工作体系,扎实履行粮食部门职责,做好粮食宏观调控,确保全县粮食安全,全面完成各项任务指标,有力地保障了全县粮食安全。

【粮食直补订单收购】　认真贯彻落实国家对种粮农民实行直接补贴与储备粮订单粮食收购挂钩政策,在积极做好政策宣传的同时,及时与种粮农户签订合同,敞开保价收购种粮农户余粮。截至10月30日,全县储备粮订单收购累计入库5000吨,占自治区下达上思县2015年直补订单粮食收购任务的100%,圆满完成当年储备粮订单收购任务。

财政直接补贴种粮农民资金120万元,促进种粮农民增收。

【储备粮管理】　认真做好地方储备粮管理工作,对储存县内的自治区级和县级储备粮,全面实行环流熏蒸、机械通风和粮情检测系统科学保粮技术,全县粮食储存符合绿色、科学、节能、环保等要求,达到国家有关质量合格指标。组织开展粮食库存检查工作,对全县国有粮食购销企业的2个库点进行了粮食库存检查,仓储管理做到库存真实,质量良好,粮情稳定,制度健全,管理规范。同时,严格按照储备粮管理制度要求,对库存到期的县级储备粮进行轮换销售,并完成新增储备粮的轮入补库,确保了地方储备粮的数量、质量及储存安全。

【社会粮食流通管理】　年内,组织开展社会粮食流通专项检查工作,对全县购销企业及个体粮食经营户进行了专项检查,重点检查粮食质量、粮食经营台账及粮食基本数据报送情况。通过检查,大部分粮食经营户质量意识较强,所经营的粮食均达到了国家质量标准。各购销企业建立了规范的粮食经营台账,统计数据的上报做到了数字真实,没有缺报、漏报、瞒报现象。

【粮食加工安全】　在全县粮食行业加工企业中开展防止粉尘爆炸专项整治工作,并组织安监、质监、粮食等部门力量,进行了专项检查,共检查4家粮食加工企业,其中国有粮食加工企业3家,私营粮食加工企业1家。经加强检查督促,年内全县粮食加工企业安全生产措施落实,制度健全,职责明确,持证上岗,环境清洁安全,全部符合安全生产标准要求。

【创建依法行政示范点】　严格按照自治区粮食局的部署要求,积极参加全区粮食系统依法行政示范点创建活动。逐项对照创建条件和要求,及时成立创建活动组织机构,制定切实可行实施方案,明确创建目标和具体措施,按时向自治区粮食局、防城港市粮食局申报依法行政示范点书面材料。经自治区粮食局审核材料、现场检查进行核查评估和公示后,上思县粮食局被自治区粮食局命名为自治区粮食系统依法行政示范点。

【粮食仓储设施建设】　继续重视抓好粮食仓储基础设施建设。年内,筹集54万元维修改造资金,专门用于粮食仓库维修工作,确保储粮仓库完好无损和储备粮储存安全。加快推进投资640万元的粮油仓储设施项目建设,在上年工作基础上,完成该项目的场地平整等前期工作,落实地方配套资金30%拨补到位,促使建设项目在12月份正式开工建设。

【民生工作】　把职工群众反映强烈的民生问题作为开展查处发生在群众身边的"四风"和腐败问题专项工作整改的首要任务,切实解决关系职工利益的突出问题。一是将原思阳粮所、思阳粮贸公司和县粮油加工厂宗地棚户区改造工程中是否符合职工住房安置对象上报县房改办进行核实,为妥善解决县城区域内国有粮食改制企业职工住房安置工作迈出了坚实的一步。二是经过调查核实,并经由县医疗保险所测算,由县政府统筹解决全县原国有粮食改制企业职工从2007年起拖欠的医疗保险费问题。三是县政府妥善解决了全县原国有粮食改制企业"文革"和病故职工遗属扶养费发放问题。同时,认真处理好改制企业职工的来信来访,千方百计做好改制企业职工的思想稳定工作,耐心细致地做好政策宣传、思想疏导和解释工作,给予他们足够的人文关怀,尽可能把矛盾化解在粮食系统内部,防止群体上访事件的发生。年内,全县粮食系统没有发生一起职工到市、进邕、赴京上访事件。

烟草专卖

【机构设置和工作概况】　上思县烟草专卖局(营销部)主管全县烟草专卖管理和卷烟销售工作。2015年,上思县烟草专卖局(营销部)内设综合管理办公室、专卖股、市场客服部、专卖管理一所、专卖管理二所、派驻内管6个内设机构,在职员工24人,设局长(主任)1人、副局长1人、副主任1人。

2015年,县烟草专卖局认真抓好全县卷烟销售和零售网络终端建设工作,组织开展对卷烟零售点进行合理布局规划,依法管理监督烟草专卖品的生产经营活动,组织开展卷烟市场的打假打私、打击制售假烟网络和市场监管工作,各项工作取得新的进展。

【经济指标完成情况】　年内,有针对性强化各项措施,扎实推进各方面工作。一是扎实开展品牌培育工作,着力加强品牌造势和消费引导,利用春节有利时机组织开展真龙(轩云)、真龙(祥云)购烟有礼活动,持续开展真龙(珍品)婚庆喜宴活动,以QQ群、微信群为媒介,将品牌文化故事、文化内涵、宣传口号等向零售户进行传播,不断扩大珍品真龙影响力。全年共计销售8元以上真龙1160箱,同比增长54%,其中真龙珍品、祥云分别销售585箱和388箱,同比分别增长129%、37%。二是顺应卷烟提税顺价新形势,积极宣传变价信息和价格标签发放工作,保障了卷烟市场在规定时间内执行新的零售价格。同时,大力开展面向零售客户和消费者的宣传引导,促进价格调整平稳过渡。三是抓好零售终端建设,规范物品摆放,清理店铺卫生,实现示范提升,并不定期对终端客户信息系统库存进行盘查,确保信息系统数据真实准确。全年共计销售卷烟7249箱,同比减少68箱,占年度计划7910箱的91.6%;累计实现单箱销售额18754元,比上年同期净增946元,同比增长5.31%;一二类烟累计销售1426.75箱,同比增长201.59箱,增幅16.45%。

【烟草专卖管理】 严格执行国家烟草专卖管理相关法律法规,进一步强化烟草专卖管理。一是加强市场监管,全面铺开 APCD 工作法,合理划分片区,落实监管责任,开展常规化逐户检查,打击违法行为。先后会同工商、公安部门组织开展 26 次专项联合行动,检查 293 个经营户,查处涉烟违法案件 41 起,查获非法卷烟 6.06 万支,判刑 2 人。二是开展法律法规培训,全年共开展 2 批次共 40 场辖区内互合作小组工作会议法律知识培训班,共 106 个小组1000 多个小组成员参加了会议培训,零售户守法意识得到有效提高。三是突出依法行政,全面开展辖区许可证自查工作,从 7 月份起进驻县政务服务中心窗口开展许可证受理工作,并通过政府信息统一平台、政务服务中心公告栏等形式坚持许可证公示公告制度,自觉接受社会各界监督。全年新办零售许可证 35 户、歇业 23 户、停业 17 户、补办 2 户、恢复营业 3 户、依法注销 29 户,依法行政水平明显得到提升。四是提升内管核查质量和水平,坚持每周召开专卖、营销、内管联席会,实时分析、掌握卷烟市场动态和流通秩序。每月坚持开展 20 户重点户实地核查工作,依法依规处理上级下发系统预警 47条,处理到位率 100% ;按要求开展实际监管卷烟入户落地销售 220 户,全年卷烟市场均无异常。

【加强队伍建设】 采取个人自学和集中学习相结合的形式,坚持利用每周例会组织员工学习,先后组织开展 12 场次 151 人次的专题学习活动,有效增强全体员工的业务技能和工作责任意识、岗位规范意识和服务奉献意识。加强现代零售终端培训,通过客户经理上门指导、到功能终端学习体验等多种形式,全年共计开展客户集中培训 56 场 1223 人次,转变客户经营观念,指导客户自觉改善店堂环境,学习现代经营知识等,逐步扩大卷烟在客户经营商品中的盈利份额。

【加强安全管理】 始终把安全管理工作放在第一位,严格对照《职业健康安全管理体系》标准,加强对岗位危险源的防控,掌握应对各种突发事故的要领。坚持每月或逢节假日对所属工作场所进行全面安全检查,特别针对重点部门、重点部位、安全基础设施管理状况进行排查,发现问题及时整改,及时消除安全隐患。全年无安全事故发生。

财政 · 税务

财 政

【机构设置和工作概况】 上思县财政局是县政府主管财政收支、财税政策、国有资产监督管理工作的综合经济部门，内设人秘股、预算股(国库股)、社会保障股、行政政法与教科文股、会计管理股、农村财政财务管理股、农业股、商粮贸和企业股、综合股、经济建设股、财政监督检查股、工资统发中心等12个股(中心)。下设县政府采购管理办公室、县民族经济发展资金管理所、县财政国库收付中心、县农业综合开发办公室、县国有资产管理站、县财政投资评审中心、中华函授会计学校上思县函授站、县国债推销领导小组办公室等8个二层机构。下辖思阳财政所、叫安财政所、华兰财政所、平福财政所、南屏财政所、在妙财政所、那琴财政所、公正财政所。2015年，局机关及下属二层机构人员编制合计63人，设局党组书记、局长1人，局党组副书记、副局长1人，局党组成员、副局长2人，局党组成员1人，局党组成员、纪检组长1人。

2015年，县财政局认真学习贯彻落实党的十八大和十八届三中、四中、五中全会精神，坚决执行县委、县政府的决策部署，扎实工作，主动服务"城建优先、产业优先、旅游优先"三大优先战略，深入推进财税制度改革，预算完成情况总体良好，财政管理水平不断提高，较好发挥财政"稳增长、促改革、惠民生"的重要作用，为把上思县打造成为北部湾生态经济强县提供了强有力的财政支撑。

【财政收入】 始终坚持把组织收入摆在首要位置，努力克服经济持续下行、清费减税力度加大和部分重点税源增收放缓等不利因素的影响，采取了一系列行之有效措施，确保财政收入平稳增长。一是依法加强收入征管。严格按照新《预算法》，适应财政收入由约束性转为预期性，科学合理确定财政收入预期目标，加强与国税、地税等收入征管部门的协调沟通，树立全县"一盘棋"的思想，形成全县强化收入征管合力，确保应收尽收。2015年全县组织财政收入82083万元，比上年增长8%，其中全县公共财政预算收入完成59173万元，完成年初预算47384万元的124.9%。二是不断提高财政收入质量。着力加强和规范非税收入征管，不断优化收入结构，提高收入质量，2015年非税收入占地方公共财政预算收入比例为32.17%，比上年降低3.23个百分点，收入质量明显提高。超额完成自治区、市绩效考评非税占比指标任务。

【财政支出】 坚持把支出工作放在突出位置，采取强有力措施抓好财政支出。制定并严格执行支出提速提效办法，加快支出进度和效率。强化督促检查，推进支出工作，多次发文督办和约谈提办，预算支出超额完成任务。同时，大力优化支出结构，大力压缩一般性支出，保工资、保运行、保县委县政府重大决策和民生支出需要。2015年全县民生支出16.17亿元，民生支出占总支出80%以上，同比增长30%。特别是大幅度增加精准扶贫攻坚资金，共投入1.3亿元用于精准脱贫攻坚战，其中县本级投入6500万元以上，确保了县委、县政府提出的12项扶贫攻坚工程的顺利进行和按时完成。

【资金筹集】 主动作为,多渠道筹集资金,保障县域经济社会发展的资金需求。一是积极主动与相关部门衔接,认真研究上级政策,吃透上情,瞄准资金投向,结合县域经济社会发展实际,有针对性地向上争取资金项目。全年共争取到上级专项转移支付资金6.89亿元,为加快上思县域经济社会发展提供强有力的支撑;二是积极开展政府债务工作,争取到3.06亿元政府债券资金,有效化解债务,促进经济发展;三是盘活整合财政存量资金1.5亿元,优先用于全县重点民生支出,促进社会各项事业发展;四是千方百计融资,保障重点建设资金需要,全年共融资4亿元投入上思中学新校区、明江水利整治等项目建设。

【全面深化改革】 深入推进财政体制各项改革,全力支持县域经济社会发展。一是继续推行预算绩效管理改革。2015年开展预算绩效考评预算单位91个,占全县一级预算单位的99%,超出自治区考评要求推进范围达到75%的要求。开展预算绩效评价的资金总量为36376万元,占公共预算财政支出192411万元的18.9%。二是继续深化国库集中支付改革,进一步规范各乡镇国库集中支付。三是全面实施财政票据电子化改革,实现财政票据电子化、收费项目规范化。四是加大政务和信息公开力度,增强财政工作透明度。按要求公开财政预决算和“三公”经费;及时公布和更新政府门户网站财政局网页信息。2015年公布和更新规范性文件、工作动态、监督检查、行政性收费、公共资源交易等内容信息148条,创历史新高。五是深化推行公务卡制度和预算动态监控改革,加强财政投资评审和非税收入征管工作,推进政府购买服务改革。

【财政监管职能】 年内,进一步强化财政监管职能,规范财政行为,对优化经济环境、提高财政资金使用效率起到了积极作用。一是认真落实中央和自治区关于厉行节约反对浪费的各项规定,制定并严格执行会议、差旅、培训费管理办法,确保全县“三公”经费支出较上年只减不增,并有大幅度下降。二是严格执行《上思县财政投资评审管理办法》《关于进一步加强上思县政府采购管理工作的通知》等管理办法,全年共审核590个项目,节约资金5855万元,核减三华电站土地征收69亩,减少财政损失352万元。三是开展资金清查工作,共收回躺在账上两年以上资金1.4亿元,优先用于民生支出。

【农村基础设施建设】 村级“一事一议”奖补项目2015年村级公益事业建设一事一议项目覆盖全县8个乡镇49个村,道路硬化项目58个,总里程41公里,每边路基0.5米,路面宽3.5米,厚20厘米,受益农民10万人。项目总投资1609万元,其中中央资金501万元,自治区资金697万元,县级配套资金399万元,群众筹资12万元。一事一议项目的实施使全县农村群众人居环境得到明显的改善,群众出门“晴天一身灰、雨天一身泥”的现象基本得到解决,广大群众真正享受到了惠民建设的成果,群众满意度高,也缩小了城乡差距,促进了农村社会和谐稳定。革命老区转移支付工作严格按照《广西壮族自治区革命老区转移支付资金管理办法》(桂财预〔2015〕186号)实施,2015年,桂财预〔2015〕106号下达上思县革命老区转移支付补助资金498万元,共安排6个项目,项目合同金额504万元。年内完工项目有6个,完工率100%。农发办基础设施建设2015年土地治理建设投入1635万元,完成水利渠道三面光32.39公里,田间硬化道路17.51公里。

【干部队伍建设】 以开展“三严三实”活动为契机,组织干部职工深入基层、深入生产第一线,热心为群众办实事好事,努力践行党全心全意为人民服务的宗旨。一是认真贯彻落实县委提出的“一线工作法”,党员领导干部坚持每月5天到挂钩联系村点,服务群众在一线。向群众宣传国家惠农政策,举办农民劳动就业技能、科学种养技术培训班,提高农民劳动技能。发动组织农民外出务工,增加贫困户工资性收入。2015年共安排1437万元资金投入挂钩村点水泥路等基础设施建设和产业开发,通过解决群众出行难问题和实施产业扶贫示范项目,促进扶贫产业开发。二是按照县委精准扶贫工作要求,先后组织党员干部深入挂钩联系点南屏瑶族乡米强村、平福乡那明村、那琴乡桃岭村、在妙镇有生村开展精准识别工作,按时按质完成精准识别任务。三是全力推进扶贫生态移民工程建设,采取倒排式的工作方法,顺利完成8栋安置楼建设任务,让移民农户吃了定心丸;四是扎实开展精准脱贫结对帮扶活动,及时将帮扶对象和责任落实到每位干部职工,从其当前所面临的最困难、最迫切、最需要解决的突出问题入手,因户施策,帮助贫困户找准脱贫路径,增加家庭经济收入,按时实现脱贫摘帽。

国家税务

【机构设置和工作概况】 上思县国家税务局隶属防城港市国家税务局管理,内设办公室、政策法规股、收入核算股、征收管理股、人事教育股、监察室、纳税服务股(办税服务厅)、税源管理股。2015年,局人员编制46人。设有稽查局、七门税务分局2个直属机构。设局党组书记、局长1人,局党组副书记、副局长1人,局党组成员、副局长2人,局党组成员、纪检组长1人。

2015年,上思县国家税务局全面贯彻落实中共十八大和十八届三中、四中、五中全会精神,深入学习贯彻习近平总书记系列重要讲话精神,主动适应新常态,坚持稳中求进的总基调,牢记"为国聚财、为民收税"宗旨,紧紧围绕组织收入中心工作,顺利克服各种困难,圆满完成防城港市国税局和上思县委、县政府部署的各项工作任务,各项工作再上新台阶,实现了稳中有进、稳中向好的发展目标。

【党建工作】 结合"三严三实"专题教育,坚持把党建工作内容列入责任目标,层层传导压力,进一步加强思想建设、组织建设、作风建设和制度建设,全面落实党建工作责任制。一是从严学习提高。采取局党组中心组学习、专题党课、支部讨论等多种形式,认真学习领会党的十八届三中、四中、五中全会精神以及习近平总书记系列重要讲话精神,围绕"修身""律己""用权"三个专题进行学习研讨,局党组成员分别带头进行中心发言,谈学习体会,撰写学习心得体会。二是从严查找问题。局党组

成员多次带队深入基层、企业开展调研,聚焦对党忠诚、个人干净、敢于担当,开展交心谈心活动,并用近年来本系统违纪违法事(案)例为题材,剖析班子和党员领导干部"不严不实"问题,把"不严不实"问题摆准、摆实、摆细,做到边学边查边改。三是从严落实整改。坚持问题导向,组织开展"庸、懒、散、慢、拖",不作为、乱作为等问题专项整治,按时完成了各项整改工作。

【国税收入】 2015年,受整体经济增长放缓、政策性减税、税源结构单一等不利因素影响,县国税局组织税收收入面临着巨大的压力,税收收入较上年同期降幅较大。面对税源收入锐减等客观困难,县国税局坚持组织收入原则,依法征税,强化税收分析与预测,加强重点税源监控,强化纳税评估和税务稽查手段,确保做到应收尽收。2015年共组织收入2.36亿元,比上年同比减18.06%。

【国税依法行政】 年内,县国税局全面落实国家税务机关纳税服务规范,加强纳税规范新旧版差异对比,更新干部知识,有效提升纳税服务效率和质量。推行全国税收征管规范,强化业务指导和落实监督,确保征管规范平稳推行。强化纳税稽查评估。深入打击虚开增值税专用发票和骗取出口退税违法犯罪,积极开展纳税评估,全年稽查补缴税款263.57万元,评估补缴税款25万元,进一步规范了纳税人行为,维护了国家税法尊严。落实行政审批清单制度,及时对外公开行政审批事项清单,确保国家简政放权政策落到实处。积极营造依法治税工作环境,利用"六五"普法工作检查、创建"法治税务示范基地"的契机,健全完善依法治税工作制度,切实提高税收执法水平和风险防控能力,打造出一支"政治过硬、业务过硬"的高素质税收执法队伍。

【纳税服务】 年内,通过与县地税局联合承办防城港市税务系统纳税服务技能竞赛,联合开展窗口业务、礼仪培训,进一步提升纳税服务质量。对联合办税大厅环境进行优化,增设办税大厅导税员,在公告栏定期更新税收法规政策,推行"三证合一、一

照一码"登记改革,简化业务流程,加强数据共享,从而为纳税人提供了更加便利、更加高效的纳税服务。

【金税三期系统上线】 年内,县国税局稳步推进"金三"系统上线工作,做好系统初始化、环境搭建、数据清洗和采集、数据迁移等前期工作,联合县地税局开展"金三"业务培训和工作经验交流。通过办税服务厅电子显示屏、公告栏、展板以及短信平台、QQ群等方式,大力宣传"金三"推广应用工作,提高社会认识,扩大社会影响,得到社会各界人士的理解与支持。在办税服务厅、税源部门及其他业务部门配齐"金三"专用计算机、打印机等设备,安装调试好"金三"正式环境,确保了金税三期优化版单轨成功上线运行。

【国税队伍建设】 年内,按照防城港市国税局的工作部署,扎实推进职务与职级并行工作,严格执行相关法定程序,对符合条件的干部开展民主测评,共有10名符合条件的干部晋升了相应的非领导职务职级。舍得投入,先后办成"五件实事",一是采购一批体育建设器材,为干部职工强身健体、丰富业余生活提供一个良好的环境。二是组织离退休老干部到上思县革命烈士纪念碑、防城区那良镇考察参观,开阔离退休老干部视野,为他们营造一个轻松愉悦的老年生活。三是装修新录用干部周转房,解除青年干部住房问题的后顾之忧;四是妥善安置新录用公务员,为新公务员购置床、空调、热水器等生活设施,为他们提供一个良好的生活环境。

地方税务

【机构设置和工作概况】 上思县地方税务局隶属防城港市地方税务局管理,内设办公室、监察室、人事股、收入规划核算和财务管理股、征管和科技发展股、法规税政股、征收服务股(办税服务厅)等

9月,金税三期系统仿真业务大演练

7个股室,另有第一税务所、第二税务所、第三税务所、第四税务所4个派出机构,负责全县6147户纳税人的地方税征收管理及服务工作。2015年,设局党组书记、局长1人,局党组成员、副局长3人,局党组成员、纪检组长1人。有在职干部职工及编外人员55人,干部队伍中大专以上学历占75%,中共党员占51%。

2015年,上思县地方税务局在防城港市地税局和上思县委、县政府的正确领导下,在社会各界和广大纳税人的鼎力支持下,认真学习贯彻落实中共十八届三中、四中、五中全会精神,坚持"聚财为国、执法为民"服务宗旨,进一步推进依法治税,积极推进信息化建设,强化科学管理,加强队伍建设,努力构建和谐税收征纳关系,确保了税收收入稳定增长,地税收入再创历史新高,为上思县域经济社会的繁荣稳定提供了坚强的财力保障。

【地税收入】 年内,面对经济增速放缓、糖价下跌、房地产销售额大幅回落、部分税种萎缩导致税源不足的严峻形势,县地税局坚持组织收入原则,全面落实组织收入目标管理责任制,加强税收预测分析,强化重点税源企业和重大工程项目监控管理,加强社会综合治税,全力堵漏增收。全年组织地税收入4.24亿元,同比增收9584万元,增长29.2%。其中:区级口径收入4.15亿元,同比增收9732万元,增长30.7%,完成年度目标任务120.9%;县级口径收入4.14亿元,同比增收9541万元,增长29.9%,

完成年度目标任务 122.9%。

【税收清理】 大力挖潜堵漏,持续推进"六清理一清算"和"五项堵漏措施"工作。在组织力量全面排查摸底,准确掌握全县欠税情况的基础上,建立健全企业欠税台账,层层分解任务,落实到人,逐一上门做好欠税催缴清收工作。年内,共清理入库城镇土地使用税及滞纳金 230.07 万元,房产税及滞纳金 148 万元,土地增值税及滞纳金 10 万元,营业税及滞纳金 20 万元,清理股权转让税收 47.9 万元。

【税收优惠政策】 全面贯彻落实国家、自治区各项税收优惠政策,全力服务经济社会发展大局。年内,精准落实小微企业税收优惠政策,采取分片包干、集中辅导、个别辅导等方式,逐户送政策上门,落实享受小微企业政策户数 132 户,盈利 42 户,减免企业所得税额 13.47 万元,确保全覆盖。同时,认真落实西部大开发税收优惠政策,共有上上糖业有限公司等 5 家企业享受西部大开发优惠政策,共计减免2014 年度企业所得税 737 万元。

【纳税服务】 立足征管规范、纳税服务规范、国地税合作规范,依托金税三期工程上线,不断提高服务经济发展和服务纳税人水平。持续推进国地税合作标准化办税厅、24 小时国地税联合自助办税厅,大力拓展网上申报、自助办税、免填单、一窗式等多元化服务功能。开通纳税服务 QQ 群、微博、微信等平台,推行政策直通、办税直通、信息直通、交流直通、网络直通等"五通"个性化服务。开展税企高层对话,与大企业签订税收遵从合作协议。联合银行开展"银税互动",助力小微企业发展。深入开展"便民办税春风行动""三亮三评三创"活动,扎实推进三证合一、一照一码,开展星级办税厅、星级办税员"双星"创建活动,大力推行简政放权、先批后审、流程加速,实现"减负提质提速增效",纳税人满意度稳步提升。

【地税依法行政】 不断规范税收执法,积极创建自治区级和市级依法行政示范单位。县地税局在已被认定为上思县第三批县级依法行政示范点的基础上,持续加大创建依法行政示范单位力度,取得新的佳绩。2015 年县地税局被防城港市全面推进依法行政工作领导小组命名为防城港市依法行政示范点,被自治区地税局命名为全区地税系统法治税务示范基地。

【党风廉政建设】 严格落实中央八项规定,坚决反对"四风",层层签订党风廉政建设责任状,强化局党组主体责任、纪检组监督责任,全面落实党风廉政建设"两个责任"。把廉政文化建设作为反腐倡廉的一项基础性工作,联合上思县人民检察院建设预防职务犯罪警示教育基地,做好预防职务犯罪警示教育基地与廉政示范点建设工作。强化干部作风建设,加强对中央八项规定精神执行情况的执纪监督,紧盯重要时间节点,并聘请社会各界人士担任特邀监察员和政风行风评议员,加强社会舆论监督。针对存在的问题,积极开展自查自纠,坚持边查边改,进一步推进政风行风转变。注重引导干部职工树立"清风明志·廉政立身"的执法理念,秉承传播"责任·担当·厚德·敏行"的上思地税精神,大力营造"廉政兴税"的工作氛围。

4月8日,税法宣传活动

金　　融

中国工商银行股份有限公司上思县支行

【机构设置和工作概况】 中国工商银行股份有限公司上思县支行归中国工商银行防城港分行管辖。2015年，工行上思县支行内设两个部门，下辖支行营业部和财政大厦支行，新建昌菱农场、县城江滨路和上思宾馆3个离行式自助银行。在职员工41人，设行长1人、副行长2人。

2015年，工行上思县支行紧紧围绕全年中心工作目标和发展思路，坚持以风险防控为前提、以改革为突破、以创新为动力、以服务为宗旨、以转变发展方式为着力点，深挖市场潜力，深入实施扩面拓户工程，大力拓展存贷款中间业务等主营业务，以其雄厚的资金实力、先进的硬件设施、便捷的结算网络、稳健的经营管理和优质的客户服务，为广大客户提供优质高效服务，有力支持上思县域经济社会发展。

【业务经营】 严格执行优质文明服务，改善服务环境，落实便民利民惠民举措，着力提升网点服务效率，努力为客户提供一流服务，进一步提高了客户满意度。各项业务经营取得较好成绩，存贷款余额和中间收入均有较大幅度的增长。2015年，年末存款余额为96958万元，比年初增10213万元，增长11.77%；年末贷款余额40186万元，比年初增2745万元，增长7.33%。其中公司贷款年末余额10000万元，比年初增1733万元，增长30.96%。个人贷款年末余额30186万元，比年初增1012万元，增长

3.47%；中间业务收入全年实现416万元，比年初增72万元，增长20.93%。

【业务服务】 以打造上思"第一零售银行"为目标，以满足客户的金融服务需求为己任，不断加大金融创新力度，致力于办理公司和个人存贷款、中间业务等一系列金融产品和服务。充分发挥上下联动优势，大力拓展制糖业、房地产业、水泥建材和林木加工业等优质市场和优质客户，做实大型客户，做强中型法人客户，做大小企业市场。继续按照"定位中端，竞争高端，培育潜力客户"的个人金融业务战略，努力推进逸贷、分期付款等个人资产业务发展，不断拓展业务经营范围。在抓好传统的结算、代理、银行卡、电子银行等传统业务的同时，大力发展中间业务，网上银行和担保承诺、投资银行等新兴业务得到较大幅度地增长。

【内控管理】 认真贯彻执行上级行内控管理工作总体部署要求，狠抓内部管理。坚持以人为本，深入开展"以案说法，警钟长鸣"反腐倡廉主题教育、"员工行为失范排查""服务体验年"等系列活动，大力开展岗位廉洁从业培训，强化员工队伍建设和党风廉政建设。加强金融服务创新和内控管理，狠抓业务、服务工作检查和问题整改力度，开展员工行为失范隐患排查、风险点的防范工作，加强对易发案风险点的排查和管理，进一步强化执行力建设，健全内控案防责任机制，全行服务质量和内部管理水平得到进一步提高，风险防范能力进一步增强，全年无案件或重大差错事故发生，实现了安全稳健经营。

【行业作风建设】　年内,继续按照"党的群众路线教育实践活动"的要求,全面加强金融行业作风建设,着力打造人民群众满意银行,真正做到"抓党风,促政风,带行风"。一是通过召开例会、员工大会、营业网点会议、培训等形式,大力开展职业道德教育、爱岗敬业教育、优质文明服务教育,不断增强全体员工责任感和使命感,更新服务观念,进一步增强宗旨意识和群众观念,自觉提高群众工作本领,改进工作作风。二是大力抓好"文明服务窗口"创建工作,完善网点服务硬件设置,改善软件服务,不断提升服务质量和工作效率,努力为客户提供一流服务树立金融行业良好的形象。三是虚心接受群众反映意见,设置意见箱与意见簿,开设专门的投诉电话,广泛听取群众的意见和建议,自觉接受群众的监督,改进方法,提高效率,全面促进服务意识和行业作风的提高;四是热心支持社会公益事业,积极参与扶贫活动、开展慈善公益等活动,奉献爱心,积极履行社会责任,充分展示了工行员工充满爱心、互助和谐的精神风貌。

中国农业银行股份有限公司上思县支行

【机构设置和工作概况】　2015 年,中国农业银行股份有限公司上思县支行有在职员工 45 人,内设综合管理部、公司业务部、零售业务部和风险管理部等 4 个机构,下辖支行营业室,在县城有一个离行式自助银行区、2 个银亭和昌菱金融便利店,设行党委书记、行长 1 人,党委副书记、副行长、纪委书记 1人,党委委员、副行长 2 人。

2015 年,中国农业银行上思县支行加快业务经营转型,提升各项业务的竞争力,大力推进内部机制改革,增强风险控制能力,全面加强党的建设和员工队伍建设,加大企业文化建设,全行各项工作健康发展。

【业务经营】　坚持"稳中求进"的总基调,贯彻"比学赶超、争创一流"的总要求,强化依法治行、从严治行理念,加强党建和作风建设,深化改革创新,狠抓市场营销,严守风险底线,不断提升内部管理能力和市场竞争力,努力实现业务经营争先进位,推动全行持续稳健发展。2015 年底,各项贷款余额55502 万元,比年初增加 15434 万元,各项存款余额77492 万元,比年初下降 13490 万元,不良贷款率比上年上升 0.05 个百分点,实现拨备后利润 1298 万元。被自治区公安厅、银监局授予"安全防范优秀单位"荣誉称号,被防城港农行授予"党建工作先进单位"荣誉称号。

【风险管理】　坚持守住底线,防控化解各类风险,打好信用风险防控攻坚战,实施大额不良贷款分级治理,突出重点实施专职清收,加强关注类贷款精准把控,从严落实风险责任。扎实做好案件防控工作,开展"两违"专项整治活动,加强案件风险排查,实施从严追责惩处;夯实"双基"管理,抓实信贷基础管理,加强运营管理,强化安全生产管理,深化基层管理,细化员工行为管理。

【队伍建设】　坚持从严治行,扎实推进党建和作风建设。加强班子和队伍建设,以"政治有灵魂、发展有谋略、竞争有本事、服务有水准、干部有担当、员工有品德、集体有凝聚力"为总体目标,以"三严三实"教育活动开展为契机,以"德才兼备"为标准,进一步加强干部队伍建设、基层党组织建设和领导干部作风建设。全面加强党风廉政建设,深入贯彻落实十八届中央纪委五次全会精神,坚定不移推进党风廉政建设和反腐败斗争,始终保持依法治行、从严治行的高压态势。加强企业文化建设,将企业文化内化为内部和谐的经营管理氛围,外化为和谐的客户关系和公共关系。

上思县农村信用合作联社

【机构设置和工作概况】　上思县农村信用合作联社是经中国银行业监督管理委员会批准设立的法定金融机构,是由社员入股组成、实行民主管理的合作金融企业。2015 年,县农村信用合作联社内设综合办公室、财务电脑部、计划信贷部、资产风险管理部、法律合规部、稽核监察部、安全保卫部、市场开发部、电子银行部、人力资源部等10个内设部门。下辖联社营业部、城东分社、团结分社、思阳信用社、明江信用社、在妙信用社、平福信用社、南屏信用社、华兰信用社、叫安信用社、公正信用社、东屏信用社、那琴信用社、七门信用社等14个营业网点，服务网点遍布全县各乡镇，在职员工150人。设联社党委书记、理事长1人，主任1人，副主任1人，监事长1人。

2015年，上思县农村信用合作联社紧紧围绕"改革、发展、稳定"三大主题，立足实际，解放思想，深化改革，以组织资金，服务"三农"和支持县域经济发展为中心，坚持"十五字"工作方针和"一个坚定、三个结合"经营发展理念，各项工作保持了良好的发展态势，各项业绩不断取得新突破，被评为上思县2015年度纳税十强企业，为上思县域经济社会持续稳定发展作出了突出贡献。

【信贷工作】 截至2015年12月31日，各项存款余额211673万元，比年初增加8449万元；各项贷款余额156149万元，比年初增加21050万元，各项存、贷款存量、增量连续十年居全县金融机构首位。其中涉农贷款余额143992万元，新增涉农贷款20374万元；累计发放各项贷款88342万元，其中涉农贷款累放84811万元，占累放各项贷款的96%。

【网点建设】 年内，牢牢把握立足上思、为农业、农村、农民服务和支持县域经济发展的服务宗旨，不断加大网点建设、自助服务设备、产品创新、员工培训、企业文化等方面的投入，竭诚为上思各界群众、企事业单位提供周到、热情的金融服务，企业的社会形象不断提升。至2015年年末，营业网点总数达到14个，是上思县全覆盖乡镇的金融机构，也是上思县网点最多的金融机构。全辖信用社安装ATM机40台，自助终端14台，25台存取一体机，83台桂盛通，POS机273台。年内新开业了明江信用社网点，并新增设了明江新城离行式自助银行及昌菱农场离行式自助银行，为广大客户提供了更加方便有效的金融服务环境。

中国建设银行股份有限公司上思支行

中国建设银行股份有限公司上思支行于2001年8月撤销，2014年6月恢复。2015年，内设中小企业经营中心、个人贷款中心、营业部等部门，工作人员共20人。

2015年，建行上思支行认真落实总分行党委和上思县委、县政府的各项决策部署，在中国人民银行和银监局的指导、帮助下，坚持"强基础、抓创新、促转型，在风险可控的前提下稳健发展"的工作主基调，在发展中促转型，在转型中谋发展，各项工作全面进步，取得历史性突破。为广大客户和中小企业经营者提供优质、便捷、高效服务，有力支持上思地方经济持续稳定发展。

科技·教育

科学技术

【机构设置和工作概况】 2015年，上思县科学技术局（简称县科技局）内设办公室、科学管理股、知识产权股3个股室，下辖上思县科学技术情报所。局在职在编9人，设局党组书记、局长1人，局党组成员、副局长2人。

2015年，县科技局在县委、县政府的正确领导和上级科技部门的指导下，认真贯彻落实中共十八大和十八届三中、四中、五中全会以及中共中央总书记习近平系列重要讲话精神，紧紧围绕创新驱动发展，积极实施创业主体培育、科技成果转化、创新能力提升"三大工程"，为全县经济社会持续稳定发展提供了坚实的科技支撑。

【创新计划推进】 组织实施富民强县专项计划"甘蔗高产技术集成与加工产业链延伸示范"项目，年内累计完成甘蔗良种繁育基地建设面积2200亩；累计完成甘蔗高产栽培技术集成示范21000亩，辐射带动全县推广甘蔗高产栽培集成技术应用40万亩。项目累计生产朗姆酒10000千升；项目期内建设企业工程技术研究中心3个，建成县科技网络服务中心1个，乡（镇）、村科技信息服务站10个；开展蔗农培训150期，培训880人次；项目顺利通过自治区中期评估和县级验收。

【专利申请】 为鼓励发明创造，县政府出台了《上思县专利申请资助和奖励暂行办法》，对本县内上一年度新增专利申请和专利授权进行资助和奖励，有力促进了全县专利申请量和授权量的提升。

【知识产权管理和保护】 年内，加大了知识产权宣传力度，不断提高全民知识产权意识，营造良好的知识产权工作氛围。结合县文化、科技、卫生"三下乡"集中示范活动，组织力量深入南屏瑶族乡开展知识产权宣传，发放宣传资料300多份，接受咨询100多人次。

【科技企业孵化器建设】 年内，新建科技企业孵化器1家，即中科纳达纳米科技（广西）有限公司的上思伊蒙粘土科技企业孵化器。以促进科技成果转化、培育科技型企业为宗旨，突出产业特色与专业化，推动建设创业服务专业化、服务平台标准化、运营管理规范化的孵化器建设，降低创业风险和创业成本，提高企业的成活率和成长性，加快县域经济发展。

地震监测预防

【机构设置及工作概况】 上思县地震局成立于2003年5月，为县政府直属工作部门。2015年，有工作人员4名（其中在职编2人，劳务工作人员2人），设局长1人。

2015年，县地震局狠抓防震减灾体系建设，扎实履行职责，在地震监测预测、震害防御、地震应急管理等方面取得了新的进展。

【防震减灾宣传】 积极开展防震减灾宣传"进机

关、进乡村、进学校、进企业、进单位"活动。年内,在"5·12"防灾减灾日、"7·28"唐山大地震纪念日等特殊时段,组织人员深入乡镇、圩场、村屯,广泛开展防震减灾法律法规和科普知识宣传活动。全年举办《防震减灾条例》学习讲座2次,开展图片展板宣传5场次,发放小册子等宣传资料35000多份,印发"防震减灾利国利民,宁可千日不震,不可一日不防"宣传袋12000多个,全县受教育人数达50000多人次,公众防震减灾意识明显提高。

5月14日,地震局在上思县思阳镇街心公园举行防震减灾法律法规及科普知识宣传

【地震监测预测】 按照便于管理、合作布局的原则,重新调整落实了6个地震宏观观测点。自治区地震台网中心在华兰镇增设测震台站,自治区地震监测预报中心和中国地震局地球物理勘测中心在上思设置流动监测点,进一步提升了全县地震监测能力。县财政拨款购置了流动数字测震台1套,方便震后监测余震,结束了上思县无地震监测设备的历史。此外,自治区通过卫星定位,确定在思阳、在妙、叫安、南屏、公正吉彩、公正那齐等新建6个地震烈度速报与预警系统基站。

【震害防御】 根据《中华人民共和国防震减灾法》和《广西壮族自治区防震减灾条例》等法律法规规定,将建设工程抗震设防要求纳入基本建设管理程序,全年共受理建设工程抗震设防要求行政审批56宗,使新建、扩建、改建工程全部达到抗震设防要求。

【地震应急管理】 制定上思县地震应急工作方案,在重大节假日和重大活动期间,实行单位领导带班和突发事件报告等制度,切实加强应急值守工作。强化应急演练工作,组织指导全县中小学校开展避震应急疏散演练工作,促进地震应急疏散演练活动成为中小学校一项常规性、习惯性活动,不断提高学校师生应对突发事件的应急处置能力。年内,会同县人防办、县红十字会在思阳镇中学开展了一次防震减灾应急综合演练,达到了预期目的。确定明江公园、县体育活动中心为县城区地震应急避难场所,确保在突发地震时,城区居民能得到安全疏散和妥善安置。督促检查全县各中小学校、医院、室内大型商场等人员密集场所,确保在突发地震时能迅速应对,将地震伤害降至最低限度。

气 象

【机构设置和工作概况】 上思县气象局属科技服务型事业单位,内设有办公室、气象台、气象灾害防御管理办公室等。2015年,核定国家编制数8人,地方编制4人,实有在职国家编制人员8人,地方编制人员2人,设局长1人,副局长2人。

2015年,县气象局坚持公共气象发展方向,全面推进气象现代化和深化气象改革工作,全力做好防灾减灾、保障经济社会发展的气象服务工作,各项工作稳步开展。11月2日公正乡获中国气象局认定为第三批标准化气象灾害防御乡镇。

【气温】 2015年,年平均气温为21.7℃,比历年平均值(21.6℃)偏高0.1℃,年极端最高气温为38.9℃,出现在4月19日,年极端最低气温为3.8℃,出现在2月6日;年总降水量为1021.5毫米,比历年平均值(1218.4毫米)偏少196.9毫米;年总日照时数为 1714.8 小时, 比历年平均值(1826.1 小时) 偏少 111.3 小时。

【气象灾害】 2015 年, 上思县主要的灾害性天气及其影响是: 6 月 23 日—25 日受第 8 号台风"鲸鱼"外围云系影响, 全县普降大雨, 局部特大暴雨, 叫安镇松柏村出现极大风速 16.5 米 / 秒的大风; 过程最大雨量出现在十万大山国家森林公园, 降雨量为 276.2 毫米, 均未造成灾害; 7 月 17 日—29 日受低涡和西南季风的共同影响, 全县普降暴雨, 全县甘蔗受淹面积 35.6 公顷, 水稻受淹面积 116 公顷, 民房倒塌 13 间, 受灾人口 6371 人, 转移 905 人, 直接经济损失合计 80.7 万元。10 月 4 日—5 日, 受第 22 号台风"彩虹"影响, 全县普降中到大雨, 局部暴雨, 本站出现了极大风速为 16.7 米 / 秒的大风; 过程最大雨量为 76.0 毫米, 出现在叫安镇凤凰山。受"彩虹"影响, 全县甘蔗倒伏 62.7 公顷, 半倒伏 860 公顷, 直接经济损失 276.8 万元; 林业受灾面积 41.3 公顷, 直接经济损失 31 万元; 厂房受损面积 13.3 公顷; 受灾人口 4600 人, 转移 5 人。

1 月 31 日受冷空气影响, 出现日平均气温在 48 小时内急剧降温 12.2℃, 同时日平均气温降至 6.8℃ 的寒潮天气。4 月 1 日—21 日出现长时间无降水天气, 全县出现干旱。受干旱影响, 全县甘蔗受灾 14558 公顷, 水田受灾 1865 公顷, 无水办田受灾 1067 公顷, 花生受灾 675 公顷, 玉米受灾 577 公顷, 其他田地受灾 434 公顷, 发生人畜饮水困难人数 16300 人。为缓解旱情, 全县范围内共实施 9 次人工增雨作业。

教　育

【机构设置和工作概况】 上思县教育局担负全县普通教育、职业教育的发展规划和协调管理工作。2015 年, 局内设办公室、人事股、财务股、教育股、教育督导室、学生安全卫生办公室和纪委等 7 个股室; 有县教研室、招生办、项目办、电教站、教育工会、青少年校外活动中心、学生资助工作管理中心等 7 个下属机构。有干部职工 42 人, 设局党委书记、局长 1 人, 局党委副书记、纪委书记 1 人, 副局长 3 人。

2015 年, 上思县教育局围绕"巩固两基成果、提高基础能力、促进内涵发展"的奋斗目标, 按照"资源配置抓调整、办学条件抓标准、内涵发展抓素质、优质学校抓精品、薄弱学校抓跨越"的工作思路, 大力提高保障水平, 合理配置教育资源, 全面实施素质教育, 全县教育教学质量持续提升。全县有幼儿园(含私立)94 所, 幼儿 7064 人; 小学 52 所, 教学点 218 个, 在校生 19490 人; 普通初中 11 所(含九年制学校 2 所), 在校生 9060 人; 普通高中 1 所, 在校生 2544 人; 中等职业学校 1 所, 在校生 987 人。全县教职工 1887 人, 其中小学 1214 人, 初中 551 人, 高中 122 人。全县中学高级教师 83 人, 小学高级、中学一级教师共 1449 人。教师学历结构基本达标, 高中教师本科以上达 100%, 初中教师专科以上达 100%, 小学教师中师以上达 100%。2015 年上思县义务教育普及程度达标。小学学龄儿童入学率 99.63%, 初中入学率 98.35%, 高中阶段教育毛入学率 88.03%, 九年义务教育巩固率 80.44%。

【教师培训】 年内, 继续强化教师培训力度, 安排校长培训 58 人; 学校二层机构负责人培训 160 人; 教师培训 1038 人, 其中"国培计划"58 人, "区培计划"29 人, 紧缺薄弱学科教师培训 4 人, 新增教材教师培训 327 人, 县级教师培训 620 人, 对进一步提升全县教师队伍整体素质发挥了积极作用。

【教学研究】 进一步加强中小学校教学研究工作, 着力提高教学质量和水平。县教育局出台《上思县中小学推进课堂教学改革实施方案》(上教发〔2015〕8 号), 进一步明确课堂教学改革必须坚持"学生为主体, 教师为主导"的原则, 明确以"学得快乐, 教得轻松, 考得满意"为课改目标, 学校课改工作有序推进。年内, 全县中小学校举办课改培训班 11 场, 有 10 所学校全面实施课堂教学改革, 先后涌现了 10 个课堂教学改革模式, 课堂教学水平稳步提升。鼓励教师参加全国中小学"一师一优课, 一课一名师"活动, 全县教师累计参加全国网上晒课和评课共 725 节, 其中上传课堂教学实录 50 节,被评为省级优质课6节、市级优质课19节、县级优质课25节。2015年,全县参加高考考生691人,本科上线272人,其中一本上线13人,二本上线259人。上思中学考生陆楚杰以高考总分609分考取天津南开大学。上思县第一初级中学荣获防城港市2015年中考教学综合成果奖第一名。

【"两免一补"政策落实】 全面实施国家"两免一补"政策,对全县农村义务教育阶段家庭经济困难的学生就学全部实行免学费、免课本费补助。全年落实免教科书经费200.55万元;对农村义务教育家庭经济困难寄宿生给予生活补助,全年投入经费1132.65万元,受助学生20014人次。全面贯彻国家中等职业教育资助政策,为就读本县中等职业学校家庭经济困难的学生发放国家助学金3万元,受助学生15人。对85名中等职业学校在校生实行免学费补助,补助资金6.35万元。

【助学扶困】 认真贯彻普通高中国家资助政策,帮扶全县家庭经济困难的高中学生完成学业,全年为1987名贫困高中生发放国家助学金181.9万元。为414名就读普通高中的库区移民子女免除学费。投入资金24.426万元。资助贫困大学新生,为356名考上大学家庭经济困难新生给予路费和短期生活费补助,共发放资金19.95万元。积极开展生源地信用助学贷款工作,全年共为2110名大学生办理助学贷款,贷款金额为1413.66万元。

【职业教育】 上思县中等职业技术学校占地面积7.33万平方米,校舍建筑面积19086平方米。学校拥有现代化的办公设备、实训设备以及各种配套设施,教学设备价值450多万元。2015年,职校设有办公室、教务处、招生就业办、总务处、学工办、资助办、培训部、团委等8个内设机构,有教职工50人。有校长1人,副校长1人,党支部书记1人。

师资与生源 年内,积极选派教师参加培训,共有38名教师参加了自治区级培训,教师的整体素质有了较大的提高。学校教职工50人中,本科学历19人、高级职称4人、中级职称15人、初级职称3人、双师型教师10人。师资雄厚,办学条件优越。

县职校积极创新办学机制,不断拓宽招生渠道。2015年与广西电力职业技术学院、广西农业职业技术学院、广西理工职业技术学院、广西体育高等专科学校、广西城市职业学院、广西科技职业学院等6所高职院校开展中高职联合办学;与防城港市理工职业学校、北部湾职业技术学校、钦州市卫生学校、钦州市农业学校等4所城市职校联合办学;与上思县中学开展普通高中融通办学;与上思二中、上思民中、思阳镇中等初级中学开展职业教育。同时,还与1家企业合作,开展校企教学。2015年,在校学生396人。开设的专业有:汽车运用与维修、计算机应用、电子电器应用与维修、物流服务与管理、木材加工、农村电气技术等。学校2008年开始实施国家资助政策。2015年,享受免学费的学生165人。

办学效益 按照《教育部关于进一步深化中等职业教育教学改革的若干意见》和国家颁发的指导性专业教学计划,构建以就业为导向,实行职前教育、就业培训和在职培训一体化,并以国家、行业企业职业技术标准相衔接的实践课程教学体系进行授课,促进了学生全面、协调、可持续发展。2015年,学校毕业生116人,毕业后一年内,从事汽车维修、计算机应用、电子电器应用与维修、物流服务与管理等工作的有93人,毕业就业率为80.2%。

文体·广电

文化体育广播电影电视工作

【机构设置和工作概况】 上思县文体广电新闻出版局成立于 2014 年 12 月,由原县文化体育广播电影电视局、县新闻出版局合并而成,为县政府工作部门,负责统一管理和组织协调全县文化、体育、新闻出版、广播、电影电视等工作。2015 年,县文体广电新局内设办公室、文化股、广电股、体育新闻出版管理股(行政审批办公室)等 4 个股室。下辖县文化市场综合执法大队、县文化馆、县图书馆、县文物管理所、县人民广播站、县电视差转台、县业余体校、县电影公司等 8 个直属事业单位。2015 年年底,局机关共有编制 7 人,工勤人员 1 人。设局党组书记、局长 1 人,局党组副书记、副局长 1 人,副局长 3 人。

2015 年,县文体广电局围绕全县发展目标,加大公益性文化事业和经营性文化产业建设投入力度,着力构建文化服务体系,规范文化市场管理,努力增强广播电视感染力和吸引力,不断丰富活跃群众文体生活,扎实推进文化遗产保护利用和文化市场平安和谐建设,为推进上思"两区一县"建设提供了强有力的精神文化支撑,各项工作稳步推进,取得显著成绩。

【公共文化服务体系建设】 年内,增加资金收入,加强公共文化服务体系建设。全年累计投资 320 万元,完成 10 个行政村村级公共服务中心项目建设;投资 80 万元,完成在妙镇、叫安镇、公正乡等 3 个乡镇广播电视无线节目覆盖工程;至 12 月底,全县 95% 行政村建有村级公共服务中心。公共文化免费开放工作创新高,全年免费开放书画室、器乐室、舞蹈室、老年培训室、少儿培训室、排练厅等活动场所,举办"虽蕾"、少儿绘画、器乐、书法、舞蹈等各类免费培训班,对 12 家业余文艺队进行免费辅导 40 场次。县文化馆在四年一次全国文化馆的全面评估工作中荣升为二级馆。县图书馆在对读者实行免费借阅的基础上,开展乡镇中小学生各类主题读书活动 9 次;举办农家书屋管理员培训班 1 期,举办共享工程基层点管理员培训班 1 期,共培训 105 人次;完成年度新书采购计划,新增藏书 2130 册;完善了 40 多个行政村的农家书屋。全年共接待读者 23350 人次,书刊外借 12533 人次,33460 册次。全县 8 个乡镇文化体育和广播电视站均设有图书报刊阅览室、文化信息资源服务室、农家书屋、电子阅览室等,各种设备齐全。至年底,全县 8 个乡镇文化体育和广播电视站共有藏书 6 万册、电脑 50 台,每周向群众开放时间达 30 多小时,借阅各种书报刊的群众达 3000 多人次。在节假日期间,各站积极组织各种文体活动,年内共举办篮球赛、气排球赛、文艺表演等 200 多场次。完成明江新城小区、明江公园、街心公园、在妙镇等 4 条全民健身路径的建设;完成平福乡农民体育健身工程的建设;成功申报"雪炭工程"暨小型全民健身活动中心项目,争取到上级专项资金 200 万元。

【文化活动和文艺创作】 年内,组织开展了多姿多彩的系列文艺演出活动。组织人员参加"中越边民大联欢"活动、"2015 年春雨工程、全国文化志愿者边疆行文化惠民"演出活动、防城港新年团拜会演出活动;组织开展"文化进万家、共筑中国梦"春节送戏下乡活动25场,到南屏瑶族乡举办"三下乡"文艺演出,举办"生态家园·和谐发展"春节晚会,开展群众广场文化活动"明江之夜"35场,举办文化惠民文艺活动40多场次;组织开展新春包粽子、斗鸡斗鸟比赛活动、元宵游园晚会、"三月三"上思山歌歌友会、那歪屯"窝坡节"活动等民俗文体活动;完成1068场农村公益电影放映,观众195400人次,覆盖了8个乡镇83个行政村及4个社区。在文艺创作方面,先后创作了音乐《上思飞翔》、舞蹈《甜蜜时节》、舞蹈《祭、丰收》、小品《邻里间》等作品,其中舞蹈《甜蜜时节》参加广西第十七届"八桂群星奖"评奖活动荣获银奖,参加第八届广西音乐舞蹈比赛荣获创作二等奖、演出三等奖。舞蹈《祭、丰收》和小品《邻里间》也被市选送参加广西第四届基层群众基层文艺会演活动。山水画家梁兴寒创作的美术作品《北仑河印月》在香港、澳门、广西进行书画展览。小歌剧《香糯香》通过国家艺术基金评审组的审核,获得2015年度国家艺术基金对小型舞台剧的资助。

【文化遗产保护】 年内,进行第一次可移动文物普查,到5月底,完成文物部门馆藏文物各项信息的收录和登记;完成馆藏文物定级名录上报工作;完成文物保护单位"粤东书院"的维修工作;完成馆藏文物的陈列展示;完成了"三合土"棺椁文物的年度技术保护工作。进行第四批自治区级非物质文化遗产项目代表性传承人的推荐工作,申报推荐李琉彬为非遗项目《上思舞鹿》传承人;对上思"舞鹿"基地进行完善工作,使传承基地达到市级的要求;完成了防城港市第二批市级非物质文化遗产项目代表性传承人的推荐工作。

【文化市场管理】 加强文化市场综合执法工作,重点对网吧、娱乐场所进行监管,有效地规范了文化市场经营场所。年内,共出动执法人员680人次,检查各类文化经营场所386家次,受理群众举报6次,当场处罚6家,责令整改8家。完成8家网吧、5家电子游戏场所、4家歌舞娱乐场所(KTV)年审换证工作。完成10家书报刊店(亭)、8家复印店、2家音像制品经营店的年审换证工作。

【广播电影电视】 深入宣传党的十八大和十八届三中、四中、五中全会精神,及时报道全县各级各部门组织学习、贯彻落实中央精神的动态。围绕县委、县政府工作重心,服务大局,积极宣传各项重点工作。在《上思新闻》节目中全方位报道"十二五"期间上思县工业、农业、交通、旅游、教育、职业教育、产业开发、扶贫攻坚等方面取得的成就;开设"推进十万大山区扶贫开发攻坚战""全力推进精准扶贫攻坚"专题栏目,全面报道全县实施"扶贫稳县"战略,展现全县产业扶贫、技术扶贫、教育扶贫等扶贫工作成就;开设"践行三严三实·建设广西生态经济强县"专栏,报道全县"三严三实"专题教育活动开展动态以及取得的成效。开设民族语节目《上思壮话新闻》,每周播放2期,宣传面不断扩大,收视率不断提高。全年共制作播出《上思新闻》节目245期,采用新闻980条;制作播出《上思壮话新闻》102期,采用新闻468条;上送市级电视台被采用400条,上送广西电视台被采用10条。

【新闻出版】 组织力量,严厉打击非法出版物市场。年内,共收缴六合彩资料1900余份,非法书籍、报刊等50份。

【体育事业】 成功举办"迎新春"乒乓球、门球和象棋赛、"五一"气排球赛和第七届广西体育节一系列群众体育健身活动。深入全县各中小学校,科学选拔各类体育人才重点培养,县业余体校在校学生76人。配合做好广西田径优秀运动队、广西举重队到上思县业余体校进行封闭训练及全区田径教练员培训工作。组织县业余体校教练员8人次参加全国、全区的学习培训。年内,上思籍运动员在全国、全区各类比赛中,获得9金、6银、9铜。

广电网络

【机构设置和工作概况】 2015年,广电网络上思分公司设有综合部、技术部、农网部、客服营销部等4个部门,有职工21人,设总经理1人、副总经理1人。年内开展的业务有:数字电视业务,高清互动业务,数字信息发布,家电销售业务,互联网宽带业务,专网专线业务,视频监控业务等。年末统计,共有网络光缆300公里,网络电缆55公里。用户从2014年的12000户发展到14000户,其中城网数字电视用户从9500户增加到10000户,农网数字电视从2500户增加至3000户。

广西广电网络上思分公司营业厅　　　　2015年12月摄

【队伍建设】 针对业务发展、数字电视机普及、网络技术升级更新的实际,通过多种渠道开展人才招聘工作,注重抓好网络技术队伍和营销队伍建设。年内,成功引进5名优秀技术和营销人才,基本满足数字电视网络技术发展的要求,从而为全县广大数字电视用户提供优质服务。同时,加强营销队伍建设,采取形式多样的营销业务培训,走进社区单位,下乡镇村屯,进厂矿企业,宣传营销数字电视业务,营销业务取得新的进展。

【经营效益】 年内,在"三网融合"的大形势下,在巩固、加强基本业务的同时,大力发展增值业务,积极推广专网专线和视频监控等工作,开拓新的增长点,承建了上思县公安局天网工程和其他社会专网专线,进一步增加业务收入,扩大了社会影响力。

档　案

【机构设置和工作概况】 2015年,上思县档案局仍与上思县档案馆合并,称为上思县档案局,同时挂上思县档案馆的牌子,是县人民政府直属正科级事业单位,赋予行政管理职能,参照公务员法管理,核定编制5人。2015年,在职在编5人,设局长1人、副局长1人。

年内,县档案局馆注重抓好基础设施建设,狠抓档案业务指导和档案的开发利用等工作并取得了显著的成效,较好地发挥了档案资政、教化、存史的功能。

【接收档案】 年内,县档案局抽出骨干,接收了县药监局、林业局、工商局、农业局等单位到期应移交的档案10314件,排架长度8米,其中药监局812件,林业局282件,工商局1068件,农业局852件。这些档案按新方法整理,整理规范且质量较高,验收后,已经排列上架,进一步丰富了馆藏的档案资源。

【添置库房设备】 上思县档案馆建于80年代初期,库房陈旧,加上缺乏资金投入,使得库房的保管条件低下,极大地影响了档案的寿命。年内,为解决这一问题,县档案局馆经多方努力,争取到财政资金1.5万元,添置了4台除湿机和4个温湿度表。添置设备后,能在一定程度上调控库房的温湿度,进一步改善了档案的保管条件,有效地延长了档案的寿命。

【档案业务培训】 年内,档案局派出业务骨干26人次深入各机关档案室,采取了"一对一"的办法,加强对档案员进行业务培训,使档案员掌握了新法立卷的基本知识。县直各机关档案室共整理出文书档案16352件,为今后档案馆的档案接收工作创造了条件。

【档案利用】 年内，县档案馆采取两项措施积极为利用者提供优质服务。一是标的常用档案的全宗号、目录号、案卷号、页号等，以便缩短查阅时间；二是改变传统的查阅方法，即一改过去由利用者自己查阅改由档案馆工作人员代为查阅的办法，以便提高查阅效率。采取了这些措施后，收到了明显的效果。全年共接待利用者 613 人次，共查阅档案 1325 卷（盒），利用 546 件，接待率和满意率均达到 100%。

党 史

【机构设置及工作概况】 中共上思县委党史资料征集小组办公室是上思县委的工作部门，系参照公务员法管理的事业单位，核定编制 5 人，2015 年实有 5 人。设主任 1 人，副主任 1 人。年内主要突出抓好党史资料抢救征集工作，较好完成年度工作任务。

【党史资料抢救征集】 年内，先后 5 批前往南宁市，登门拜访老同志，抢救征集第一手史料。6 月 9 日至 15 日，刘大陆同志完成第一批次抵邕采访；7 月 8 日至 11 日，朱维平同志完成第二批次抵邕采访；7 月 14 日至 18 日，巫东泽同志完成第三批次抵邕采访；10 月 12 日至 18 日，刘大陆、朱维平两同志参加市委党史研究室第一工作组，完成北京、天津采访老同志进行党史资料抢救征集任务；10 月 12 日至 16 日，巫东泽同志参加市委党史研究室第二工作组，完成前往北京采访老同志进行党史资料抢救征集任务。

【党史宣传】 认真做好党史资政育人的宣传工作。充分利用上思武装起义、县政府成立地、念板沟会议会址、琵琶会议会址、文岭山革命烈士纪念碑等现存党史教育基地，发挥"小讲台，大课堂"的作用，为县直机关干部职工讲解上思党史。此外，还开展了"缅怀先烈、报效祖国、圆梦中华"清明节祭先烈活动。

地 方 志

【机构设置及工作职责】 上思县地方志编纂委员会办公室（以下简称县志办）是上思县人民政府的直属参公事业单位，级别正科级，人员编制 7 人，主要工作职责是：组织、指导、督促和检查地方志工作；拟定地方志工作规划和编纂方案；组织编纂地方志书、地方综合年鉴；搜集、保存地方志文献和资料，组织整理旧志，推动方志理论研究；组织开发利用地方志资源。2015 年，县志办实有在职人员 8 人，其中主任 1 人、副主任 2 人。

【地方志"一纳入""五到位"】 "一纳入"：县委、县人民政府重视地方志工作，把地方志工作纳入当地经济社会发展规划，与政府经济社会工作同布置、同检查、同考核、同总结。"五到位"：一是领导到位，县长彭景东担任县地方志编纂委员会主任，县四套班子分管领导任副主任，有关部门主要领导任编纂委员会成员；二是机构到位，1981 年，成立上思县地方志编纂委

4 月 3 日，上思县委党史办公室组织公正乡九年制学校师生在公正烈士陵园开展"清明时节忆先烈，师生扫墓祭忠魂"活动

员会办公室,1987年核定人员编制7人,2007年纳入参照公务员管理;三是经费到位,2015年,县财政划拨修志经费16万元,保证第二轮修志工作的正常开展;四是人员到位,核定人员编制7人,2015年,实有在职人员8人;五是条件到位,县人民政府为县志办配备了公务用车、电脑、复印机、空调、照相机等设备,改善了修志工作条件。

【志鉴编纂】 认真抓好第二轮《上思县志》初稿编写工作。2015年,县志办进一步充实志书编写人员,共有编写人员9人,其中县志办3人,外聘6人,并多次进行了培训。到年底第二轮《上思县志》原定编目31篇,已完成初稿编写28篇,还有3篇未完成。认真做好上思年鉴首刊本的编写工作。《上思年鉴(2014)》首刊本于2015年年底已交出版社

校对排版,排版一稿反馈县志办再次修改后再次送交出版社。

【清洁乡村、精准扶贫工作】 2015年,按照县委"一线工作法"要求,经常组织县志办干部深入联系叫安镇那午村,协助做好该村的各项工作。一是联系县美丽办投资30万元,建成通渠项屯1.9公里水泥硬化道路。二是县志办主任亲自挂任该村精准扶贫工作专职副书记。经过3个多月的走村串户,按时、按质完成该村精准识别贫困户工作。三是县志办与广西北部湾港务集团钦州分公司一起出资1.2万元,清理琴后屯、鼓更屯两处堆积几十年的卫生死角。县志办为该村"清洁乡村"、精准扶贫工作出资1.2万元。

卫生 · 计生

卫生和计生

【机构设置及工作概况】 2015年1月,按上发〔2014〕12号文件关于机构设置的通知,上思县人口和计划生育局与上思县卫生局正式合并为上思县卫生和计划生育局,属县人民政府工作部门。2015年,县卫生和计划生育局内设办公室、规划信息股、法制和综合监督股(挂行政审批管理办公室牌子)、疾病预防控制股(挂卫生应急办公室、防治艾滋病工作办公室、爱国卫生运动委员会牌子)、医政医管股、基层卫生和妇幼健康服务股、计划生育管理股、宣传和科技教育股等8个股室,编制14人。全县有2家县级公立医院、15个基层医疗卫生机构、8个乡镇计生服务机构。

2015年,县卫生和计生局工作认真贯彻落实中共十八届四中、五中全会精神,坚持计划生育基本国策,完善公共卫生服务体系和医疗服务体系,加大重大疾病和突发公共卫生事件的防控力度,强化医疗卫生监管,深化卫生体制改革,夯实基层基础,加大财政投入,健全工作机制,加强卫生计生宣传教育,各项工作都取得了较好的成绩。

卫生工作

【疾病预防控制】 年内,全县共报告法定传染病1287例,其中手足口523例,肺结核236例,甲肝1例,乙肝142例,梅毒19例,其他感染性腹泻病267例,丙肝40例,流行性腮腺炎10例,戊肝3例,急性出血性结膜炎15例,淋病5例。疾病控制事态良好发病率612.1983/10万,比上年同期下降4.60%。

【免疫规划】 年内,严格按照自治区要求,组织开展10次常规冷链运转,累计上卡2447人,出生上卡率9.87‰,各种疫苗报告接种率均达到95%以上,含麻疹成分疫苗2剂次接种率98.76%。全部完成2015年秋季入学入托儿童预防接种证查验的补种工作,漏种1288针次,补种543针次,补种率96.59%。完成麻疹疑似病例的排除病例7例,预防接种异常反应监测6例。

【卫生监测】 扎实抓好饮用水系统监测数据的审核及更正、城市供水监测数据录入工作,完成全年农村安全饮水工程水质监测158份,第一、三季度食品安全风险监测样品170份,基本达到自治区下达监测任务;完成三个季度康君消毒中心餐具抽检60份,本辖区从业人员体检2130人次。

【艾滋病防治】 年内,艾滋病病死率下降19.05%,新发报告下降7.32%,AIDS/HIV、CD4检测应检322人,已检288人,检测率89.44%;阳性配偶检测应检91人,已检78人,检测率85.71%;抗病毒治疗应治疗278人,已治疗252人,治疗比例90.65%,晚发现比例52.94%,疫情报告质量合格率100%;结核检测应检317人,已检308人,检测比例97.16%,自愿咨询检测240人,HIV阳性9人,其中1人为既往确认阳性,其余已转入抗病毒治疗;娱乐场所高危行为人群干预906人次,检测130人,累计 HIV 检测率 108.3%，美沙酮维持治疗累计治疗 638 人，在治人数 158 人，年保持率 94.8% ；吸毒病人行为干预每月 80 人。开展哨点监测，总监测样本量吸毒人群 400 人，已完成 400 份，HIV 阳性 3 人(均是既往阳性)，阳性率 0.75%，HCV 阳性 193 人，阳性率 48.25%，RPR 阳性 10 人，阳性率 2.5% ；暗娼人群 100 人，已完成 100 人份，HIV 阳性 4 人(1 人是既往阳性，3 人是新发阳性)，阳性率 4%，HCV 阳性 19 人，阳性率 19%，RPR 阳性 10 人，阳性率 10%，监测中出现新的 HIV 抗体阳性者已转入抗病毒治疗点接受抗病毒治疗，从而切断传染源，有效遏制艾滋病的传播。

【结核病防治】 全县共完成对疑似结核病例的初诊病人进行初步检查 704 例，其中发现结核病人 174 例，新涂阳肺结核病人 15 例，复治涂阳病人 1 例，新涂阴病人 158 人。8 个乡镇均实施了现代结核病防治策略，DOTS 策略覆盖率为 100%。2014 年，全县发现的新涂阳肺结核病人 22 例，复治涂阳病人 13 例，经过一年的督导治疗管理工作，新涂阳病人已治愈 20 例，治愈率为 90.9%。加大对非结核机构报告的结核病人转诊和追踪工作，全县非结防机构网络直报凝似肺结核病人共 241 人，转诊到位人数 28 人，追踪到位人数 227 人，总体到位率为 94.19%。

【疾病防控】 年内，全县没有发现内、外源性病例，发病率为 0。当地居民"三热"病人血检共完成 707 片，血检结果均为阴性。流动人口血检 19 片，检查结果全部阴性，完成全年任务数 96.32%。

【妇幼卫生】 年内，共为 2971 名孕产妇进行了艾滋病检测，发现阳性病例 5 例；为 2971 名孕产妇进行梅毒检测，发现阳性病例 8 例；为 2971 名孕产妇进行乙肝表面抗原检测，发现阳性病例 122 例。

2015 年，落实婚前检查经费 8 万元，全年男性婚前医学检查:结婚登记 1981 人，婚检 1823 人，婚前医学检率 92.02%，检出疾病 12 人；女性婚前医学检查:结婚登记 1981 人，婚检 1823 人，婚前医学检率 92.02%，检出疾病 95 人。扎实做好出生缺陷干预工作。一是做好产前筛查，共筛查 1419 人，筛

查出高危人数 83 人，接受产前诊断 17 人。产前筛查查出 21 三体高风险 59 例，18 三体高风险 5 例，神经管畸形高风险 22 例。二是做好新生儿疾病筛查，新生儿疾病筛查 2071 人，听力筛查 1971 人，初筛阳性人数 114 人，复筛人数 83 人，复筛阳性 19 人。三是地中海贫血筛查，全县通过婚检和孕检获得地贫筛查后获得地贫基因诊断的夫妇 71 对，补助 69 对，补助率 97.18% ；获得产前诊断的人数 10 对，补助 10 对，补助率 100%。

【各项妇幼卫生指标完成情况】 2015 年，各项妇幼卫生指标完成情况是:(1) 全县活产数 2998 人，孕产妇死亡 2 人，死亡率 66.71/10 万;(2) 婴儿死亡 26 人，死亡率 8.67‰;(3) 五岁以下儿童死亡 35 人，死亡率 11.67‰;(4) 全县无新生儿破伤风病例报告;(5) 接受系统管理的产妇 2976 人，孕产妇系统管理率 99.07% ;(6) 住院分娩活产数 2998 人，全县孕产妇住院分娩率 100% ;(7) 孕产妇艾滋病、梅毒及乙肝检测人数 2971 人，检测率 99.49% ;(8) 婚前医学检查率 92.02% ;(9) 产前筛查率 66.68% ;(10) 新生儿疾病筛查率 96.91%，听力筛查率 95.17% ;(11) 叶酸服用率 94.14%。

【妇幼保健机构标准化建设】 县妇幼保健院获公共卫生业务用房建设项目中央预算内投资资金 630 万元，自治区配套资金 126 万元。该项目建筑面积 4470 平方米，工程预算造价 1150 万元，资金来源为中央预算内投资和地方财政配套。县发改局、住建局下发《关于对上思县上思县妇幼保健院公共卫生业务用房工程评审的确认函》，明确项目建设规模为新建业务用房，建筑面积 4770 平方米，工程审核造价 1182.10 万元，中标价 1158.43 万元。该工程于 2015 年 10 月正式开工建设。

【卫生监督工作】 年内，共办理办结各类卫生许可申报 166 件。共发放医师执业注册(执业医师、助理医师)44 件，医疗机构执业设置、登记、校验共 112 件;公共场所新申请 11 件，公共场所复核 6 件。严格对全县 126 家公共场所经营单位(其中住宿业 50 家、美容美发场所 41 家、超市 6 家、其他 29 家)进行

监督管理,监督检查 288 户次;对乡镇以上学校、餐具消毒中心、县城供水单位和乡镇供水单位进行经常性监督。覆盖率 100%。对市政供水、农村集中式供水、农村学校自建设施供水进行监督检查,监督检查县政府驻地的市政供水单位 1 家,乡镇农村集中式供水单位 7 家,学校自备供水 3 家。抽查供管水人员 45 人,持有效健康证和卫生知识培训证 35 人。

全县共有卫生医疗机构 155 个,其中县人民医院 1 个、县妇幼保健院 1 个、县疾病预防控制中心 1 个、县计生服务站 1 个、乡镇卫生院(分院、所、门诊部)15 个、医务室 2 个、村卫生所(室)83 个;民营机构有:民营医院 2 个、门诊部 3 个、个体诊所 46 个。2015 年对本县行政区域内的每个医疗机构进行不少于 2 次的常规监督检查,达到全年应监督医疗机构指标的 100%,有效地规范了各级医疗机构的各项工作。

加强对非医学需要鉴定胎儿性别和选择性别人工终止妊娠行为的监督管理,全年共立案查处非法行医、违反人口和计划生育法、母婴保健技术等行政处罚案件 6 例,结案 5 例,罚款金额 2.05 万元,没收非法所得 1013.50 元。

【县级公立医院综合改革】 年内,全面推进县级公立医院综合改革。在改革管理体制方面,主要是规范政府办医体制,落实独立法人地位和经营管理权,建立绩效考核制度。在建立运行新机制方面,主要是破除以药补医机制,理顺医疗服务价格,启动卫生振兴计划。在提升服务能力方面,主要是加强人才队伍建设,提高技术服务水平。

【新型农村合作医疗】 2015 年,全县参合农民总数达 158211 人,参合率 99.03%。全年基金筹集总额为 7441.35 万元,其中:农民个人筹资 1423.9 万元,各级财政补助资金为 6017.45 万元。截至 12 月底,到位资金 7441.35 万元,到位率 100%,其中:中央和地方财政补助到位资金 6017.45 万元,到位率 100%。

年内,全县共为参合农民报销医疗费用 5710.98 万元,基金使用率 76%,参合农民收益人数 136467 人次。门诊 117852 补偿人次,新农合基金支付 575.61 万元;住院补偿 18615 人次,新农合基金支付 4680.27 万元。从 10 月 1 日起开始实施市级统筹。

同时,将 2014 年度新农合大病保险费 4667730 元拨付到太平洋人寿保险有限公司广西分公司,补办理赔 2014 年大病保险 599 人,理赔率 83.31%,理赔金额 240.3 万元。县农合"一卡通"年内完成参合农民信息录入和核对工作,共制卡 20184 张。

【基本公共卫生服务】 年内,共筹集资金 831.84 万元,到位资金 831.84 万元,资金到位率 100%。全县建立居民健康档案 160356 份,规范化电子建档率为 77.35%;适龄儿童疫苗接种率为 92.36%;儿童保健系统管理率为 85%;孕产妇保健系统管理率为 85%;65 岁以上老年居民健康管理人数 9121 人,健康管理率为 65%;全县高血压管理人数 13718 人,规范化管理人数 5732 人,规范管理率为 41.93%;糖尿病管理人数 3095 人,规范化管理人数 1386 人,规范管理率为 44.78%。

【定向培养医学生】 年内,与 6 名已被医科院校录取的大学生签订了定向就业协议,其中本科生 2 名,大专生 4 名,以解决乡镇卫生院医疗人才不足、质量不高和结构不合理等突出问题。并根据上政办发〔2015〕32 号)文件精神,按照 8500 元/学年的补助标准向 11 名定向生发放第一学年培养补助 9.35 万元。

人口和计划生育

【主要指标执行情况】 截至 2015 年 9 月底,全县总人口 26.33 万人,已婚育龄妇女 4.85 万人。2014 年 10 月至 2015 年 9 月,全县出生人口为 3222 人。自然增长率为 9.1‰,区间内出生政策符合率为 86.78%,政策外多孩率为 4.5%,出生人口性别比为 112.78,当年长效避孕率 86.3%,经抽查,全县出生人口统计合格率为 95.92%。与责任指标值比,自然增长率降低 0.4 个千分点,出生政策符合率提高 0.78 个百分点,政策外多孩率降低 0.3 个百分点,出生人口性别比降低 1.22 个点,当年长效避孕率提高 0.3

个百分点,出生人口统计合格率提高0.92个百分点。

【计生奖扶政策】 年内,全县符合全国计划生育家庭奖扶298人、特别扶助10人,发放奖扶金53.232万元;符合广西农村计划生育家庭奖励对象17人,其中领取独生子女父母光荣证11人,放弃二孩生育6人,发放奖扶金2.3万元;符合广西农村部分计划生育家庭奖励扶助对象(55~59周岁)73人,发放奖扶金5.256万元;符合市扶助的计划生育特殊家庭对象12人,发放奖扶金14.4万元。奖扶金兑现率100%。

【免费孕前康检和产前筛查】 2015年,市下达上思县免费孕前优生健康检查任务1600对夫妇。截至12月,全县完成孕前优生健康检查对象1600对,免费孕前优生健康检查目标人群覆盖率100%。

【诚信计生】 年内,全县新增诚信计生示范村任务16个点,县政府下达每个乡镇2个,截至12月底,各乡镇均完成创建任务。同时,市下达上思县4个幸福家庭示范点的创建任务,县政府确定思阳镇广元村黄雪、思阳镇昌墩村王维奖、那琴乡那琴村周建田、那琴乡联惠村梁家庆、南屏瑶族乡常隆村蒋世有等5户家庭作为创建幸福家庭示范点。

【贫困计生家庭扶贫项目】 2015年,全县有贫困家庭8048户21784人,其中计生贫困户2012户6125人。年内,全县落实扶贫项目扶持的困难家庭有

1138户4017人,扶持资金354万元。其中计划生育困难家庭落实扶贫项目扶持645户1969人,扶持资金109.56万元,贫困计生家庭扶贫项目落实率为32%。其中:投入24.32万元为198户计生贫困户发放猪苗;投入6.73万元扶持9户计生贫困家庭种植茯苓;投入20.6万元扶持70户诚信计生困难家庭种植牛大力;投入18.7万元扶持94户计生贫困家庭种植澳洲坚果;投入11.75万元为76户计生困难家庭发放鸡苗;投入4万元为50户计生困难家庭免费发放肥料;投入7.5万元为95户诚信计生困难家庭发放甘蔗种苗;投入1.58万元扶持6户计生困难家庭种植淮山;投入16.5万元扶持55户计生困难家庭种植金钱草。

【计划生育手术落实】 2014年10月至2015年9月全县放环人数281例,落实绝育手术35例,补救措施218例。

【计生协会工作】 年内,及时为符合条件对象办理爱心保险,全县共为1250户农村计划生育家庭购买了爱心保险,完成率100%;共理赔16户,理赔金额达11.97万元,赔付率达191.6%。此外,还及时办理小额贴息贷款项目。截至10月底,全县完成办理贷款户数110户,完成率为100%;共完成贴息69户,贴息金额6.1989万元。同时争取自治区计生协会支持救助贫困母亲行动项目30万元,向南屏瑶族乡江坡村贫困母亲30人给予受助款每人10000元,用于发展养殖业发展。

【社会抚养费征收】 年内,全县征收到社会抚养费104.4万元,均按时全部上缴国库。

【计生宣传服务】 年内,全县共投入资金30万元制作乡村级卫计宣传栏,印制相关卫计知识的宣传页和发放儿童相关读本,开展多种形式的宣传教育活动。组织开展多场次的下乡下村卫生计生文艺宣传演出,营造了良好的社会氛围。

3月27日,救助贫困母亲行动,向南屏瑶族乡江坡村30名贫困母亲发放受助金每人10000元

乡　镇

思 阳 镇

【概况】 思阳镇是上思县政治、经济、文化、商贸中心,东邻那琴乡、公正乡,西连在妙镇,南与叫安镇接壤,北与扶绥县交界,镇人民政府驻明江社区南端,下辖东湖、明江、北湖、彩元等4个社区和广元、江平、华加、高加、计怀、明哲、易和、六银、昌墩、玉学、和星、那板等12个行政村,有147个自然屯,305个村(居)民小组。全镇年末总人口72369人,总面积为308.5平方公里。2015年,全镇工农业总产值78640.28万元;其中工业企业总产值47184.17万元;农业总产值31456.11万元;城镇居民人均可支配收入18827元;农民人均纯收入9055元。

【产业经济】 加快建设明哲村现代化特色农业核心示范区,完成了园区规划和一批基础设施建设,引进了坚果、蔬菜大棚、中草药种植等一批示范项目。年内,完成8个甘蔗"双高"片区8700亩的基地建设任务;完成3000亩澳洲坚果标准化示范种植基地建设任务;新建肉牛规模养殖场22个,肉牛存栏3065头;新打造黑山羊、淮山、铁皮石斛、百香果等产业,继续发挥林下养鸡、龟鳖、大棚西瓜、果蔗等种养示范基地带动作用。

【工业企业】 引进投资2亿元的厚德木业加工企业。华威木业、大自然家居、康贝特等木材加工项目建设加快。金川建材、中科纳达悬浮剂、百农纳米科技脱色白泥、富石矿业脱色白泥等非金属矿产产业项目顺利推进。加快推进仁盛和万山红两家制药企业升级改造。农副产品加工等产业进一步发展。建材、林板林化、制药等支柱产业得到加强。

【第三产业】 围绕全县创建"广西特色旅游名县"工作,加强基础设施建设。香江国际酒店晋升三星级酒店。江滨酒店、立都国际大酒店完成主体工程,加上星罗棋布的中小旅馆,极大提高全镇旅游接待水平,充分发挥了思阳镇作为上思县旅游集散地和中转站作用;利用区位优势,培育了一批规模化、专业化的物流群体和物流企业,第三产业发展良好,全镇个体工商户达3175户,从业人员9815人。

【项目建设】 重点抓好"一江两岸"开发建设。明江新城、龙江半岛花园、江滨华府、瀚江花园等几大组团房地产项目加快开发建设,新区与中心区连片发展,县城面积由5.6平方公里扩展为11.7平方公里;永福大道、工业大道等进城大道建设进展加快;东升大桥和月亮岛景观桥建成通车;三华水电站工程进展顺利;推进50多条城区小街小巷道路硬化项目;配合完成县城20多户壮乡风貌改造试点;昌墩圩完成街道路网硬化和排水工程,有力推进小城镇建设步伐;加强农村土地使用的审批工作,对不经审批违章建筑和违法使用土地加大打击力度,配合县政府进行4次违法违章建筑集中拆除,共拆除违章建筑20000多平方米,维护城镇规划严肃性。

【生态乡村建设】 年内,开展集中清理整治行动631次,清理陈年垃圾4915吨,清洁水源258处;投入水泥871吨,石料3500吨完成9个自然屯5.3公里巷道硬化建设;完成44个自然屯绿化工作任务;

建成垃圾池 85 座;加大对污水排放、农户房前屋后杂物乱摆乱放整治力度;4 个污水处理项目已完成主体建设。全镇交保洁费农户超过 91%。加快推进明哲村玉学屯幸福乡村建设,玉学屯道路硬化与池塘整治已于年内开工建设。

【扶贫攻坚】 一是以易和村、玉学村、广元村等自治区定贫困村为重点,加强基础设施建设和产业开发工作力度,肉牛、黑山羊、淮山、铁皮石斛、牛大力等特色种养成为农民增收致富的新亮点。二是全镇各级先后召开精准识别工作动员会 178 次(含屯一级)、培训会 15 次、现场试点观摩会 2 次、专题会 48 次,派出 40 个工作小组 212 人开展工作,强化督查,确保工作落实到位。对从 4093 户中精准识别出来的贫困户建档立卡,实施精细化扶贫,做到"不漏一户,不落一人";做好扶贫生态移民易地搬迁扶助宣传,申请易地扶贫搬迁户 74 户;依托"雨露计划"等项目,解决 53 名贫困大学新生的实际困难。

【民政与社保】 2015 年,新农合参合率 106.97%;发放城乡低保、五保、优抚对象生活补助 1998.65 万元。发放被褥 1870 张、毛毯 1200 张、衣物 2304 件(套)、蚊帐 850 顶,大米 1.5 万公斤。对城镇 1648 低保户、农村 2165 低保户全部进行入户调查。完成农村危房改造 455 户和水库移民 22 户房屋改造任务。发放农资综合直补等 190.81 万元;发放寄宿生生活补助 103 万元;学生营养餐补助 455.437 万元。计怀村三化、雷厘屯整体搬迁安置工作顺利开展,44 户在安置点建新房,年内已入住 16 户。完成玉学村百岸屯等 9 个屯 13.9 公里的道路硬化。建成华加村渠厘屯等 7 个屯人畜饮水工程。对那则水库等 4 座水库实施除险加固。完成高加村 300 亩"旱改水"项目。新建华加、玉学、那板、和星等 4 个村的村级公共服务中心。新建华加村、玉学村等 8 个农家书屋、篮球场。

【人口和计划生育】 稳妥、有效实施单独两孩政策;创建 6 个诚信计生示范村;按时完成免费孕前优生健康检查、爱心保险参保、农村计划生育家庭小额贴息贷款任务;贫困计生家庭扶贫项目覆盖达到指标要求;计划生育奖励扶助政策兑现率达 100%;数据库信息准确率达 98%;推进生育服务证改革,网上办证 623 本,网上办证率 85% 以上。

【社区建设】 明江、彩元社区综合办公服务场所异地新建;东湖、北湖社区综合办公服务场所原址重建;北湖、明江、彩元社区综合办公服务场所已经动工建设,进展顺利;东湖社区综合办公服务场所通过市场化运作进行建设,正在推进当中。建成后的东湖社区综合办公服务场所面积达 5000 平方米以上,明江、彩元社区综合办公服务场所各达到 1000 平方米以上,为推进幸福社区"三网四联五达标"工程创建打下良好基础。

【社会事业】 "两基"成果得到进一步巩固,九年义务教育阶段农村学生"两免一补"惠民政策全面落实。年内投入 1547.07 万元,建成教学楼 3 栋 5783 平方米、学生宿舍楼 3 栋 3720 平方米、学生饭堂 3 栋 1334 平方米。全县一流的思阳镇第二幼儿园建成投入使用。全镇文体活动蓬勃开展,在积极参与"明江之夜"广场宣传文化活动同时,共举办村级文艺晚会 12 场。国防动员和民兵预备役工作得到加强,基层武装建设进一步规范,新兵入伍 15 名,超额完成县下达工作任务。

【综治维稳工作】 以"事要解决"为目标,镇主要领导带头接待来访群众,较好地发挥了示范引领作用。深化"一村一警"和"无诉村屯"创建工作,成效显著,镇司法所被司法部授予"全国先进司法所"称号。打防结合,严厉整治各类违法犯罪行为,社会公众安全感逐步提高。加强社会治安防控体系建设,在重要时段以及每年重大活动期间,全镇没有赴邕进京上访现象,社会保持和谐稳定。

【安全生产工作】 坚决贯彻"党政同责、一岗双责"要求,严格落实安全生产检查和监管制度,强化安全生产责任追究力度,深入开展安全生产月活动,抓好安全隐患排查和整治工作,重点加大对那板渡口渡船的监督检查力度,确保水路渡运安全,有效防范了安全事故的发生。

【征地拆迁】 年内,镇三分之二的干部参与到重大项目的征地拆迁工作中,以敢于担当、攻坚克难的精神,真正做到责任在一线落实、服务在一线到位、问题在一线解决,完成华润水泥三期项目沙岩矿扩征 32.87 万平方米,确保项目按时开工建设;万山大道、工业大道等项目顺利推进;全力推进防洪大道以及占地近 20 万平方米的县第一初级中学项目建设。在做好征地拆迁工作的同时,维护好县重点项目施工秩序。

【政务便民】 建成面积为 227 平方米的镇政务服务中心,建立一站式服务大厅。建成 16 个村(社区)政务服务中心,配备有电脑、打印机、档案柜等办公设备,镇"一站三中心"工作机制实现全覆盖,推行"农事村办""乡镇圩日便民"等服务模式,严格执行一次性告知、一站式审批、一窗口受理等制度。投入 41 万元对镇政府办公楼及配套设施进行装修升级改造,让群众办事更加快捷方便。

【服务群众】 全镇党员干部深入一线开展服务群众工作,开展精准扶贫、生态乡村、甘蔗"双高"、澳洲坚果基地建设、排查调处矛盾纠纷等工作,发放联系服务卡,了解社情民意,将为民办实事好事落到实处。

在 妙 镇

【概况】 在妙镇位于上思县西部,东连思阳镇,西与宁明县那堪乡接壤,南隔明江与叫安、华兰、平福乡相望,北靠四方山与扶绥县交界,是上思、宁明、扶绥、江州四个县区交界,是上思县交通枢纽重镇及自治区百镇建设第二批镇。镇人民政府驻地在妙圩,距离县城 35 公里。2015 年年末,在妙镇总人口 34350 人,总面积 200 平方公里。耕地面积 7.9 万亩,山林面积 4.7 万亩,小(2)型以上水库 21 座,可利用水面面积约 510 亩。在妙镇辖有在妙、驮从、那苗、平良、屯隆、有生、更所、板龙、佛子、板文、联合等 11 个行政村,138 个自然屯,239 个村民小组。

全镇有初中一所,中心校 2 所,卫生院 2 所。上崇二级公路经过镇区横穿全镇。镇区面积 0.92 平方公里,是全镇的政治、经济、文化、交通中心。2015 年,全镇实现工农业生产总值 5.4 亿元,同比增长 11%,社会固定资产完成投资 6300 万元;全社会消费品零售总额完成 1.04 亿元,增长 15.2%;城镇居民人均可支配收入 19267 元,同比增长 8%,农民人均纯收入 7934 元,同比增长 8.9%。

【农业农村经济】 2015 年,全镇农业发展态势良好。全镇全年早晚稻种植面积 1.55 万亩,甘蔗间套种玉米 0.8 万亩,套种西瓜、大豆、花生等 0.16 万亩,生猪出栏 7792 头,牛羊出栏 3001 头,家禽出栏 34 万羽,渔业年产值 1000 万元。果树种植面积 8053 亩,年产水果总量 1953 吨。作为在妙镇的支柱产业和优势产业,甘蔗全年种植 12 万亩,"双高"基地建设 5260 亩,新测量"双高"基地 4500 亩。全年甘蔗总产量 60 万吨。特色农业继续发展壮大。佛子村兰奉香糯种植 1500 亩,产量 630 吨;板龙村淮山种植 200 亩,平良村、有生村黑皮花生种植 100 亩,冬闲田萝卜、豌豆、马铃薯、莴笋、大白菜等种植基地也有相应发展。

【基础设施和项目建设】 年内,城镇建设进一步加快。投入 400 多万元的在妙水厂改造项目基本完成,进入后期管道安装阶段,可满足镇区 5000 人以上的用水需求。筹资 1000 多万元的中兴大道及勤政路改扩建工程年内已完成 95%。多方面整合资金,对镇区小街小巷进行道路硬化建设,实现硬化率 85% 以上。投资 1000 多万元的镇污水处理厂一期工程基本完成,进入试运行阶段。农村基础设施建设进一步完善。叫吞、那固、七门、更所 4 个农村环境连片整治项目进入使用阶段。解决屯隆、板龙、那苗和驮从村等六个农村人畜饮水工程项目。投资 150 万元的"一事一议"惠农项目进入建设阶段,完成那固屯至平良二级道路硬化建设 2 公里,有生村等 7 条屯通水泥路工程进入施工阶段。

【民政与社保】 2015 年,全镇共发放五保、低保和优抚补助等共计 946.7 万元,给予大病救助 80 户。

发放粮食直补、良种补贴和综合补贴 150 万元,农机购置补贴 68.5 万元。全年新农合参合人数 24872 人,参合率 99.8%;参合农民获得医疗补偿金 1066.9 万元(含门诊)。全年养老保险参保人数 10260 人,参保率 93.8%,保合金额 181.2 万元;养老金发放人数 3855 人,发放金额 384.1 万元。年内,共完成农村危房改造 410 户,发放补助经费 820 万元。

【扶贫攻坚】 年内,对 2014 年建档立卡户 941 户进行复核,对贫困村有生村、佛子村 906 户和非贫困村新增 1052 户进行入户识别。以增加农民收入为目标,做好"十百千"产业化扶贫示范工程项目,全年共计发放肥料 210 吨,拨付机耕补贴 18 万元,对贫困大学生提供"雨露计划"帮扶 31 名,对贫困户提供黑山羊养殖扶持 25 户,初批上报生态移民购房补助户 52 户。

【科教文卫】 推进乡村文化体育事业建设,举办各类文体活动 23 场。投入资金建设完善村级文化服务中心、农家书屋。完成投资 210 万元的七门中心幼儿园建设,完成 6 个村级完小的幼儿园建设,满足学前幼儿园的需求。进一步深化医疗机构改革,健全农村医疗体系,提高医疗水平。

【人口和计划生育】 抓好"诚信计生"工作,全镇 425 个村民小组 2272 人参与诚信计生,诚信计生《承诺书》《协议书》签订率达 92.2%,群众的满意度达 95% 以上。创建"两无一提高"活动成效明显,全镇计生信息系统录入工作顺利完成。

【维稳与安全】 按照发展是第一要务,稳定是第一责任的要求,全面落实维护社会稳定各项措施,坚持做好排查、调处各类矛盾纠纷工作,严厉打击各类影响社会治安稳定违法犯罪行为,努力推进平安乡镇创建工作。全年全镇共受理群众来信来访 122 件。调处各类矛盾纠纷 95 宗,调处率 100%;调结 90 宗,调解率 95%。积极开创安全社区创建工作,定期组织开展交通和安全生产月大检查活动,发现问题,及时整改。2015 年,全镇配合县水利局、国土等部门开展打击非法采砂 6 次,取缔非法采砂点 4

处,查扣非法采砂设备 3 件;邀请县有关部门为在校中小学生进行应急演练、防震抗灾等安全知识讲课 4 次,共发放各种宣传资料 3800 份,张贴横幅 8 条,安全生产培训会 7 次,培训人员 800 多人次。

【土地确权】 积极开展土地确权登记颁证试点镇土地确权工作。加强宣传,组织培训,进村入户,试点工作有效开展。2015 年,全镇土地确权测绘面积 46960 亩,地块 63310 块,涉及农户 6987 户。土地确权工作的开展为下步创新土地经营模式奠定基础。

【"美丽家园·生态乡村"活动】 加强生态乡村工作宣传力度,有针对性地制定出宣传计划,加强全镇宣传覆盖。年内,召开动员会 12 次,开展集中清扫、整治行动 709 次,发放宣传资料 2.4 万份,举办"生态乡村"各类活动 3 场次,签订责任书 1120 份。加大投入,完善日常保洁工作,完成每年 1.8 万元的垃圾处理费征收任务。不定期开展卫生死角清理工作,出动干部群众 1000 多人次,车辆 82 辆次,清理死角 32 处,清运垃圾约 60 吨。加大投入力度,改善集镇配套设施,美化环境,全镇 11 个村,建立理事会 11 个,配备垃圾清运车 11 辆,人力三轮垃圾车 52 辆,建设垃圾池 285 座(其中第一期 151 座,第二期 134 座)。发放活动垃圾箱 62 个,大垃圾桶 325 个,小垃圾桶 11160 个,投入运行垃圾中转站,有效解决了垃圾的处理问题。

【党组织建设】 全镇开展党的群众路线教育实践活动,组织广大党员干部学习中共十八大和十八届四中、五中全会精神,扎实开展"一线工作法",通过要求干部做好一线工作记录、建立健全《服务群众工作台账》等方式切实改变工作作风。组建非公党支部,积极稳妥做好党员发展工作。做好对老党员和生活困难党员的关怀慰问,落实党内激励关怀帮扶机制。加强流动外出党员管理,建立党员飞信群。加大村级党员活动场所建设投入,改善基层党组织的办公基础设施和条件,提升党组织综合服务效能。加大党员干部培训力度,着力打造一支能力强、素质高、作风硬的基层党员干部队伍。

5月，在妙镇开展精准扶贫入户调查

叫 安 镇

【概况】 叫安镇位于县境南端，东与公正乡毗邻，西与在妙、华兰、南屏三个乡镇相连，南靠十万大山，北与思阳镇接壤。镇政府驻地那兰圩，距离县城5公里。全镇总面积584.5平方公里，辖17个行政村，276个自然屯，393个村民小组，主要居住着壮族、瑶族、汉族。2015年，全镇总人口40773人。全镇农村经济总收入5.9864亿元；完成固定资产投资0.6亿元；农民人均纯收入8652元，增长8%。

【农业农村经济】 甘蔗是全镇支柱产业和优势产业，是农民增收致富的主要经济来源。2015年，全镇甘蔗种植面积8.6万亩，年产原料蔗35万吨。同时，为了提高甘蔗产量，形成示范带动作用，认真抓好落实"双高"示范基地建设。总投入55万落实那民、柳槐"双高"示范基地面积562亩，并通过验收；面积约1500亩的第3个示范点熟康屯"双高"示范基地正在落实中。全镇水稻种植2.5万亩，玉米1500亩。肉牛养殖约4600头，在建的100头以上示范点1个，50头以上示范点3个。生猪存栏14995头，出栏肉猪13770头，家禽存栏14.49万羽，家禽出栏43.52万羽。积极发展特色农业。以叫安村、那布村为重点，积极组织实施黑皮果蔬万元增

收工程。充分利用平江村现代农业示范园的优势，带动周边农户发展旅游蔬果产业。稳步推进以熟康屯为核心的光伏特色农业示范园区建设，为打造十万大山的绿色无公害果蔬品牌打下了良好的基础，示范园区大门、园区道路和技术培训管理中心等基础设施建设用地全面完成租地任务，各项工作有条不紊加快推进。在平江村建设牛大力种植基地约1200亩，火龙果种植基地300多亩。积极推广种植澳洲坚果，全镇澳洲坚果种植任务2000亩，年内，完成种植2009.5亩；引进公司投入澳洲坚果种植产业，落实松柏村平葛屯澳洲坚果种植基地租地1231亩、熟康村熟康屯澳洲坚果种植产业园租地798.5亩。

【基础设施建设】 重点加强农田水利基础建设和水库除险加固、人饮工程项目建设工作，对全镇5个小(2)型水库进行坝体加固。年内，完成5个水库的坝体加固。全镇上报126个"五小水利"工程建设计划。通过中央预算内投资281.86万元新建、扩网那荡、提高、杆青、松柏、板细、高福等村19个饮水安全工程项目，年内完成高柳、笃象、松柏、那活、念南等屯5个新建、扩网饮水工程，福六、那标、六银、柳怀、六利、派楼等屯的人饮工程正在建设当中。投资826.2万元建设入屯、环屯道路水泥硬化23条共24公里。

【民政与社保】 至2015年10月，全镇民政发放被褥、衣物等物资共3批次7420件，完成41户倒房重建，过渡性生活救助349户685人，落实求助经费18.86万元。审核农村低保2161户6093人，发放资金662.4万元。投入资金233.8万元实施平葛扶贫生态移民搬迁工程32户167人。落实第一批农村危房改造330户，已竣工312户，解决1315人的住房问题，第二批农村危房改造200户正在落实当中。农合参合人数新参保的237人，参合率200%；继保人数10200人，完成率106.4%；签订代扣协议10319人，完成率106.6%；参保金额122.3

万元,完成率 101.9%；全镇城乡居民养老保险参保人数 33715 人,参保率为 98.89%。

【扶贫攻坚】 按程序、按要求做好精准扶贫识别工作。针对精准扶贫识别工作,镇党委、政府召开专题会议,成立精准扶贫识别工作组和领导小组,制定叫安镇精准扶贫识别工作方案,并组织召开叫安镇精准扶贫识别工作动员会和培训会。年内,全镇召开宣传动员会 408 次,全镇 17 个行政村 391 个村民小组需入户评估 4618 户,全部完成入户调查评估,并完成“两评议一公示”及录入工作。投入 101748 元,做好扶贫产业的推进工作,发放猪仔 80 头,发放肥料 8 吨,建成肉牛养殖示范点 3 个,山羊养殖示范点 2 个,肉鸡养殖示范点 2 个,生猪养殖示范点 5 个。做好易地扶贫搬迁工作,至 10 月底,申请易地扶贫搬迁户 129 户；完成了 2014 年农村危房改造二次补助 49 户的确认和补助工作。抓好教育扶贫工作,依托“雨露计划”“希望工程圆梦行动”等项目,缓解贫困家庭学生就学难的问题。

【科教文卫】 基层文化建设成绩喜人。17 个村的农村文艺队、农村篮球队定期、不定期举办文化体育活动,广大群众的文化体育生活不断丰富和加强。2015 年,在双板村、凤凰村、提高村等村动工新建村级公共文化服务中心楼,年内工程进展顺利。

【人口和计划生育】 以稳定低生育水平,提高人口素质为核心,继续加强计生基础工作,加大计生政策宣传力度,树立优生优育新风尚。2015 年 1 至 10 月,全镇新出生人口为 535 人,人口自然增长率为 7.1‰,出生人口性别比为 1.13；落实计划生育扶助政策,确认各类奖励扶助人数 56 人,兑现率为 100%。群众生育观念发生转变,人口素质得到进一步提高。

【维稳与安全】 高度重视社会稳定工作,认真落实定期排查、责任追究等制度,大力开展矛盾纠纷排查调处活动,努力把问题解决在基层,化解在萌芽状态。全年累计进行排查 6 次,调处纠纷案件 64 宗,成功调解 40 宗,劝返上访人员 60 人次。深入开展禁毒、禁赌、扫黄和“打黑除恶”专项治理行动,有效地维护了全镇社会大局的稳定。高度重视安全生产工作。完善安全生产的各项工作制度、机制,做到了经常排查安全隐患,定期督查,发现问题及时整改。加大安全生产活动月的宣传,营造深厚的安全生产月活动氛围,并会同县有关部门对学校周边食品安全进行检查,为群众尤其是广大师生营造安全的食品安全卫生环境。认真落实防汛抗灾工作,制定应急预案,成立应急工作队,提高群众的灾害防范意识及应急处理措施。4 月,全镇全面启动抗旱保苗工作,启动电灌站 4 座,农户出动自有抽水机 288 台,镇配各村抽水机 11 台,今年防台风工作共出动 560 人次。

【“美丽家园·生态乡村”活动】 继续巩固清洁乡村建设成果,加强长效机制建设。一是保障专用经费,确保清洁工作正常运转。落实各村垃圾清理费,按月发放村级保洁员、屯级保洁员的工资,并做到专款专用。2015 年,投入村屯环境卫生整治 72.9 万元、生态乡村创建经费 18 万元、垃圾池建设 18.8 万元。二是加强长效机制建设。充分发挥村民理事会机构效能,加强监督,落实屯级保洁员 282 名,新增环境连片整治流动垃圾箱 122 个,运输车 4 台,新建垃圾池 188 个。同时,投入 2.13 万元在叫安村新建垃圾中转站,并聘用专人负责。全镇共配有 12 辆垃圾清运车用于村屯生活垃圾的清运,由各垃圾清运员、保洁员定期做好各自负责区域内的垃圾清运、处理。三是加强“三清、三化”建设。春节前后,在市政府初阳副市长的带领下在杆青村开展调研和开展“兴水利、强基层、惠民生、促发展”主题活动,同时分别组织 150 人次到皇袍山饮水水源地开展“百河整治行动”、清理河道垃圾等一系列水利维修和饮水净化活动；2 月,市政协王正副主席到凤凰村开展植树活动。2015 年,村屯绿化计划 12 个实际完成 11 个,种植绿化树苗 3300 株,绿化面积 61.7 亩。另投入 2.3 万元建设平江村平江 1、2、3 组和杆青村那畏屯的花带、绿带。7 月起,全镇全面开展村屯环境卫生大整治,总出动 3500 人次参与环境卫生大整治活动,投入经费 32.6 万元,加强村屯道路、农户房前屋后道路硬化工作,截至 11 月中旬,全镇累计发放水泥 2486 吨,硬化面积达 49720 平方米,通过群众参与美化、硬化,解决了板细旧圩及其小学附近的垃圾乱丢、污水满地排的问题,同时那榄、等从、那楼、角笃、那坡、那畏等屯的屯内屋前屋后得到了硬化。2015 年,在申报"自治区级生态村屯"中,那布村叫丁屯通过该项申报。

【党组织建设】 围绕农业和农村经济发展新任务、新要求,坚持以集中教育和集中实践指导相结合的方式,加大对全镇党员队伍的教育培训力度,全年共举办培训班 3 期,受训党员达 500 余人次,使广大镇村党员干部战斗力和凝聚力进一步增强。精心打造农事村办、镇村政务服务一流办事窗口,创建服务型政府。10 月,新成立杆青、高福、那午、熟康、双板、松柏、提高、凤凰等村级政务服务中心 8 个。全面落实党风廉政建设责任制,建立健全各种规章制度,坚持用制度管事管权管人,坚决纠正损害国家和人民群众利益的行为。厉行勤俭节约,反对铺张浪费,严格控制行政经费支出。完善惩治和预防腐败体系,严肃查处各类违法违规案件,营造了风清气正的发展环境。

华兰镇

【概况】 华兰镇位于上思县西南部,1987 年 8 月从平福乡分出成立华兰镇,2014 年实现撤乡建镇。镇政府驻地华兰圩,距县城 29 公里。全镇总面积 146.7 平方公里,共辖华兰、俊仁、那岩、德安、叫宝、华城等 6 个行政村,67 个自然屯,114 个村民小组。总人口 1.2 万人,其中农业人口 1.1 万人。全镇耕地面积 46631 亩,其中水田面积 8631 亩、旱坡地面积 38000 亩,粮食播种面积 2.2 万亩。2015 年,华兰镇认真抓好"生态环境、基础设施和产业发展"三篇文章,经济运行稳中向好,社会保持和谐稳定,人民群众安居乐业,实现"十二五"的圆满收官。完成固定资产投资 4080 万元;农民人均纯收入 8475 元,同比增长 10%。

【农业农村经济】 巩固甘蔗生产支柱地位,全年甘蔗种植面积 4.18 万亩,其中复荒扩种 800 亩。下拨预拨肥 2300 吨。2015—2016 年榨季入厂原料蔗 14.7 万吨。确保粮食安全,全年粮食种植面积 17302 亩,其中超级稻推广面积 12655 亩,粮食产量 6073 吨,完成县下达 200 吨粮食定购任务。大力发展中草药等特色种植,新发展中草药等特色种植 90 多亩,其中牛大力种植 20 多亩,那岩村特色柑橘(茂谷柑)种植生产基地种植 650 亩。圆满完成土地确权工作,作为全市示范点,全部完成 2552 户 19528 亩土地确权颁证工作。稳步推进林业生产,全年林业采伐面积 3750 亩,采伐出材量 1.8 万立方米,松脂产量 180 吨,造林面积 300 亩。大力发展林下经济,积极引导农户发展林下养鸡、养牛、养蜂等产业,林下种植中草药、香菇等经济作物,新发展林下养殖、种植 3000 亩。引进玉龙农业发展公司建设高效生态水果基地,在俊仁村完成征地 1000 亩。

【水产畜牧养殖】 截至年底,全镇水产面积 3850 亩,其中冬闲田养殖面积 2124 亩,水产品产量 460 吨。加大肉牛养殖力度,大力宣传良种牛引进、新建栏舍、新种植牧草的扶持政策,举办 1 期肉牛养殖技术培训班,新建肉牛栏舍 2105 平方米,种植牧草 105 亩,新引进肉牛 132 头,发展肉牛约 250 头,在建 50 头以上示范点 6 个;发展山羊养殖 135 头。生猪存栏 3422 头,牛、羊等大牲畜存栏 2646 头(匹),家禽存栏 54472 羽。做好春、秋两季重大动物疫病防疫工作,重大动物防疫密度达 100%。

【扶贫攻坚】 深入实施扶贫工程建设,全年共为贫困户发放鸡苗 1 万羽、鸭苗 6000 羽、仔猪 30 头、牛犊 50 头、肥料 80 吨。推行"建档立卡全覆盖、贫困村派驻第一书记全覆盖、贫困户结对帮扶全覆盖、扶农惠农政策全覆盖"四个"全覆盖",将党员干部派驻 67 个自然屯,全力抓好精准扶贫工作。深入开展新一轮精准识别工作,完成全镇 2957 户的入户识别,完成 64 分以下统计 314 户 1323 人。做好扶贫工程项目的组织实施,形成"扶贫 + 特色产业"模式,推广肉牛养殖、山羊养殖、林下养蜂、养蚕、冬闲田养鱼等特色产业,确保每个精准贫困户至少获得实施1个以上"扶贫产业"。

【"美丽家园·生态乡村"活动】　全年投入近100万元推进生态乡村建设各项工作，免费给农户发放水泥1350多吨，完成建设村屯绿化重点屯3个、示范屯4个、普通屯19个，累计完成3个重点屯、12个示范屯和25个普通屯的绿化美化建设，其中华兰村叫昔综合示范屯于年内建成并初见成效；投资50多万元完成米代、平标、六育、上洒、姆华等5个屯的人饮工程建设工作；争取县住建、发改、移民、扶贫等部门资金及"一事一议"项目资金支持，做好入屯、屯际、环屯道路硬化等项目建设工作，年内建成华兰圩至华兰村东岑屯、华兰圩至华兰村贡口屯等14条道路，通水泥硬化道路自然屯增加32个，剩余11个自然屯的入屯环屯道路已经做好规划立项；重点整治2个镇级示范点的鸡舍、牛栏、排污沟等，建设牛栏、鸡栏6个共750多平方米，修建排污沟5处共120余米；加强对保洁队伍和垃圾中转站的管理，配备环境综合整治队伍14人，环境卫生保洁员86人，配备垃圾清运机动车（农用车）4辆，建有垃圾中转站1座、小型垃圾焚烧炉2座、村屯垃圾池210座（2015年新修建75座），在华兰圩场周边安放可移动大垃圾箱10个、各类垃圾桶200余个；开展环境卫生大整治活动10多次，清运各类垃圾1200多吨；加大宣传力度，投入宣传经费5万余元，张贴标语300多条，制作横幅100多条，制作固定宣传牌12块、大型户外广告2块，印发各类宣传资料10000多份。

【基础设施和城镇化建设】　加大对农村道路的投入，2015年新修建水泥路12条，全镇村屯水泥路通达率50%以上，其中投资410万元修建华城至叫宝水泥路和紫琴、枯宿、那岩等进屯道路硬化，争取资金36万元重新修建冠大通往九年制学校的危桥，投资130多万元完成降针、下洒、旧圩、后利、蒙古等5个屯"一事一议"道路建设，协助县交通部门完成全镇农村公路乡道20年布局规划工作。投资建设一批水利工程，投资427万元的华兰圩场饮水工程于6月竣工建成，长期困扰圩场及周边群众用水问题得以解决，受益人口达6000多人。建设一

批公共服务设施，总投资160多万元的镇政府干部流转房建设项目完工并入住，投资50多万元的镇政府办公用房修缮工程顺利完成，镇中心卫生院、华兰镇九年制学校的公租房项目建成投入使用，硬化美化华城、下洒、米代、那余等教学点的活动场地约1000平方米。

【民政与社保】　2015年，全镇新农保续保人数3156人，参保完成率达101.08%，养老金发放完成率达100%。享受"五保"和孤儿待遇145人，落实农村低保2356人（年内新增低保户100余户），发放低保金322.5万元，发放民政救济救灾款8.31万元，救济物资全部一次性发放到位。实施医疗救助53人共11.96万元，兑现优抚金136.47万元。落实危房改造310户，其中年内落实危房改造指标65个，帮助群众争取到危房改造款项120多万元。办理房屋因灾倒塌保险理赔2间，共0.6万元。投入1.1万多元新装抽水设施和储水罐，解决五保联合村用水困难问题。完成征兵任务5名，完成县下达任务的125%。

【人口和计划生育】　落实计生家庭享受爱心保险惠民政策，全年为134户生育家庭（其中独生子女户35户、双女结扎户1户、诚信计生户98户）办理爱心保险，完成率100%；理赔1户，理赔资金1019.3元。做好计生家庭小额贴息贷款工作，为11户计生家庭发放小额贴息贷款20万元，落实奖扶金3.7万元；办理到期贷款贴息6户，贴息资金5914元。开展孕前优生健康检查85对，诚信计生签订率达95.5%，流动人口管理率达95%以上，康健率达95%以上，四项手术及时率达90%以上。对村级计生专职主任实行末位淘汰上岗和年度考核制，对6位计生专职主任进行培训，进一步提高计生干部素质。推进以诚信计生为重点的人口计生综合改革，6个行政村全部实现诚信计生，共有1098人参加诚信计生，建立328个诚信计生小组、12户诚信计生中心户和3个诚信计生示范村。

【教科文卫】　进一步抓好教育、文化和公共医疗卫生工作，全镇适龄儿童入学率达98.8%，巩固率

达99.5%，全年校内外无重大安全事故发生；加强镇文化站免费开放服务工作，开展各类文化活动10余次，丰富了群众业余生活；新农合参合率99.14%，农民医药费和住院报销280多万元，年内无孕产妇和新生儿死亡报告，婴幼儿免疫接种率达98%以上。

【维稳与安全】 全镇社会大局持续稳定，社会公共安全满意度保持在80%以上，被防城港市评为"平安乡镇"；"无邪教"创建工作成效明显，实现涉及人员"从有到无"的转变，被定为防城港市示范点，并通过自治区级检查验收，被自治区命名为"无邪教乡镇"。全年受理群众来信来访26件，调处各类矛盾纠纷26宗，调解率100%，无越级上访和群体性事件发生，没有发生因领导失职渎职和工作决策失误造成的涉稳问题；受理刑事案件24起，立刑事案件24起，破刑事案件10起，办理行政案件51起，大部分是吸毒与赌博案件。加强重点人口排查摸底和管理，确保底数清、去向明，对9名刑释解教人员、11名2015年入矫的社区矫正人员、110名吸毒人员以及8名涉军人员、22名支前民兵、3名矛盾纠纷重点人员经常开展思想教育、稳控排查工作，一年来无重新违法犯罪发生、无越级非法上访。

【党组织建设】 严格按要求抓好"三严三实"专题教育，实行"一线工作法"作为活动载体，将全镇68名干部全部挂钩联系到村屯，做到"一屯一干部"，有力促进精准扶贫、生态乡村建设等中心工作的落实，推动领导干部切实转变作风。试行党员网格化管理，优先选择3个凝聚力和战斗力强及群众公认度高的党支部作为试点，以自然屯和居住集中点为基础划分网格，将党员分到不同小网格，形成每格定人、每人定责的全覆盖网格化党建工作网络。开展党员创业、帮扶活动，落实创业和帮扶资金8万元，培养党员示范户18户；开展党内关爱活动，为困难党员和老党员发放慰问金85960元；年内共发展新党员9名，确定培养积极分子8人，4名年轻党员被列为村后备干部培养对象；圆满完成年内重点党报党刊征订任务。引导贵华松香厂、华兰甘蔗管理站、运发水泥砖厂等企业组建成立党支部，促进非公有制企业的健康发展。严格落实党风廉政建设目标管理责任制，集中开展廉政学习教育10次，签订责任书14份；开展各类监督检查10多次，加强对信访件的核实；严肃查处党员违纪行为，立案1起，查处违纪党员1名；严格执行中央八项规定，严查发生在群众身边的"四风"和腐败问题。

平福乡

【概况】 平福乡位于上思县西南部，东、西、南、北分别与华兰镇、那堪乡（宁明县）、南屏乡、在妙镇相连。全乡总面积276.9平方公里，耕地面积97210亩，林地面积18万亩。辖9个行政村，87个自然屯，159个村民小组。2015年年末，全乡总人口23452人。乡政府所在地平福圩，距县城43公里，素有"上思小山城"的美称。全乡以丘陵地带为主，年降雨量为1200~1600毫米。明江河、平福河、公安河在平福境内流淌而过。2015年，全乡实现固定资产投资5195万元；农民人均纯收入达到8427元，比2014年增长11.3%。

【农业农村经济】 全乡全年粮食作物播种面积约3万亩，总产量约5500吨。受糖价和上年台风的影响，甘蔗种植面积、产量都有所减少，全年甘蔗种植面积7.5万多亩，2015—2016年榨季入厂原料蔗32.76万吨。新增造林面积1万多亩，全年出材1万立方米。2015年示范种植澳洲坚果1452亩、牛大力100亩、柑橘200亩。全乡生猪年末存栏5100头，年平均出栏4652头；林下养鸡场5个，年总出栏约15万羽；家禽年末存栏22万羽，当年出栏17万羽；肉牛养殖场9个，良种肉牛存栏360头；肉类产品产量540吨。

【基础设施建设】 年内，投资60万元，对乡综合办公楼进行维修；整合32万元资金完善板含村"两委"办公楼配套设施和党员活动场所；争取县直挂钩单位支持，对部分村办公楼进行维修，配备电脑、打印机等办公设备;更新完善各村的"制度上墙"牌46块,使各项制度一目了然,更具约束力。开工建设"一站三中心"服务大厅、灯光篮球场等"五化十有"项目。

【"美丽平福·清洁乡村"活动】　结合"一事一议"、扶贫开发、蔗区道路建设等项目,完成叫美、米房、赖湾、屯改、板舍、赖伍、念巧、汪凯、顶楼、北八、其关等自然屯的通屯或环屯道路硬化建设,约12.3公里;争取到"两延伸"资金30万元对迁安屯巷道进行硬化;投资30万元对损坏的蔗区道路进行维修;配合上级部门对南屏岔路口至平福圩公路进行重新硬化;通过政府出水泥、群众投工投劳的方式硬化了一批村屯巷道和排水沟。完成平福圩以及迁安、百龙、茶内、那马、太苏等一批自然屯的绿化美化,同时,积极发动群众进行庭院绿化建设,在房前屋后空间发展"小花园""小菜园""小果园""小茶园"等"微田园",进一步提升乡村绿化果化美化水平。加快推进乡垃圾中转站项目建设,完成项目"三通一平"。全乡9个行政村和乡政府所在地平福圩都配备垃圾清运车和清运员,累计建成垃圾池168个,配备垃圾桶(箱)800多个、保洁员107名。全乡工作重点已由"清洁乡村"向"生态乡村"推进。

【民政与社保】　突出抓好精准扶贫工作。在挂钩联系部门的积极参与下,成立9个工作组到各行政村对3066户13499人进行贫困识别,其中55分以下的有542户2152人。全年发放城乡低保、五保、优抚等生活救助金500多万元、救济粮3.25万公斤、各类救济物资5300多件(套)。落实危房改造指标375个,当年竣工300个。城乡居民养老保险参保人数6555人,完成率99.32%;新农合参合人数15587人,完成率将近98%;新增农民转移就业490人。发放水稻良种补贴资金24万元、玉米良种补贴资金3.9万元。认真做好扶贫生态移民工作,对23户生态移民工程申请对象进行初审、公示。

【人口和计划生育】　加强国家免费孕前优生康检宣传,全年开展各种宣传活动13次,参加人员750人次,发放各类资料8500余份,喷刷固定标语20多条,投入宣传经费3万多元;完成国家免费孕前优生康检156对,完成率100%;完成小额贴息贷款12户;对农村部分计划生育家庭进行奖励,全面兑现扶助奖励。

【维稳与安全】　及时调解土地、山林、宅基地等各类民间纠纷,全年调结矛盾纠纷40多起,成功率达97.8%。进一步加强"两违"整治行动,维护土地管理和规划建设的正常秩序。积极配合做好"一村一警"和"无诉村屯"创建工作,社会公众安全感和满意度进一步提升。切实加强动物防疫工作,重大动物免疫密度达99%以上。组织乡、村干部职工认真学习新《安全生产法》;按党政同责、一岗双责、齐抓共管要求,进一步提高安全生产管理水平,全年没有发生重大安全生产事故。认真落实防汛抗灾工作要求,及时调整防汛抗灾工作领导小组及应急预案,新组建应急分队1个,队员共40名。通过村民大会、村务公开栏、悬挂横幅等形式进行防汛抗灾宣传,提高群众的灾害防范意识及应急处理措施。

【社会事业】　改善了一批教学点的办学条件和村级医疗卫生条件。平福初中恢复初三招生,学校人数达到140人,全乡控辍率达到100%,学校教学质量得到提升。积极开展关爱留守儿童系列活动,营造全社会共同关爱留守儿童良好氛围。文体活动进一步繁荣,成功组织乡村文艺演出19场,篮球、气排球比赛25场。国防教育深入开展,全面完成县下达的征兵任务,送兵7名。

【党组织建设】　始终把领导班子自身建设作为党建工作的首要任务来抓。研究制定中心组及党员干部学习教育计划,全年开展集中学习13次,195人次。深入开展"三贴近"活动,领导班子成员向基层、向村干、向群众学习,乡领导班子先后到18个自然屯、8个养殖场开展集体调研,到26名村"两委"成员家中面对面交流,为32名群众解决实际问题41件。严格党员"入口"关,全年新发展党员12名,其中35岁以下4名、大专及以上学历1名。

组织村"两委"成员开展各种培训 11 期,到兄弟乡镇参观学习 139 人次。组织人员到各村讲党课和传授坚果种植、肉牛养殖等相关种养技术 500 多人次。新发展党员带头致富项目 4 个,其中农产品加工项目 1 个。开展党员"一对一"帮扶 15 对、整顿提升软弱涣散党组织 1 个。推动"一线工作法"深入开展。所有党员干部都实行"联村挂户",每名干部每个星期至少下村 2 次走访 3 户以上困难群众。同时,在每月底召开 1 次的农村工作推进会上交流心得体会。充分发挥党代表工作室作用,全年共接待党员群众来访 68 起;深入开展"党旗增辉我先行"活动。组建党员服务队 11 支,在生态乡村、精准扶贫、弘扬新风正气等各项工作和活动中开展服务 260 人次。落实党内关爱活动,对农村党员进行"帮富、帮扶、帮困",为 103 名党员发放 80~130 元不等的生活补贴;为 6 名困难党员发放创业帮扶资金或临时救助金 1.8 万元;为 5 名党员发放创业借款资金 7 万元。新建"两新"党组织 3 个,推进"两新"组织不断发展。加强党风廉政建设,认真执行中央八项规定精神,认真落实主体责任,开展监督检查 7 次、开展查处群众身边的"四风"和腐败问题专项督查 2 次。全乡没有发现乡、村干部职工有违反中央八项规定的行为;"三公"经费同比减少 6.5%。

南屏瑶族乡

【概况】 南屏瑶族乡位于上思县西南部,境内十万大山巍然耸立,成为上思县西南端的天然屏障,故称南屏。东南面隔十万大山与防城区的扶隆、板八镇交界,西与宁明县那楠乡毗邻,南面与华兰镇相连,北面与平福乡接壤。乡政府所在地的渠坤圩距县城 52 公里。全乡总面积 526.6 平方公里。辖英明、渠坤、巴乃、乔贡、常隆、米强、江坡、汪乐、枯叫 9 个行政村,72 个自然屯,82 个生产小组。2015 年,总人口 13385 人,主要居住瑶、壮两个民族,其中瑶族 6197 人,占全乡人口 46.3%。南屏瑶族乡地处北回归线以南,气候温和,除渠坤、英明、巴乃村为丘陵地外,大部分属高山区,昼夜温差大,雨量季节分配不均,适宜生长八角、玉桂、马尾松、速生桉等经济林木。全乡有林面积 42 万亩,森林覆盖率达 75.2%,木材蓄积量为 65.6 万平方米,年产八角 3250 吨,玉桂 250 吨,松脂 2800 吨。境内比较有名的薯莨岭为十万大山最高峰,海拔 1462 米。2015 年全乡实现生产总值 3.18 亿元,同比增长 8.1%;完成社会固定资产投资 1.073 亿元,同比增长 38%;全社会消费品零售总额 2.9 亿元,增长 8.5%;全乡居民人均可支配收入 8818 元,增长 8%;农民人均收入 7795 元,增长 8.1%;人口自然增长率控制在 7.4‰以内。

【产业经济】 全乡 2015 年水稻种植面积 5402.5 亩,产量 1500 吨;玉米种植面积 3158.5 亩,产量 45000 公斤。全年甘蔗种植面积 3.3 万亩,2015—2016 年榨季入厂原料蔗 10.47 万吨。全年新增林地面积 6900 亩,其中脂材两用马尾松 750 亩,八角 200 亩,玉桂 200 亩,果树林 150 亩,速生丰产林 5600 亩。全年生猪存栏 2000 头,出栏 1100 头;家禽存栏 15 万羽,出栏 7 万羽;肉牛存栏 440 多头,出栏 120 头;山羊存栏 600 多只,出栏 350 只;水产品产量 30 吨。大力发展特色种植养殖业,以"12315"工程为突破口,提升特色种植养殖业。先后投入资金 800 万元,重点扶持铁皮石斛、牛大力、草珊瑚、金花茶、石崖茶、山油茶、金钱草、金线莲、灵芝、茯苓、黑木耳、香菇种植及黑山羊、蜜蜂、肉牛养殖等特色产业。年内,全乡铁皮石斛种植面积 10 亩,牛大力种植面积 410 亩,草珊瑚种植面积 503 亩,金花茶种植面积 270 亩,石崖茶 130 亩,山油茶 420 亩,黑山羊 600 多只,蜜蜂 1800 多箱,肉牛 440 头。

【基础设施建设】 交通方面。投资 1200 万元,完成百马通屯道路等 20 条道路建设,共 80.5 公里,全乡通村通屯道路硬化率达 80%;投资 620 万元的百何高架桥等桥梁项目建成通车。水利方面。投资 250 万元完成人畜安全饮水工程 9 个;投资 23 万元完成三面光农田水利沟渠 4 条共 6.8 公里;投资 680 万元覆盖面积 17.03 平方公里的汪门小

1月,百何大桥

流域水土保持综合治理项目完成。电力方面。投资28万元的常隆村大平屯农网线路建成投入使用。通讯方面,投资180万元完成常隆村百马屯移动基站建设;投资1180万元的电信"南屏光网"工程正建设中。

【"美丽广西·生态南屏"活动】 开展"美丽广西·生态南屏"工作。投入资金350万元、水泥655吨,新建简易垃圾池20座,焚烧炉8座,购置垃圾收集桶500个、小垃圾桶2500个;完成排污管道铺设3275米;开展汪乐村汪门屯"绿色村屯"建设;完成汪门屯等18个村屯的"三化"工作。

【民政与社保】 全乡发放低保、救济救助、优抚事业等专项资金92.3万元,扶助五保户、孤儿、残疾人、低保户共1536户4089人;发放粮食农资综合补贴资金65.75万元;发放水稻良种补贴资金7.86万元。完成危房改造330户;新型农村合作医疗参合率达95%以上,新型农村养老保险参保率85%以上,开展2015年精准识别贫困户工作,全面完成全乡9个行政村78个自然屯全部贫困户的精准识别和建档立卡。开展专项帮扶,全乡共发放生活困难帮扶资金24万元,创业帮扶资金74万元,鸡苗3500羽,鸭苗4300羽,黑山羊80

只,蜜蜂200箱,金花茶苗150棵,肥料80吨。实施生态移民搬迁。投资1830万元的生态扶贫移民搬迁工程全面实施,完成第一批生态扶贫移民搬迁74户328人。实施科技扶贫。开办实用技术、市场意识、劳动技能等培训班28期,培训1325多人次。

【教科文卫】 投入560万元建成婆凡小学学生宿舍、南屏幼儿园,更换全乡24个教学点课桌椅450套,改善教学条件;发放"户户通"直播卫星覆盖接收设备340套;乡卫生院综合楼建成使用。

【人口和计划生育】 深入开展人口计生工作,诚信计生签订率95.8%,妇检率100%,人口出生率10.73‰。

【维稳与安全】 加大纠纷调解力度。全乡共排查矛盾纠纷24件,成功调解纠纷20件,全年无群众集体上访、越级上访事件,无恶性案件、涉毒案件发生,社会和谐稳定。落实安全生产责任制和责任追究制,狠抓源头管理和事故隐患整改,全年无发生道路交通等重大生产安全事故。

【党组织建设】 加强干部队伍建设和管理,制定

6月,南屏瑶族乡汪门瑶寨新貌

《南屏瑶族乡干部管理办法》。落实党风廉政建设，执行《廉洁准则》，落实中央《农村基层干部廉洁履职若干规定》。严把发展党员质量关，按照严格标准、严格程序、严肃纪律的"三严"原则发展党员，2015年全乡新发展党员16名，培养积极分子8名。加强基层组织阵地建设，投资420万元完成常隆村等4个村级公共服务中心的建设，为9个行政村配备电脑、打印机、文件柜等一批办公用品。

那琴乡

【概况】 那琴乡位于上思县东北部，东与南宁市良庆区交界，西南与上思县思阳镇、公正乡相邻，北与崇左市扶绥县接壤。乡政府驻地那琴村那琴圩，距离上思县城18公里。全乡辖9个行政村，112个自然屯，154个村民小组，总人口21863人。那琴乡交通便利，新旧上邕公路、上寺二级公路，钦州至崇左高速公路及上吴（圩）二级公路贯穿全境，是上思通往首府南宁最便捷的通道。那琴乡是上思的农业大乡，全乡总面积308.4平方公里，其中耕地面积3.29万亩，山林面积27.9万亩，森林覆盖率68%，甘蔗种植面积3万亩，水稻面积约2万亩。有上伴、汪晓、巴兰、练加等小（2）型水库4座，总库容213万立方，山塘90处。那琴乡地处丘陵地带，地广人稀，坡地、水田面积多，年降雨量1800毫米，适合农牧渔发展，盛产甘蔗、木材、水稻（再生稻）、鸡鸭、鱼类、生猪、柑果等，特别是那琴香鸭，味美香醇，乃上思"四香"之一。

2015年，全乡实现固定资产投资5200万元；农民人均纯收入达到8462元，比2014年增长8%。

【产业经济】 立足资源优势，通过招商引资，引进龙头企业，发展甘蔗、坚果、柑果、养鸭、养鸡、养猪、肉牛养殖、牛奶生产、木材加工等特色产业。2015年，全乡甘蔗面积达到3.8万亩，2015—2016年榨季入厂原料蔗达17.3万吨。全乡种植坚果4000多亩，建有种苗基地70亩；在排柳村种植柑果800多亩，每亩年产值达到1万元。全乡农民素有养"香鸭"的习惯，年出栏100万羽。全乡养鸡年出栏100万羽以上；生猪年存栏1万头以上，产值1500万元；奶牛存栏1200头，其中产奶的奶牛380头，日产鲜奶10吨。全乡有速丰林9.6万亩。有华夏丰林、广南木业、板大木业等木材加工企业，其中板大木业有工人180人，年产值500多万元。

【基础设施建设】 年内，抓好联惠村寺蒙屯示范点建设，完成投资300多万元，新建2000多米长的环屯水泥路、鹅卵石路、青砖路、入户巷道；房屋外墙装修2万多平方米；新建休闲小广场、党员活动室；池塘改造2000平方米；新建廊亭和一批树池、花圃等配套工程，并种花植树，绿化美化，使整屯面貌焕然一新。寺蒙屯年内被评为"防城港市美丽村屯"。此外，选取靠近公路那佐、六新、六问、屯良、甘草、平天等自然屯作为清洁乡村示范点，组织乡干、村干，深入这些示范点搞清洁卫生，召开村民会议，动员群众投工投劳，乡里还从紧缺的办公经费中挤出资金，购买水泥、格石、排污管等建筑材料，帮助村民硬化屯内巷道5216米。

【"美丽家园·生态乡村"活动】 充分发挥群众的主体作用，扎实推进"生态乡村"活动的深入开展。全年投入村屯环境卫生整治经费30万元，发动群众开展卫生大整治。2015年，全乡每个村屯均建有垃圾池，共150多个，乡村清洁卫生状况得到全面改善。

【维稳与安全】 认真贯彻落实各级政法工作会议精神，大力开展综治维稳和平安创建活动，不断增强社会治安防控能力，加强矛盾纠纷排查调处工作，全力维护社会政治稳定。全年圆满地完成了国家公共假日的安全保卫工作，辖区治安情况平稳、政治态势稳定。

【人口和计划生育】 深入实施"诚信计生"。大力推广"政府诚信、群众守信、村民互信"的诚信计生新模式，诚信计生签订率为95.74%，免费孕前优生健康检查完成率100%，人口出生率为11.25‰，自然增长率为8.15‰。

【民政与社保】　全乡享受低保人数 2458 人,其中农村低保 2299 人,城镇低保 159 人,累计发放资金 324 万元;全乡共落实"五保(老人、孤儿)"补助 184 人,发放保障资金 73 万元;落实农村医疗救助 27.2 万元。发放救济救灾彩条布 340 米,棉被、衣物等 1960 件,大米 6500 公斤。农村养老保险续保人数 4389 人,完成任务 92.2%;新增参保人数 150 人,完成任务 150%。

【教科文卫】　全面加强学校及周边安全工作,加强学校安全防范措施,建立健全保卫组织,消除学校安全隐患 3 处,在乡中心小学门前加装减速带 1 处,依法关闭存在安全隐患的无证幼儿园 1 所;在各级部门及社会各界的帮助下各村农家书屋增加了不少书籍,文化活动广场建设加紧完善。

【党组织建设】　以开展"一线工作法""情暖党员心""扶贫路上党旗领"等活动为契机,强化基层党组织建设,营造全乡抓党风促政风带民风的良好氛围,使各项工作步入新的常态。大力实施"两新"党组织组建百日攻坚大行动,采取派出党建指导员等办法,新组建"两新"党支部 8 个,超额完成县下达的 4 个指标任务。抓好党内关爱活动,切实解决困难党员在生产、生活和就业方面的问题。

公正乡

【概况】　公正乡位于上思县东部,素有上思县"东大门"之称,是上思革命老区,乡政府驻地公正圩,距县城 29 公里,境内有上思—大寺二级公路、钦崇高速公路经过。东南背靠十万大山与钦州、防城交界,北连那琴乡,西接思阳镇、叫安镇,南北两面分别有那板水库、凤亭河水库两大水库。全乡面积 336.39 平方公里,辖 10 个行政村,92 个自然屯,137 个村民小组,总人口 17142 人,以壮族为主,瑶、汉族等民族占 3% 左右。

公正乡为亚热带季风气候区、气候温和、雨量充沛,年平均降雨量 2000 毫米左右,属比较典型的地多人少的山区,大部分山丘海拔 500 米左右。全乡经济以甘蔗、林下养殖、林业、畜牧水产、水果种植为主。全乡耕地面积 24330 亩,其中水田面积 10360 亩,旱地面积 13970 亩;林地面积 28 万亩,其中水源林保护区面积 89544 亩(国家级面积 40900.5 亩,自治区级面积 48643.5 亩),森林覆盖率 64%,是重要生态保护区。

【农业农村经济】　2015 年,全乡水稻种植 11507 亩,豆类农作物种植 911 亩,间种、套种玉米 1066 亩,全乡粮食播种面积 19120 亩,年总产量 4868 吨。全乡甘蔗种植总面积 5978.25 亩,2015—2016 年榨季入厂原料蔗 2.39 万吨。

【特色种养业】　发挥生态资源优势,发展特色种养殖产业。澳洲坚果扩种 3000 多亩,全乡种植面积达 9000 多亩。优质柑橘扩种 1500 多亩。茶叶扩种 50 多亩,全乡茶树种植面积近 200 亩。利用林地资源,发展林下经济。完成 11 家 50 头以上规模肉牛养殖场建设。全乡新建牛棚 25000 多平方米,种植牧草 300 多亩,肉牛存栏 1700 多头。林下养蜂 3000 多箱,年产蜂蜜 12000 多斤。利用水库资源,发展水产养殖。新增网箱 200 多个,网箱养鱼 2200 多箱,年产鲜鱼 1500 多吨。

【基础设施建设】　农村道路建设方面,争取项目资金 1000 多万元,建设村屯水泥路 10 多条。水利设施建设方面,争取项目资金 1000 多万元,硬化河堤 6.2 公里。农村电网建设方面,建设枯良至吉彩 10 千伏供电线路,完成 6 个屯电网升级改造工作。移民新村建设方面,投入资金 1200 万元,异地搬迁安置 1 个移民新村,建设 6 个移民新村。基层阵地建设方面,投入 70 多万元,完成 3 个村委会建设和维修,完成 10 个村政务服务站建设。

【扶贫开发】　大力推进精准扶贫工作,落实一屯一干部,组建 10 个工作队 77 人入户开展精准识别,全年全乡建档立卡贫困户 216 户 882 人。加大扶贫工作力度,及时发放扶贫物资,组织扶贫培训,15

名贫困学生享受扶贫助学贷款。

【"美丽公正·生态乡村"活动】 2015年,投入资金80多万元,新建垃圾池30多个,增设垃圾桶(箱)60多个,新建垃圾焚烧炉5个。组织农户开展巷道建设,免费发放水泥300多吨,完成巷道水泥硬化2300多米。继续发挥群众主体作用,完善清洁乡村长效机制,新聘屯级保洁员55名。投入资金110多万元,建设公正村天堂屯生态乡村示范点。完成6个示范屯和29个一般屯村屯绿化。完成4个村屯饮水安全工程建设。

【民生与社保、计划生育】 不断提高社会保障工作,全年发放各项救助金600多万元,发放救济大米2万公斤,物资1260件。城乡居民养老保险参保率97.2%。新农合参合率98.1%。实施农村危房改造250座。全面落实涉农补贴兑付工作,发放种粮补贴115.5万元,农机具补贴2.9万元,生态林补贴116万元,新农合补偿金额122.8万元。社会事业进一步发展。诚信计生协议签订率96.9%,小额贴息贷款完成率100%,免费孕前优生健康检查完成率100%,各种计生扶助奖励兑现率100%。

【维稳与安全生产】 平安乡镇建设扎实推进。落实排查各类矛盾纠纷56起,调解化解53起。扎实开展打击违法犯罪工作,全年破获刑事案件7件,查处治安案件24件,逮捕5人,刑事拘留9人,行政拘留2人。大力开展《新安全生产法》等法律法规宣传教育工作,加强安全隐患经常性排查和整治。2015年,全乡没有发生安全生产事故。

【党组织建设】 严格遵守中央"八项规定"和厉行节约、反对浪费有关规定,规范"三公"经费开支。深入开展"三严三实"专题学习教育,乡领导班子的工作作风、宗旨意识、奉献意识和公仆意识进一步增强。班子成员和干部职工坚决贯彻落实"一线工作法",深入村屯了解民情、体察民意,深入开展接访、下访、夜访活动,着力解决群众反映的热点、难点问题。全年累计走访农户600余户,办实事250多件,解决问题100多个,树立干部职工清正廉洁、亲民务实的良好形象。

索 引